INSPÍRATE / PLANIFICA / DESCUBRE / EXPLORA

NUEVA YORK

NUEVA YORK

CONTENIDOS

DESCUBRE 6

EXPLORA 62

GUÍA ESENCIAL 304

Izquierda: una bulliciosa calle de Times Square en Manhattan
Página anterior: el East River al anochecer
Cubierta: atardecer en Manhattan

DESCUBRE

Amanecer sobre el puente de Brooklyn

BIENVENIDO A
NUEVA YORK

Nueva York está repleta de tesoros que visitar, desde museos señoriales y rascacielos impresionantes hasta parques maravillosos y animadas tiendas, sin olvidar sus bares y famosos cócteles. Sea cual sea el viaje soñado, la Guía Visual de Nueva York será una estupenda fuente de inspiración.

1 Barman preparando un cóctel

2 Interior del Metropolitan Museum of Art

3 Rascacielos desde el frondoso bar de la azotea del 230 de la Quinta Avenida

Nueva York es una ciudad dinámica y diversa, capaz de ofrecer de todo en abundancia. En la isla de Ellis, considerada la puerta de entrada a Estados Unidos, el visitante puede seguir las huellas que dejaron millones de emigrantes; formarse una idea de cómo era la vida del siglo XIX visitando el Lower East Side Tenement Museum, o recordar la historia más reciente en el Monumento Nacional al 11 de Septiembre. En Nueva York, las manifestaciones artísticas están por todos lados, desde la obra de los grandes maestros en el Met al arte callejero en Harlem. En cuanto a la comida y bebida, hay mucho donde elegir. Nueva York tiene bares y restaurantes excepcionales, sin olvidar la riqueza gastronómica de barrios como Nolita y Chinatown. Se puede ir de compras por la Quinta Avenida, recorrer Bloomingdale's y buscar joyas *vintage* en Brooklyn Flea.

Todos los distritos son interesantes, cada uno con su propia personalidad. Se puede asistir a un partido de los Yankees en el Bronx, embarcar en el ferri de Staten Island, que brinda unas vistas impresionantes de la ciudad, probar diversas cervezas artesanales en Queens y tomar la foto perfecta del puente de Brooklyn después de recorrer Williamsburg, el barrio de moda.

Con tal variedad de lugares por descubrir, Nueva York puede abrumar. Por eso se ha dividido la ciudad en zonas fáciles de recorrer, con itinerarios sugeridos, información contrastada y planos detallados para que la visita sea perfecta. Tanto si la estancia va a durar un día como una semana o más tiempo, esta guía Visual está diseñada para que el viajero vea lo mejor de la ciudad. Solo queda disfrutar de la guía y disfrutar de Nueva York.

POR QUÉ VISITAR
NUEVA YORK

No se puede negar que Nueva York es especial, todo un mundo en una sola ciudad que nunca duerme. Cada neoyorquino tiene sus propios motivos para amar la ciudad. He aquí algunas buenas razones para visitarla.

1 SHAKESPEARE EN CENTRAL PARK

En las cálidas noches de verano los actores deleitan a la audiencia en el teatro Delacorte de Central Park con representaciones gratuitas de las mejores obras de Shakespeare.

ESTATUA DE LA LIBERTAD *2*

Frente al puerto, el mayor símbolo del sueño americano: la Dama de la Libertad levanta su antorcha para iluminar al mundo. Desde la corona, las vistas de Manhattan son impresionantes.

3 COMIDA JUDÍA EN EL LOWER EAST SIDE

Montañas de pastrami, deliciosos *bagels,* panecillos *challah* recién sacados del horno... La vida judía en el Lower East Side se aprecia en sus *delicatessen*, panaderías y cafés.

HIGH LINE 4

Entre los edificios de Chelsea se extiende esta tranquila pasarela, en muchos tramos ajardinada, surgida de la impresionante transformación de una vía férrea elevada en desuso. Ofrece sorprendentes vistas de la ciudad.

UN PARTIDO EN EL YANKEE STADIUM 5

Ver al equipo de béisbol más famoso de Estados Unidos jugar contra su principal rival, los Boston Red Sox –o contra sus adversarios de la ciudad, los Mets– es apasionante.

BROOKLYN FLEA Y SMORGASBURG 6

La artesanía bohemia, los puestos de antigüedades y los vendedores de comida casera han hecho que estos mercados de fin de semana sean un evento importante del East River de Nueva York.

JAZZ EN DIRECTO 7

El jazz en directo está de moda en Nueva York. El legado de las leyendas vive en los icónicos clubes Village Vanguard, Blue Note y Birdland, mientras locales más pequeños y acogedores de Harlem albergan a nuevos talentos.

METROPOLITAN MUSEUM OF ART 8

Considerado uno de los mejores espacios de arte del mundo, bajo su magnífica cubierta se exponen más de dos millones de piezas que abarcan 5.000 años de historia.

9 EMPIRE STATE BUILDING

King Kong se colgó de él, y Tom Hanks y Meg Ryan se besaron en la azotea. El Empire State sigue siendo el rascacielos más elegante y el símbolo de Nueva York desde 1931.

10 ÓPERA Y *BALLET* EN EL LINCOLN CENTER

El Lincoln Center cuenta con un elenco de magníficos sopranos, tenores, barítonos, extraordinarios bailarines, y decorados y trajes asombrosos.

GÓSPEL EN HARLEM Y *SOUL FOOD* 11

Es posible unirse a la congregación y cantar a pleno pulmón los domingos en la Abyssinian Baptist Church de Harlem y después ir a Sylvia a degustar las justamente afamadas costillas a la barbacoa y los boniatos confitados.

DE COPAS POR WILLIAMSBURG 12

Después de visitar Brooklyn, siempre de moda, merece la pena acercarse al elegante Williamsburg (Billyburg para los neoyorquinos) e ir de bar en bar para tomar cócteles y vermús artesanales.

NUEVA YORK
EN EL MAPA

Como se muestra en el mapa, esta guía divide Nueva York en 15 zonas diferenciadas por un código de colores. Las páginas siguientes ofrecen más información sobre cada zona. El capítulo Fuera del centro *(p. 286)* incluye el Upper Manhattan, el Bronx, Queens y Staten Island.

UNION CITY

NUEVA JERSEY

WEEHAWKEN

Hudson River

THE HEIGHTS

HOBOKEN

MIDTOWN WEST Y THEATER DISTRICT
p. 172

MoMa

Rockefeller Center

St. Patrick's Cathedral

CHELSEA Y GARMENT DISTRICT
p. 160

Grand Central Terminal

Empire State Building

LOWER MIDTOWN
p. 184

NEWPORT

GRAMERCY Y FLATIRON DISTRICT
p. 150

GREENWICH VILLAGE
p. 124

PAULUS HOOK

SOHO Y TRIBECA
p. 114

EAST VILLAGE
p. 138

CHINATOWN, LITTLE ITALY Y NOLITA
p. 102

River

World Trade Center

LOWER EAST SIDE
p. 90

City Hall

Isla de Ellis

Williamsburg Bridge

Battery Park

Manhattan Bridge

East

Estatua de la Libertad

LOWER MANHATTAN
p. 64

Brooklyn Bridge

Governors Island

BROOKLYN HEIGHTS

WILLIAMSBURG

BOERUM HILL

BROOKLYN
p. 268

RED HOOK

PROSPECT HEIGHTS

Riverside
Park

**HARLEM Y
MORNINGSIDE HEIGHTS**
p. 250

BRONX

Cathedral of
St. John the Divine

Marcus
Garvey
Park

**CENTRAL PARK Y
UPPER WEST SIDE**
p. 234

*Central
Park*

American Museum
of Natural History

Solomon R.
Guggenheim
Museum

*Central
Park*

Metropolitan
Museum of Art

Harlem River

Randalls
Island

East River

Rikers
Island

UPPER EAST SIDE
p. 214

ASTORIA

**UPPER
MIDTOWN**
p. 198

Roosevelt
Island

QUEENSBRIDGE

QUEENS

JACKSON
HEIGHTS

LONG
ISLAND
CITY

SUNNYSIDE

GREENPOINT

0 km   1
0 millas   1

N

AMÉRICA DEL NORTE

CANADÁ

• Seattle

Chicago •   • Boston

San Francisco •   Washington, DC •   **NUEVA YORK**

EE. UU.

*Océano
Pacífico*   • Los Ángeles

Memphis •

• Atlanta   *Océano
Atlántico*

Houston •

• Miami

MÉXICO   *Golfo de
México*

CONOCIENDO NUEVA YORK

Capital mundial de las finanzas y la cultura, Nueva York es una gran ciudad de más de 8 millones de personas. Para muchos, la isla de Manhattan *es* Nueva York, con su permanente bullicio y la diversidad de restaurantes, por no mencionar sus emblemáticas vistas y característicos barrios.

PÁGINA 64

LOWER MANHATTAN

La regeneración del Lower Manhattan desde el 11 de Septiembre ha sido notable, y el extremo sur de la isla sigue latiendo con tenaz energía. Continúa siendo el centro financiero del mundo y, al ser la zona más antigua de la ciudad, posee un gran interés histórico, junto a las islas Ellis y Liberty, imponentes frente al puerto.

Lo mejor
Historia y rascacielos

Qué ver
Estatua de la Libertad, Ellis Island, National September 11 Memorial & Museum

Experiencias
Crucero panorámico por el puerto de Nueva York

PÁGINA 90

LOWER EAST SIDE

En otro tiempo fue el más pobre de los barrios de inmigrantes de Nueva York, pero hoy es conocido por sus modernísimos bares y restaurantes. Su atractivo culinario no solo radica en los *delis*, su legado judío, sino también en los establecimientos de comida latina y china. Hay que prepararse, pues, para disfrutar de los sentidos cuando se pasea por estas bulliciosas calles.

Lo mejor
Bares y cócteles, comida judía

Qué ver
Lower East Side Tenement Museum, Katz's Deli

Experiencias
Historia de los judíos en una visita guiada del barrio

PÁGINA 102

CHINATOWN, LITTLE ITALY Y NOLITA

Estas animadas zonas se encuentran entre lo más vistoso de la ciudad. Enjambres de compradores buscan alguna ganga en las tiendas de Chinatown y los puestos en las aceras rebosan de frutas exóticas, remedios naturales y antigüedades asiáticas. Little Italy ha quedado reducida a unas pocas manzanas, pero perduran los tentadores aromas de sus panaderías de estilo antiguo, los cafés sicilianos y los establecimientos de salsa marinara. Nolita ofrece un ambiente completamente diferente, *boutiques* y cafés elegantes bordean sus calles y atraen a los adinerados amantes de la moda.

Lo mejor
Restaurantes económicos chinos e italianos, cultura china

Qué ver
Museum of Chinese in America, New Museum

Experiencias
Chinatown, recorriendo sus tiendas de dumplings y noodles para comer barato

PÁGINA 114

SOHO Y TRIBECA

En contraste con el incansable ir y venir del Lower Manhattan, se agradece el apacible ambiente del Soho. A este barrio se le asocia principalmente con ir de compras. Sus calles adoquinadas están llenas de tiendas de decoración y *boutiques* de diseñadores de moda, cuyos locales muestran la ornamentada arquitectura de hierro colado que domina la zona. El colindante barrio de Tribeca alberga viviendas de neoyorquinos acaudalados y algunos de los mejores restaurantes de la ciudad.

Lo mejor
Arquitectura de hierro forjado, compras, comida excelente

Qué ver
New York Earth Room, Children's Museum of the Arts

Experiencias
Pretty Greene St y admirar la arquitectura de hierro forjado más compleja del SoHo

→

GREENWICH VILLAGE

Los neoyorquinos lo llaman simplemente "the Village". Ha sido el centro artístico de la ciudad desde la década de 1920 y sigue siendo uno de los barrios más progresistas, con una notable presencia LGBT+ y de estudiantes de la Universidad de Nueva York. Los visitantes acuden al Village para admirar sus famosos edificios construidos con piedra rojiza *(brownstones)* y pasear por sus pintorescas calles llenas de cafés, restaurantes y discotecas. Es la zona perfecta para ver gente, y hasta se puede coincidir con algún famoso.

Lo mejor
Bares y restaurantes, animada vida nocturna, magníficas calles residenciales

Qué ver
Whitney Museum of American Art

Experiencias
El histórico Washington Square Park mientras se toman cupcakes *de Magnolia Bakery*

EAST VILLAGE

Este barrio, uno de los más de moda en Nueva York, cuenta con bares, restaurantes y teatros independientes imprescindibles. Es más alternativo y atrevido que el Greenwich Village y, como su vecino, se ha transformado en los últimos años por la llegada de estudiantes de la Universidad de Nueva York y el desarrollo de nuevos edificios. Es la zona frecuentada por los neoyorquinos atraídos por las *boutiques* independientes, tiendas de venta de artículos de segunda mano y vinilos y por espacios bohemios para actuaciones.

Lo mejor
Contracultura histórica de Nueva York, bares alternativos, restaurantes internacionales económicos

Qué ver
St. Mark's Church-in-the-Bowery, Stomp, Little Tokyo, baños turcos y rusos

Experiencias
Comprar algún tentempié en el St. Mark's Place para tomar en el Tompkins Square Park

GRAMERCY Y FLATIRON DISTRICT

Estos barrios se han ido transformando a lo largo de los años. En Union Square se encuentra el mayor mercado agrícola de Nueva York, con una gran diversidad de productos, que está contribuyendo a llenar la zona de tiendas y restaurantes. Este desarrollo se ha ido extendiendo a Flatiron District: en Madison Square abundan los restaurantes de moda y Eataly es el santo grial de los mercados de alimentación. Gramercy sigue siendo rico y residencial y es conocido por su parque privado de estilo londinense.

Lo mejor
Huir del bullicio, tiendas y mercados de alimentación, premiados restaurantes

Qué ver
Flatiron Building, Eataly NYC Flatiron, Union Square Greenmarket

Experiencias
Madison Square Park mientras se come en un Shack Burger y se disfruta de una crema de chocolate congelada

CHELSEA Y GARMENT DISTRICT

Chelsea es un importante centro para la cultura de vanguardia y un punto neurálgico para los neoyorquinos gais. Los amantes del arte se dirigen a las galerías de moda instaladas en almacenes reformados en torno a High Line, parque elevado que ha dado lugar a un aluvión de nuevos edificios. El Garment District, con Herald Square y Macy's en el centro de la zona comercial más concurrida de la ciudad, atrae compradores. Elevándose sobre todo esto, el Empire State Building marca el comienzo del Midtown.

Lo mejor
Galerías de arte contemporáneo, tiendas principales de diseñadores, mundo LGBT+

Qué ver
High Line, Empire State Building, Macy's

Experiencias
Paseo matinal temprano por High Line, incluyendo las galerías de arte locales

$\rightarrow$

PÁGINA 172

MIDTOWN WEST Y THEATER DISTRICT

Midtown West responde a la idea de Nueva York que hay en la imaginación popular y es conocido por los teatros de Broadway. Times Square, que afianza el barrio, es una espectacular exhibición de estridentes neones donde artistas y músicos callejeros compiten con el bullicio de la gente y el tráfico. Por todas partes hay restaurantes famosos y bares de copas renombrados, perfectos para relajarse del bullicio.

Lo mejor
Nueva York actual, rascacielos clásicos, ver teatros, bares al estilo antiguo

Qué ver
Rockefeller Center, New York Public Library

Experiencias
Ver el programa The Today Show *en el Rockefeller Center antes de visitar el NBC Studio*

PÁGINA 184

LOWER MIDTOWN

Es principalmente un distrito de negocios y cuenta con algunos ejemplos de la mejor arquitectura de la época dorada de Nueva York. Se puede admirar desde la icónica aguja del Chrysler Building hasta la palaciega amplitud de la estación Grand Central y el modernismo de las Naciones Unidas. Las calles del Midtown están llenas de oficinistas durante el día, pero no hay mucho que hacer por la noche. Las manzanas próximas a la ONU son áreas residenciales para neoyorquinos ricos y diplomáticos.

Lo mejor
Arquitectura moderna, rascacielos clásicos, Nueva York en horas de trabajo

Qué ver
United Nations, Grand Central Terminal, Morgan Library, Chrysler Building

Experiencias
Delicias escandinavas irresistibles en el Great Northern Food Hall

UPPER MIDTOWN

PÁGINA 198

El Upper Midtown es el distrito comercial y de negocios más rico de la ciudad de Nueva York. Es el reino de los bancos, oficinas, hoteles elegantes y edificios caros de viviendas; es aquí donde se alzó la torre Trump en la década de 1980. La Quinta Avenida está flanqueada por tiendas superexclusivas y nombres emblemáticos como Saks, Barney's, Cartier y Tiffany's. La mayoría de los visitantes viene aquí para ver los rascacielos clásicos y hacer fotos para subir a Instagram, pero también para disfrutar del MoMA, uno de los mejores museos de arte moderno.

Lo mejor
Bares y grandes almacenes famosos, compras de lujo, observar el ambiente de negocios de la ciudad de Nueva York

Qué ver
MoMA, St. Patrick's Cathedral, Bloomingdale's, Tiffany's, Roosevelt Island

Experiencias
Ir de compras en Bloomingdale's y obtener la icónica "bolsa marrón"

UPPER EAST SIDE

PÁGINA 214

Hace mucho tiempo que esta zona se asocia a la clase social más alta de Nueva York. Las avenidas como Fith, Madison y Park siguen siendo bastiones de la riqueza a la antigua usanza. Las mansiones de estilo academicista francés que flanquean la Quinta Avenida están ocupadas por embajadas y museos, mientras las elegantes *boutiques* de la avenida Madison disputan con la Quinta Avenida por la exclusividad. Más al este hay vestigios de la herencia alemana, húngara y checa, mientras unos cuantos *gastropubs* y bares de copas, frecuentados por neoyorquinos adinerados, han transformado la imagen del Upper East Side.

Lo mejor
Arquitectura Beaux Arts, iglesias históricas, bellas artes

Qué ver
The Met, Guggenheim, Frick Collection

Experiencias
El maravilloso cuadro de La dama de oro, de Klimt, en la Neue Galerie

$\rightarrow$

PÁGINA 234

CENTRAL PARK Y UPPER WEST SIDE

Central Park es el mayor espacio verde de la ciudad y permite descansar de las abarrotadas aceras y las estridentes sirenas de Manhattan. En verano, sus praderas se llenan de familias y gente que corre, juega al fútbol o monta en bici; en invierno suele estar cubierto por un mágico manto de nieve. Al lado, el Upper West Side sigue siendo un barrio residencial, donde se encuentra el fabuloso American Museum of Natural History y el dinámico Lincoln Center.

Lo mejor
Huir del ajetreo y el bullicio de la ciudad, ir en barca y montar en bicicleta

Qué ver
American Museum of Natural History

Experiencias
Pasear en bici por Central Park y luego retomar fuerzas con un bagels de ahumados en Barney Greengrass

PÁGINA 250

HARLEM Y MORNINGSIDE HEIGHTS

Este barrio, núcleo de la comunidad afroamericana más famosa del país, está lleno de vida. Los visitantes encontrarán algunas de las calles más bonitas de la ciudad y una interesante oferta culinaria; los apetitosos aromas de las cocinas *soul food,* caribeña y africana occidental emanan de los bulliciosos restaurantes; por la noche, cada vez más bares y clubes de jazz locales animan la zona.

Lo mejor
Cultura afroamericana, arte callejero, soul food, jazz en directo, góspel dominical

Qué ver
Schomburg Center, Hamilton Grange, National Jazz Museum de Harlem

Experiencias
El motivador y emocionante coro de góspel dominical en la Abyssinian Baptist Church

PÁGINA 268

BROOKLYN

Al otro lado del East River, Brooklyn es una gran ciudad dentro de otra ciudad. Un mosaico de barrios unidos por un centro próspero en el que ahora se multiplican sus propios rascacielos. Entre las hermosas piedras rojizas de Fort Greene y Park Slope y los modernísimos bares de Williamsburg y Bushwick –donde las conversaciones de los paseantes se oyen desde la calle– se encuentran las galerías de arte de Dumbo, los tesoros *vintage* en el Brooklyn Flea, y el encanto nostálgico de la playa de Coney Island.

Lo mejor
Mercadillos, pizza, casas adosadas de piedra rojiza, restaurantes de la granja a la mesa

Qué ver
Brooklyn Museum, Smorgasburg, Dumbo, Brooklyn Navy Yard, Coney Island

Experiencias
La algarabía del Brooklyn Flea con sus tesoros vintage, antes de dar con el mercado Smorgasburg para comprar comida

PÁGINA 286

FUERA DEL CENTRO

Hay más Nueva York que Manhattan y Brooklyn; al fin y al cabo son cinco los distritos que conforman la ciudad. Queens es la zona más multicultural, con una importante escena culinaria, mientras que el Bronx posee bonitos parques, un jardín botánico de los mejores del mundo, y el emblemático Yankee Stadium. Incluso Staten Island, el "barrio olvidado" y más periférico de Nueva York, exhibe una fascinante arquitectura colonial y una interesante galería tibetana. En la *p. 286* hay más información sobre estos distritos.

Lo mejor
Nueva York inmigrante, cocinas auténticas, arte contemporáneo y medieval, béisbol

Qué ver
The Cloisters, New York Botanical Garden, Noguchi Museum, Yankee Stadium

Experiencias
Vivir como un auténtico neoyorquino fuera de Manhattan

←

1 Peatones junto al edificio de la Bolsa

2 Un ferri pasa frente a la Estatua de la Libertad en el puerto de Nueva York

3 Disfrutando las vistas desde Battery Park

4 Una representación del musical *Wicked* en Broadway

La ciudad de Nueva York está llena de monumentos y museos imprescindibles, posee una gran diversidad gastronómica y ofrece experiencias realmente únicas. Estos itinerarios ayudan a aprovechar al máximo la visita a esta magnífica metrópoli.

24 HORAS

Mañana

La mejor forma de empezar la visita a Nueva York es conocer las islas Ellis y Liberty, hitos históricos y símbolos de la ciudad. Hay que levantarse temprano e ir a Battery Park *(p. 84)* y comprar billete para el ferri de las 8.30 a la Estatua de la Libertad *(p. 68)*, permanente símbolo de la libertad de la ciudad. Al llegar, se adquiere la entrada de "acceso al pedestal", que permite visitar el museo y el mirador de la base de la estatua (con tan pocas horas para verlo todo, es mejor saltarse la subida a la corona). Se sigue hasta la isla de Ellis *(p. 70)*, donde más de cien millones de americanos podrían encontrar sus raíces. El Ellis Island Café está bien para tomar algo rápido, pero si se puede esperar, es más recomendable volver a Battery Park en el ferri y dirigirse al Pier A Harbor House *(p. 81)*. Está al lado del muelle del ferri, tiene unas vistas fabulosas desde el mirador exterior y sirve excelentes ostras y refrescantes cervezas artesanales.

Tarde

Desde Battery Park hay una corta distancia a Broadway, hasta la Trinity Church *(p. 79)*. Se comienza visitando la tumba de Alexander Hamilton en el cementerio exterior. Desde la iglesia, Wall Street *(p. 88)* se dirige al este hacia el East River y hay rascacielos impresionantes de piedra caliza durante todo el camino. Se puede echar un vistazo al exterior de la mundialmente famosa Bolsa de Nueva York y a la estatua de George Washington frente al Federal Hall *(p. 78)* y luego tomar el metro n.º 6 en dirección al centro. Se sale en la calle 33 para dar una vuelta por el rascacielos más emblemático de la ciudad, el Empire State Building *(p. 164)*. Si el tiempo no está muy mal, las vistas desde el mirador del piso 86 merecen la espera. Desde aquí, se sigue hasta la estación 34 St-Herald Square y a continuación hasta Times Square *(p. 180)*. Hay que empaparse del ambiente frenético y después cenar, antes de ir al teatro, en Sardi's *(www.sardis.com)* o Junior's *(www.juniorscheesecake.com)*.

Noche

Se puede disfrutar de un musical clásico en Broadway (hay que reservar con antelación las entradas) o ver una obra en alguno de los teatros que rodean Times Square. Tras la representación, se coge un taxi o el metro n.º 1 en la estación de Christopher St para tomar un postre y alguna copa nocturna en Greenwich Village.

$\rightarrow$

1 Mañana en Central Park

2 Venta de queso artesano en Eataly, en el centro de Nueva York

3 Los estanques reflectandes del National September 11 Memorial, desde el One World Trade Center

4 Gente disfrutando de un paseo al anochecer por el High Line

2 DÍAS

Día 1

Mañana Se empieza el día en Central Park *(p. 238)* con un *bagel* y un café para llevar. Hay que intentar llegar al Met *(p. 220)* cuando abren, a las 10.00 (desde el extremo sur del parque, en la calle 59, hay 40 minutos andando hasta el museo). Se pueden pasar días disfrutando de las maravillas del Met, pero es mejor centrarse en lo principal durante 2-3 horas; es recomendable la sección de pintura europea y el templo de Dendur.

Tarde Tomar un taxi o un autobús en la avenida Madison hasta Grand Central *(p. 188)* para una comida rápida en el Oyster Bar. Desde aquí, hay que caminar (o tomar un autobús) hasta el Empire State Building *(p. 164)* para empaparse del esplendor *art déco* y las magníficas vistas. Si aún quedan energías, en 15 minutos el autobús n.º M34 lleva hasta Hudson Yards y el extremo norte del High Line *(p. 166)*, para dar un agradable paseo al final de la tarde o al comienzo del anochecer.

Noche Cena en el Meatpacking District *(p. 131)*, en el extremo sur del High Line.

Día 2

Mañana Cámara en mano, se puede hacer un crucero guiado desde el Pier 16 del Seaport District *(p. 86)* alrededor de las islas Liberty y Ellis. Después, se camina o se llega en taxi hasta el National September 11 Memorial *(p. 72)* para disfrutar de las cascadas y las serenas arboledas de robles.

Tarde Se puede comer en Eataly NYC Downtown, en 4 World Trade Center, antes de caminar por Broadway hasta Wall Street y la Bolsa *(p. 88)*. Desde el Pier 11, donde Wall Street llega al East River, el ferri lleva hasta el Fulton Ferry District *(p. 278)* en Brooklyn. No puede faltar un helado y un paseo por las calles de este distrito histórico para luego volver por el puente de Brooklyn y disfrutar las increíbles vistas de Manhattan *(p. 272)*.

Noche Desde el puente, una breve caminata hasta Chinatown *(p. 109)*, donde espera una sabrosa cena en Joe's Shanghai. Los noctámbulos pueden seguir hasta el SoHo para tomar una copa en uno de los bares de moda del barrio *(p. 118)*.

←

1 El grandioso interior del Oculus

2 El Guggenheim

3 Desayuno en el SoHo

4 Gente bebiendo y relajándose en Willamsburg con vistas a Manhattan

5 DÍAS

Día 1

Mañana Se llega en el primer ferri a la Estatua de la Libertad (p. 68); cuando se haya visto de cerca la emblemática estatua, se va a Battery Park donde se dedica un tiempo al National September 11 Memorial & Museum (p. 72).

Tarde Se compra algo para comer en el *food hall* Le District antes de ir por el Oculus (p. 75) hasta St. Paul's Chapel (p. 80). Se visita la Trinity Church (p. 79) y Wall Street, y se sigue hasta el Seaport District NYC (p. 86) para hacer algunas compras.

Noche Conviene quedarse en el Seaport District NYC para tomar un aperitivo y luego comer en la cercana Chinatown (p. 109).

Día 2

Mañana Desayuno en el Meatpacking District antes de pasear por el High Line (p. 166). En la calle 34 se coge un taxi o un autobús hasta el Empire State Building (p. 164), donde se puede tomar un tentempié en el mirador.

Tarde Es recomendable dejar libre la mayor parte de la tarde para disfrutar del arte moderno en el MoMA (p. 202); vale la pena reservar las entradas al museo para no tener que hacer cola.

Noche Ir a Times Square (p. 180) cuando oscurece y las luces de neón resultan epecialmente impresionantes; terminar el día con un espectáculo en Broadway.

Día 3

Mañana Se puede empezar en el Met (p. 220) justo cuando abre, y, dado todo lo que hay por ver, centrarse únicamente en una o dos secciones. La comida, en uno de los tentadores cafés del museo.

Tarde Despues de visitar el impresionan-te museo Guggenheim (p. 218) durante una hora aproximadamente, se puede ir a Central Park (p. 238) y tomar el aire.

Se toma un tentempié en Loeb Boathouse, se rinde homenaje a John Lennon en Strawberry Fields, y después a Sheep Meadow a relajarse en la hierba.

Noche En el Lincoln Center (p. 244) se puede asistir a una ópera, un concierto o un *ballet*. Los excelentes restaurantes de la zona son perfectos para cenar, pero conviene reservar.

Día 4

Mañana Desayuno en el SoHo y luego se camina hasta Greenwich Village (seguir la ruta de la p. 136). Merece la pena descansar y absorber el ambiente de Washington Square Park (p. 134).

Tarde Para comer se va a Little Italy o Nolita (p. 110) para luego unirse a una de las visitas del histórico Lower East Side Tenement Museum (p. 94). También merece la pena echar un vistazo al Museum at Eldridge Street (p. 96) si queda tiempo (y energía).

Noche Se puede cenar en el Lower East Side y tomar una copa en Ivan Ramen o Mission Chinese Food (p. 100).

Día 5

Mañana El día empieza con un paseo por el puente de Brooklyn (p. 272) y continúa en el Fulton Ferry District (p. 278) para tomar algo antes de explorar el Brooklyn Bridge Park (p. 280), siguiendo la costa.

Tarde Se come en Fornino At Pier 6 (www.fornino.com). Desde aquí hay una subida fácil hasta Brooklyn Heights, donde se recomienda seguir el recorrido propuesto (p. 284). Continuar hasta el moderno Dumbo (p. 278) para ver galerías de arte o una representación en St. Ann's Warehouse.

Noche Para poner fin a un día perfecto en Brooklyn, hay que acercarse en taxi a Williamsburg (p. 279) para comprobar su famosa vida nocturna.

Los *deli* de Nueva York

Hoy son una institución en la ciudad, pero los *deli* eran tradicionalmente judíos. Se puede encontrar pescado ahumado y *bagels* en Zabar's *(p. 247)* y Russ & Daughters (179 East Houston St). Katz's Deli es conocido por sus sándwiches de pastrami gigantes (205 East Houston St). Alleva Dairy (188 Grand St) es un *deli* italiano clásico, y Brooklyn's Sahadi's (187 Atlantic Av,) es un especialista de Oriente Próximo.

←

Salami y pepinillos en abundancia en Katz's Deli, en el Lower East Side

NUEVA YORK PARA
COMIDISTAS

Los amantes de la comida se llevarán una agradable sorpresa en Nueva York. Aquí se encuentra todo tipo de gastronomía, desde colombiana y armenia hasta coreana y senegalesa, con precios que van desde 1 $ por una porción de *pizza* hasta algunos de los restaurantes *gourmet* franceses más prestigiosos y caros del mundo.

BRUNCH EN NYC

Al desayuno del domingo se le da mucha importancia en Nueva York. Son muy populares los menús de desayuno especial o *brunch* (que a veces incluye bebida alcohólica). En los mejores sitios, en las zonas de Greenwich Village, Soho y el Lower East Side, suele haber largas colas, pero ahora también son habituales en Brooklyn. Carroll Gardens, Cobble Hill y Williamsburg y suelen estar llenos. Conviene reservar mesa para no llevarse una decepción.

La capital de la buena mesa de EE. UU.

Si se tiene un buen presupuesto, Thomas Keller's Per Se *(p. 245)* ocupa siempre el primer lugar en una larga lista de restaurantes galardonados, y Eric Ripert's Le Bernardin *(p. 183)* tiene tres estrellas Michelin. Chef's Table at Brooklyn Fare (431 West 37th St) y Eleven Madison Park *(p. 157)* también son buenas opciones.

→

Postres irresistibles en Le Bernardin, Midtown West y el Theater District

↑ Comida y bebida en el Dekalb Market Hall de Brooklyn

Los *food hall* de Nueva York

Tras el éxito de Eataly *(p. 154)* y la feria gastronómica de Brooklyn Smorgasburg *(p. 282)*, los salones *gourmet* hacen furor en Nueva York. Le District *(p. 80)* ofrece productos franceses, Great Northern Food Hall en Grand Central Terminal, escandinavos *(p. 193)*, y Plaza Food Hall (1 West 59th St), de lujo. Dekalb Market Hall (445 Albee Sq West, Brooklyn) ofrece desde *dumplings* y *sushi* hasta sándwiches de pastrami y tarta de lima de los Cayos.

💬 CONSEJO DK
Recorridos gastronómicos

Estos recorridos a pie son una forma magnífica de ver la ciudad y recargar fuerzas a la vez. Entre los más solicitados están NoshWalks (www.noshwalks.com) y Scott's Pizza Tours (www.scottspizza tours.com).

Establecimientos icónicos de EE. UU.

Lombardi's *(p. 110)*, fundada en 1905, fue la primera pizzería de EE. UU., y Patsy's *(p. 263)* vendió la primera porción de *pizza* en 1933. El polaco-judío Nathan Handwerker popularizó el perrito caliente de Coney Island, que ahora se vende en Nathan's Famous (1310 Surf Av), y el emigrante alemán Arnold Reuben inventó la tarta de queso al estilo neoyorquino, cuya mejor muestra está en Junior's *(p. 282)*. Un nuevo icono del sector, el 'cronut' (cruasán-dónut) de Dominique Ansel, se vende en 189 Spring St.

↑ Nathan's Famous y *cronuts* (arriba), antiguos y nuevos iconos de EE. UU.

Parques

Nueva York cuenta con muchos y maravillosos espacios verdes, ideales para pasar una mañana, una tarde o todo el día. El High Line *(p. 166)* y Central Park *(p. 238)*, dos de los mejores parques del país, son gratuitos. Otros parques son Bryant Park *(p. 180)*, Washington Square Park *(p. 134)*, Tompkins Square Park *(p. 142)* y Prospect Park *(p. 282)*.

→

En Central Park se encuentran muchos espacios verdes

NUEVA YORK
A BUEN PRECIO

Nueva York es una ciudad muy cara, pero, con algo de planificación, los visitantes espabilados pueden encontrar muchas actividades que cuestan muy poco o nada, desde museos hasta actuaciones, parques y galerías de arte.

PÍCNICS

Una forma asequible de disfrutar de las vistas y sabores de la ciudad es con un pícnic. Se puede comprar la comida en Zabar's *(p. 247)*, uno de los mejores *delis* de la ciudad, e ir al Great Lawn de Central Park *(p. 238)*. Tampoco hay que perderse Governors Island *(p. 76)*. Se pueden llevar sándwiches o comprar comida rica para llevar en los puestos de la isla. Un lugar ideal para un pícnic en la playa esConey Island *(p. 283)*. Se pueden encontrar tentempiés de la Europa del Este en Brighton Bazaar (1007 Brighton Beach Av) y perritos calientes en Nathan's Famous *(p. 31)*.

Brooklyn Brewery Tours

La principal de las pequeñas fábricas de cerveza o microcervecerías ofrece visitas gratuitas sábados y domingos, a las medias de 13.00-18.00. Probar Brooklyn Lager o Brooklyn East IPA no forma parte de la visita gratuita, pero se pueden comprar vales sin arruinarse *(p. 279)*.

Brooklyn Brewery ofrece ↑
visitas gratuitas
interesantes

Museos gratuitos

En el American Museum of Natural History *(p. 242)* siempre se paga la voluntad, pero casi todos los museos de Nueva York tienen un día (o noche) en los que se puede pagar de esta manera. Entre los museos totalmente gratuitos se cuentan el African Burial Ground *(p. 87)*; American Folk Art Museum *(p. 247)*; el Bronx Museum of the Arts *(p. 299)*; Hamilton Grange *(p. 258)*; Museum at the FIT *(p. 170)*; National Museum of the American Indian *(p. 85)*; el Schomburg Center *(p. 256)* y el Theodore Roosevelt Birthplace *(p. 157)*.

← Exhibiciones de taxidermia en el American Museum of Natural History

TOP 7 ¿QUÉ ES GRATIS Y CUÁNDO?

Lunes
Museum at Eldridge Street (todo el día)

Martes
National September 11 Memorial Museum (17.00-20.00)

Miércoles
Museum of Jewish Heritage (16.00-20.00)

Jueves
Museum of Arts and Design (18.00-21.00); Museum of Jewish Heritage (16.00-20.00)

Viernes
Asia Society (18.00-21.00); MoMA (16.00-20.00); Historic Richmond Town (13.00-17.00)

Sábado
Jewish Museum (todo el día)

Domingo
New York Hall of Science (10.00-11.00); Studio Museum in Harlem (todo el día)

Galerías de arte de Chelsea

Visitar las galerías de arte de Chelsea, que acogen algunas de las obras de arte contemporáneo *(p. 171)* más vanguardistas del mundo, no cuesta nada. Se puede compaginar la visita a estas maravillosas galerías con un día en el High Line *(p. 166)*, que es totalmente gratuito y un imprescindible de Nueva York, y pasar un día asequible en la ciudad. Hay que tener en cuenta que los sábados todo está muy lleno.

↑ Una de las galerías de arte de Chelsea, cuna del arte y el diseño más innovadores

33

Nueva York contemporáneo

El High Line *(p. 166)* ha dado lugar a un frenesí de construcción innovadora en su recorrido: el edificio IAC de Frank Gehry (2007), el Whitney Museum de 2015, obra de Renzo Piano *(p. 128)* y el Zaha Hadid's 520 West 28th (2017), por citar algunos. El One World Trade Center se convirtió el edificio más alto de la ciudad en 2013 *(p. 74)*, dando pie a la construcción de más superrascacielos.

→

El edificio IAC, de Frank Gehry, iluminado al anochecer

NUEVA YORK Y LA
ARQUITECTURA

Dejando a un lado los rascacielos, Nueva York es un auténtico muestrario de arquitectura: todos los movimientos importantes e influyentes de los dos últimos siglos están representados en los magníficos edificios de la ciudad.

Los años de gloria

Los arquitectos empezaron a diseñar rascacielos *art déco* en la década de 1920 *(p. 87)*. Algunos de los edificios más impresionantes de la ciudad –como 1 Wall Street (1931), 70 Pine Street (1930) y el Edificio Chrysler (1930)– se levantaron después del crac de 1929. El complejo del Rockefeller Center *(p. 176)*, que fue construido durante la década de 1930, es tal vez el paradigma del estilo *art déco* en Nueva York.

↑ El Edificio Chrysler, un icono *art déco* en el Lower Midtown

Las décadas de 1950 y 1960

Los aires modernos, que llegaron de Europa, como los de la Bauhaus y Le Corbusier, influyeron en los edificios de muros de cristal de Mies van der Rohe: en 1958 las Naciones Unidas *(p. 190)*, en 1952 la Lever House *(p. 211)* y en 1958 el Seagram Building *(p. 210)*, todo en el Midtown.

El ejemplo tal vez más famoso de la culminación de esta modernidad se encuentra en las hoy destruidas Torres Gemelas del World Trade Center (1973).

←

El Secretariat Building dentro del complejo de las Naciones Unidas

La emblemática fachada del Flatiron Building ↓

TOP 6 · **BARRIOS CON** *BROWNSTONES*

Greenwich Village
En el Village hay tranquilos callejones, hermosas casas en hilera y elegantes edificios residenciales.

Upper West Side
En Riverside Drive, entre las calles 80 y 81, se pueden ver las clásicas *brownstones* (edificios de piedra arenisca de color rojizo) con miradores.

Harlem
Algunos de los mejores ejemplos de la arquitectura residencial más bonita de la ciudad pueden verse en Strivers' Row.

Brooklyn Heights
Cuenta con una amplia gama de estilos, desde las casas en hilera del primer estilo federal hasta villas neorrománicas y neogóticas.

Fort Greene, Brooklyn
Calles residenciales muy agradables y frondosas, en particular South Portland Avenue.

Park Slope, Brooklyn
Algunas de las mejores residencias de estilo románico y reina Ana de Estados Unidos (construidas en los años 1880 y 1890).

Del hierro fundido al academicismo francés

Lo que realmente llevó a Nueva York a la vanguardia de la sofisticación arquitectónica fue la llegada de las construcciones de hierro fundido a mediados del siglo XIX. Se considera al Flatiron Building de 1902 *(p. 156)* uno de los primeros rascacielos de la ciudad, y el Woolworth Building de 1913 *(p. 87)*, con sus decorativas agujas y gárgolas góticas, siguió la tendencia a la altura. El academicismo francés culminó en el Metropolitan Museum of Art de 1902 *(p. 220)*, la New York Public Library de 1911 *(p. 178)* y la Grand Central Terminal de 1919 *(p. 188)*.

→

35

1

2

EL PERFIL DE MANHATTAN

El perfil urbano más famoso del mundo cambia constantemente. Desde la construcción de los primeros rascacielos en la década de 1890, estos edificios han sido cada vez más altos, y el reciente auge de los "superaltos" ha logrado la mayor transformación de Nueva York desde los años 1930. Manhattan posee dos grupos principales de rascacielos –en Lower Manhattan (a veces llamado Distrito Financiero) y en Midtown– y su perfil lo forman más de 260 edificios de alturas superiores a 152 m (500 pies). Aunque estas construcciones empezaron a llegar a los 91 m (300 pies) en la década de 1890, el primer rascacielos relevante fue el Woolworth Building con 241 m (792 pies), terminado en 1913 (p. 87). Estas primeras torres eran monolitos estrictamente verticales, sin tener en cuenta cómo afectaban a los edificios vecinos. Más tarde, las autoridades inventaron los *air rights*, un concepto que limita la altura de las edificaciones.

LOS SUPERALTOS DE MANHATTAN

Los superaltos forman una clase especial de rascacielos, y en el perfil de Manhattan se encuentran algunos de los más famosos del mundo. Como indica su nombre, los superaltos son de un tamaño colosal, siempre por encima de los 305 m. Hay más información sobre los superaltos y el perfil de la ciudad en el Skyscraper Museum (p. 81).

One World Trade Center
Con sus 541 m, esta simbólica torre pasó a ser el rascacielos más alto de Estados Unidos cuando estuvo terminado en 2013.

Three World Trade Center
La torre de 329 m se coronó en 2016.

Brookfield Place
Este complejo de oficinas y comercio consta de varios edificios; el más alto alcanza 225 m.

3

MEJORES VISTAS
Perfil de Manhattan

Para tener las mejores vistas del perfil de Manhattan se ha de ir al Top of the Rock *(p. 176)*, a The Hills en Governors Island *(p. 76)*, a lo alto del Empire State Building *(p. 164)*, a Roosevelt Island *(p. 211)*, al Brooklyn Bridge Park *(p. 280)* o tomar el ferri de Staten Island *(p. 86)*.

1 Battery Park desde 17 State Street.

2 El diseño del 26 Broadway, reconstruido de 1921 a 1928, evoca una lámpara de aceite gigante.

3 El One World Trade Center, un ejemplo del cambiante perfil de Manhattan, domina las calles de la ciudad.

↓ El extremo sur de Manhattan visto desde el río Hudson

Woolworth Building
La "catedral del comercio", de hermosa decoración, alcanza 241 m de altura.

One Wall Street
Un rascacielos art déco, terminado en 1931, de 282 m de altura.

17 State Street
Este edificio de 164 m tiene una característica fachada curva de cristal.

26 Broadway
Antes Standard Oil Building, el 26 Broadway alcanza 158 m.

One Liberty Plaza
Este rascacielos de 226 m ocupa el lugar del Singer Building, que fue la mayor construcción desmontada en la historia.

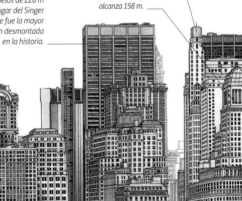

Frick Collection

La colección particular de arte de Henry Clay Frick, expuesta en su mansión del Upper East Side (p. 224), incluye algunas auténticas joyas, como los retratos, de triste fama, realizados por Holbein a quienes fueron rivales, Thomas More y Thomas Cromwell. También pueden verse *El soldado y la muchacha sonriendo*, de Vermeer; el sublime *San Francisco en el desierto* de Bellini; y el enigmático *El jinete polaco*, de Rembrandt.

←

El magnífico Garden Court, en el centro del edificio de la Frick Collection

NUEVA YORK PARA LOS
AMANTES DEL ARTE

Nueva York sigue siendo la capital mundial del arte contemporáneo. Cuenta con cientos de marchantes y galerías, casas de subastas ilustres como Christie's y Sotheby's, y *colleges* de bellas artes de alto nivel que atraen a los mayores talentos del mundo. Quizá lo mejor de todo sea el dinámico programa de arte público de la ciudad.

TOP 5 ARTISTAS NEOYORQUINOS

Jean-Michel Basquiat (1960-1988)
Artista callejero cuya obra puede venderse hoy por 110.000.000 $.

Keith Haring (1958-1990)
Muralista grafitero.

Jeff Koons (1955-)
Artista pop conocido por sus animales globo de acero.

Florine Stettheimer (1871-1944)
Pintora innovadora y mecenas.

Andy Warhol (1928-1987)
Artista pop icónico.

El Guggenheim

Aunque el edificio de Frank Lloyd Wright suele eclipsar las exposiciones del interior, el Guggenheim posee una colección excepcional de Kandinsky, además de obras de Picasso, Van Gogh, Monet y Cézanne (p. 218).

El imponente exterior del Guggenheim

MoMA

Algunas de las obras más emblemáticas del mundo se conservan en el Museum of Modern Art, o MoMA *(p. 202)*. Con obras desde *La persistencia de la memoria* de Dalí y *La noche estrellada* de Van Gogh hasta *La danza* de Matisse y *Las señoritas de Aviñón* de Picasso, la visita a este gigante del arte moderno es imprescindible.

> 💬 CONSEJO DK
> **Recorridos de arte callejero**
>
> Los artistas grafiteros pioneros empezaron a firmar a finales de los sesenta. Graff Tours (www.grafftours.com) y Brooklyn Unplugged (www.brooklynunpluggedtours.com) ofrecen interesantes recorridos para ver el arte callejero.

↑ *La noche estrellada* (1889), de Vincent van Gogh, puede verse en el MoMA

El Whitney

A los pies del High Line, este museo es la principal muestra neoyorquina de arte moderno y contemporáneo estadounidense *(p. 128)*. En la colección permanente hay obras de Alexander Calder, Jasper Johns, Reginald Marsh, Georgia O'Keeffe, Claes Oldenburg y Cindy Sherman.

←

El Whitney Museum of American Art, proyectado por Renzo Piano

El Met

La gran dama del arte de Nueva York alberga amplias colecciones que abarcan más de 5.000 años de historia mundial *(p. 220)*. Desde la *Madonna con el Niño* de Duccio, de incalculable valor, hasta impresionistas franceses y obras modernas de Clyfford Still, Andy Warhol y Chuck Close.

→

Nenúfares (1916–1919), de Claude Monet, se exhibe en el Met

◁ Museum of the Moving Image

El Museo de la Imagen en Movimiento de Queens *(p. 301)* tiene una exposición permanente muy popular sobre los teleñecos. Pueden verse más de 300 objetos, incluyendo 47 teleñecos. Los niños algo mayores pueden disfrutar de las exposiciones sobre cine, televisión y lo más reciente en arte digital.

▷ Museos para niños

A Nueva York no le faltan museos interactivos para niños. El Children's Museum of Manhattan *(p. 246)* está lleno de juguetes y juegos, y el Children's Museum of the Arts *(p. 118)* los anima a la creatividad con exposiciones en las que se invita a tocar. El Brooklyn Children's Museum *(p. 280)* tiene una divertida sala sensorial y zonas de juego especiales para menores de 6 años.

NUEVA YORK EN
FAMILIA

Nueva York es un destino maravilloso para los niños. La Gran Manzana les ofrece desde divertidos musicales en Broadway y emocionantes paseos en ferri hasta enormes tiendas de juguetes y extensos espacios verdes.

◁ American Museum of Natural History

Es el destino más popular para familias *(p. 242)*. Esqueletos gigantes de dinosaurios, un invernadero de mariposas, cines IMAX 3D y un enorme planetario les esperan junto a exposiciones especiales. Después se puede ir al cercano Central Park *(p. 238)* para despejarse.

◁ Tiovivos

A los pequeños les encantarán los antiguos tiovivos de Nueva York. El Central Park Carousel *vintage* tiene 57 caballos tallados a mano, y el SeaGlass Carousel de Battery Park, de peces *(p. 84)*, parece un jardín submarino. El Jane's Carousel de Brooklyn Bridge Park *(p. 280)* es una tercera opción que puede combinarse fácilmente con un paseo por el puente de Brooklyn.

◁ Madison Square Park y Shake Shack

En verano siempre hay algo en el Madison Square Park, desde clases de yoga al aire libre hasta enormes instalaciones de arte público. También es famoso por albergar el primer local de hamburguesas de la cadena Shake Shack. Se pueden comprar Shackburgers, patatas con queso y crema helada de chocolate y comerlo en el parque.

Big Daddy's
Restaurante de colores vivos.
📍 E7 🏠 239 Park Av S
🌐 bigdaddysnyc.com

$⑤$⑤$⑤

──────────

Bubby's
Fantástico para grandes desayunos.
📍 C8 🏠 73 Gansevoort St
🌐 bubbys.com

$⑤$⑤$⑤

──────────

Ellen's Stardust Diner
Con camareros cantantes.
📍 D3 🏠 1650 Broadway
🌐 ellensstardustdiner.com

$⑤$⑤$⑤

△ Montar en bici, patinar o ir en barca en Central Park

Es divertido ir en bicicleta por Central Park; se alquilan en Bike and Roll *(p. 240)*. En verano, la Lasker Pool es estupenda para nadar, y en el Loeb Boathouse *(p. 241)* hay barcas de remos. En invierno, se puede patinar en el Wollman Rink y en el Lasker Rink (y alquilan patines).

Mercados

Brooklyn Flea *(p. 279)*, los fines de semana, es el decano de los mercados neoyorquinos; tiene cientos de puestos de muebles, ropa *vintage*, antigüedades y arte. En Manhattan, el Chelsea Flea Market *(p. 168)* llega a 135 comerciantes, y el Hell's Kitchen Flea y el GreenFlea son mayores. En Union Square *(p. 157)* está el mayor mercado de agricultores. También hay mercados estacionales.

Productos frescos y flores en el Greenmarket de Union Square

NUEVA YORK DE
COMPRAS

Las tiendas son uno de los principales reclamos de Nueva York y hacen de la ciudad la meca del consumo en Estados Unidos. Aquí conviven las tiendas emblemáticas de las mejores firmas, *boutiques* locales, mercados callejeros y tiendas *vintage,* además de los grandes almacenes más famosos del país: Bloomingdale's y Macy's.

COMPRAR EN EL SOHO

El SoHo es el principal barrio de Manhattan para comprar ropa, sobre todo en Broadway y Spring St. Las marcas conocidas y asequibles como Uniqlo, Forever 21, H&M, Nike, Victoria's Secret y Topshop tienen grandes almacenes aquí. Los diseñadores de gama alta como Marc Jacobs, Balenciaga, Stella McCartney, Paul Smith, Louis Vuitton y Christian Dior también tienen *boutiques,* pero en las calles laterales. Es mejor ir de compras al SoHo en días laborables, porque los fines de semana se pone imposible.

Grandes almacenes

De los grandes almacenes de Nueva York, Bloomingdale's es tal vez el más conocido, aunque Macy's *(p. 169)* es más grande (y más económico). Barneys, Bergdorf Goodman y Saks Fifth Avenue son de alto nivel y tienen fama por su ropa de diseñadores y sus lujosos escaparates *(p. 208)*.

Firmas de lujo

La favorita de Audrey Hepburn en *Desayuno con diamantes*, Tiffany & Co *(p. 208)*, sigue siendo un palacio de la joyería de diamantes. Entre los diseñadores neoyorquinos se encuentran Alexander Wang (103 Grand St), Marc Jacobs (113 Prince St) y Vera Wang (991 Madison Av). La fastuosa tienda de Prada en 575 Broadway marca tendencia en el SoHo, y la serie de televisión *Sexo en Nueva York* ha hecho que los diseñadores de zapatos de lujo Louboutin (967 Madison Av) y Manolo Blahnik (31 West 54th St) estén más solicitados.

→

Manolo Blahnik, un hito español en Nueva York

Libros y cómics

Para encontrar libros a buen precio, la Strand Bookstore *(p. 147)*. En Brooklyn, la WORD (126 Franklin St) y, en Manhattan, Housing Works (126 Crosby St) venden libros de segunda mano. St. Mark's Comics *(p. 147)* vende cómics y Bluestockings (172 Allen St) libros para LGBT+.

←

Mirando libros en la Strand Bookstore

Vintage y segunda mano

En Brooklyn, Beacon's Closet *(p. 279)*, Amarcord (223 Bedford Av) o Domsey Express (431 Broadway). Por Manhattan, Edith Machinist (104 Rivington St), Michael's Consignment (1041 Madison Av) o Resurrection (45 Great Jones St).

→

Tesoros *vintage* de Beacon's Closet, en Greenpoint (Brooklyn)

▷ Animar a los Knicks en el Madison Square Garden

Los New York Knicks siguen siendo un equipo de baloncesto con mucho apoyo de sus seguidores (gustan a Spike Lee, Alec Baldwin y Howard Stern, que van con frecuencia), a pesar de llevar tiempo en baja forma. Los partidos en el Madison Square Garden *(p. 169)* son todo un espectáculo, con mucha música, pompa y sabrosos tentempiés.

◁ Jugar al pimpón

Susan Sarandon es copropietaria (y a veces se pasa por aquí) de SPiN (48 East 23rd St), un amplio club de tenis de mesa con 19 mesas y un restaurante. Los fines de semana abre hasta las 2.00 y tiene cócteles y aperitivos de gran calidad, por lo que se parece más a un bar que a un club deportivo.

NUEVA YORK Y EL
DEPORTE

Nueva York es una de las ciudades con mayor oferta deportiva de Estados Unidos, sede de equipos emblemáticos como los Knicks (baloncesto) y los Yankees y los Mets (béisbol). Muchas de las actividades de la ciudad son gratuitas o sorprendentemente baratas.

◁ Un partido de béisbol en el Yankee Stadium

Animar al equipo de béisbol con mayor éxito de Estados Unidos es una tradición veraniega, que se disfruta más con perritos calientes y cervezas frías. Los Yankees, desde 1913, han ganado 27 campeonatos de la Serie Mundial; se puede acudir a los partidos *(p. 299)*.

▷ En bici por el parque

Nueva York se ha abierto últimamente más a la bicicleta. Hay carriles bici en casi toda la longitud de Manhattan junto al río Hudson, y en todas direcciones por Central Park; en ambos casos ofrecen brisa fresca y maravillosas vistas en verano. Se pueden alquilar bicis en Central Park (p. 240) o utilizar el programa de bicicletas compartidas Citi Bike (www.citibikenyc.com).

◁ Kayak por el río Hudson

Remar en kayak por el río Hudson es una actividad popular y sorprendentemente tranquila, sobre todo en verano, y da una perspectiva completamente nueva del famoso perfil de Nueva York. Se puede practicar de forma gratuita en la Downtown Boathouse, en el Pier 26, de mediados de mayo a mediados de octubre. El Manhattan Kayak Company del Pier 84 imparte clases de kayak y surf de remo.

 CONSEJO DK
Entradas

Las de los partidos de verano en el Yankee Stadium son las más económicas (desde 9 $ para tribuna descubierta); se pueden comprar en línea o en el día. De baloncesto, lo más sencillo es ver a los Brooklyn Nets en el Barclays Center.

▷ Patinar sobre hielo

De noviembre a marzo, la ciudad abre sus pistas de hielo al aire libre. Es difícil superar el panorama desde las pistas de Lasker y Wollman en Central Park (p. 241) o la bonita pista del Rockefeller Center (p. 176). También ponen pistas ocasionales en el hotel Standard High Line y en el Bryant Park (esta es gratuita).

◁ El Cloisters Museum

Vale la pena ir hasta el extremo norte de Manhattan para ver la colección de tapices, pinturas y esculturas medievales del Met. En una colina sobre el Hudson, con secciones de cinco claustros mediavelos auténticos incorporados a su edificación, es fácil pensar que no se está en Estados Unidos *(p. 290)*.

▷ Hispanic Society, Washington Heights

Su galería principal, débilmente iluminada, brilla con los tonos de un palacio andaluz. Posee la mayor colección de arte español fuera de España. Entre lo más destacado, el altivo retrato de la duquesa de Alba y la monumental serie mural *Imágenes de España*, de Joaquín Sorolla *(p. 292)*.

NUEVA YORK
FUERA DE LAS RUTAS HABITUALES

Con tantos lugares famosos para ver, es fácil pasar por alto algunas joyas menos conocidas de la ciudad. Si la estancia va a ser larga o si se trata de una segunda o tercera visita, se pueden buscar estos tesoros menos habituales.

◁ Green-Wood Cemetery, Brooklyn

En el siglo XIX, algunas personas influyentes pidieron ser enterradas en el cementerio de Green-Wood. En la actualidad, este hermoso lugar, donde están las tumbas del editor de periódicos Horace Greeley, el predicador Henry Ward Beecher, el artista del vidrio Louis Comfort Tiffany y el compositor Leonard Bernstein *(p. 283)*, puede visitarse con o sin guía.

◁ Rockaways, Queens

¿Surf en Nueva York? Es posible en Rockaways, una larga franja de agradable arena a la que se puede llegar en metro. La playa Jacob Riis Park está generalmente tranquila, aunque se anima en verano en el Riis Park Beach Bazaar por los grupos musicales en directo y el mercado gastronómico (www.riisparkbeachbazaar.com).

◁ The Jacques Marchais Museum of Tibetan Art, Staten Island

Este museo, suspendido de las colinas de Staten Island como si fuera un antiguo monasterio tibetano, es el tesoro menos conocido de Nueva York. Fue fundado en los años cuarenta por Jacques Marchais, un próspero tratante de arte, y está repleto de extraordinarios objetos de arte tibetano, entre ellos unas delicadas y coloridas banderas de plegaria. Bien vale la pena una excursión hasta este museo único que alberga la mayor colección de arte tibetano fuera de China (p. 302).

MICROCERVECERÍAS

Algunas de las cervezas artesanales más apreciadas de la ciudad proceden de los municipios de los alrededores, donde pequeños productores ofrecen a probar sus elaboraciones en microcervecerías, poseen salas con grifos para probar la cerveza. Pueden visitarse la Bronx Brewery (856 East 136th St, Port Morris) o Finback Brewery (7801 77th Av, Ridgewood) y SingleCut Beersmiths (19-33 37th St, Astoria) en Queens. En Brooklyn, Other Half Brewing (195 Centre St, Carroll Gardens) y Threes Brewing (333 Douglass St, Gowanus) compiten con Brooklyn Brewery (p. 279).

△ Greenpoint, Brooklyn

La mayor comunidad polaca de Nueva York conserva mucho carácter. Los vendedores de *kielbasa* y *pierogi,* como Polka Dot (726 Manhattan Av), se agrupan a lo largo de la vía principal, Manhattan Avenue. El cervecero danés de moda, Torst (615 Manhattan Av), y el agradable Café Grumpy de 193 Meserole Av (que salió en la serie de televisión *Girls*), representan el nuevo lado artístico del barrio (p. 279).

La ruta de George Washington

George Washington (1732-1799) era de Virginia, pero pasó muchos años decisivos en Nueva York durante la guerra de la Independencia de Estados Unidos. El general requisó la Morris-Jumel Mansion (p. 292) en 1776 para cuartel general del ejército, que luego devolvió a la ciudad, y la Fraunces Tavern (p. 85), en 1783, para despedirse de sus tropas. La estatua de Washington del exterior del Federal Hall (p. 78) conmemora la investidura del presidente en 1789, y en la capilla de San Pablo (p. 80) se conserva, como algo sagrado, su banco.

→
La estatua de George Washington ante el Federal Hall

NUEVA YORK Y LA
HISTORIA

Los holandeses fundaron oficialmente Nueva York (como Nueva Amsterdam) en 1625. Se conservan numerosos elementos que documentan la relativamente breve historia de la ciudad, desde antiguas sinagogas e iglesias hasta fortalezas en ruinas, mansiones elegantes y museos especializados.

TOP 5 LOS MUSEOS DE HISTORIA

Museum of the City of New York
La historia de la ciudad (p. 231).

New York Historical Society
Exposiciones temporales de temas sobre Nueva York (p. 246).

National Museum of the American Indian
Alberga un millón de objetos (p. 85).

Museum of Chinese in America
La experiencia china desde el siglo XVIII (p. 108).

Italian American Museum
Se centra en la historia de Little Italy (p. 111).

Historia de los judíos

La cultura judía es clave en la identidad de Nueva York. La sinagoga restaurada del Museum at Eldridge Street (p. 96) es una buena introducción a la vida de los judíos en el Lower East Side, y los recorridos gastronómicos, además, por las sinagogas amplían la experiencia. Para una mayor comprensión de la historia de los judíos se puede visitar el Museum of Jewish Heritage (p. 81) y el Jewish Museum (p. 225). El Temple Emanu-El (p. 226), todavía en activo, es una de las sinagogas más grandes del mundo.

El impresionante ↑ interior del Museum at Eldridge Street

Historia de los afroamericanos

En la época colonial, la ciudad de Nueva York fue construida sobre todo por esclavos afroamericanos, a quienes se rinde memoria en el African Burial Ground en Lower Manhattan *(p. 87)*. Harlem sigue siendo la comunidad negra más famosa de Estados Unidos, y su legado se conserva en lugares como el Schomburg Center *(p. 256)*, el Apollo Theater *(p. 264)*, el Studio Museum de Harlem *(p. 262)* y la Langston Hughes House *(p. 259)*. En Queens, el Louis Armstrong House Museum *(p. 300)* conmemora al legendario jazzista y trompetista, que vivió aquí con su mujer durante casi treinta años.

← El monumento en el African Burial Ground, en Lower Manhattan

TRAS LOS PASOS DEL FUNDADOR DE LA CIUDAD DE NUEVA YORK

Alexander Hamilton (c. 1755–1804) nació en la isla de Nevis (Indias Occidentales Británicas), pero pasó la mayor parte de su vida adulta en Nueva York. Su cargo de primer secretario del Tesoro se conmemora en el Museum of American Finance *(p. 78)*. Su última casa, Hamilton Grange *(p. 258)*, se conserva al norte de Harlem, y su tumba se encuentra en el cementerio de la Trinity Church *(p. 79)*. *Hamilton*, el gran éxito musical de 2015 escrito por Lin-Manuel Miranda, se representa en el Richard Rodgers Theatre. Las entradas son caras y difíciles de conseguir; consultar www.hamilton musical.com/lottery.

Historia de los inmigrantes

Los inmigrantes siempre han desempeñado un papel decisivo en la historia de Nueva York. El instructivo museo de Ellis Island *(p. 70)*, que sirvió de puesto de inspección desde 1892 hasta 1954, ilustra cómo llegaban. La historia continúa en el Lower East Side Tenement Museum *(p. 94)*, donde un edificio de viviendas restaurado muestra cómo vivían y trabajaban los inmigrantes recién llegados.

↑ Un barrio humilde del East Broadway, c. 1900, donde los inmigrantes vivían hacinados

→ Concierto homenaje a Led Zeppelin en el prestigioso Carnegie Hall

NUEVA YORK
EN DIRECTO

Aunque las brillantes luces de Broadway son fascinantes, Nueva York ofrece innumerables formas de ocio en directo por todas las zonas de la ciudad: desde música y comedia hasta grabaciones de televisión. Mejor aún: siempre se encuentra algo para cada bolsillo, desde fastuosos conciertos en el Carnegie Hall hasta noches de jazz gratuito.

Monólogos humorísticos

Los clubes de la comedia de Nueva York suelen presentar cada noche monólogos de artistas conocidos. Carolines on Broadway (1626 Broadway) es uno de los más famosos; Comic Strip Live (1568 Second Av) funciona más o menos desde 1975; y Dangerfield's (1118 First Av) abrió en 1969. El Gotham Comedy Club (208 W 23rd St) ha protagonizado muchos espectáculos y películas.

Sydnee Washington ↑ en un monólogo en Carolines on Broadway

Música

En cuanto a música en directo, hay muchas opciones en la Gran Manzana. Arlene's Grocery (95 Stanton St) tocan grunge y punk en su local del Lower East Side, que acogió a grupos como The Strokes, Lady Gaga y Arcade Fire en sus inicios. El prestigioso Carnegie Hall *(p. 181)* es la gran dama de los espacios para conciertos de la ciudad y presenta sobre todo música clásica (y algunos conciertos pop). Nueva York es una de las cunas del jazz. Entre los lugares principales están el emblemático Blue Note (131 West 3rd St) y Village Vanguard (178 Seventh Av) en Greenwich Village; Birdland (315 West 44th St) en el Midtown. El Nuyorican Poets Café *(p. 143)*, en el East Village, es un local de orientación latina que presenta hip hop en directo, lecturas de poesía y actuaciones teatrales.

← Jazz en directo en el emblemático Birdland del Midtown

CONSEJO DK
Música en directo gratuita

Arlene's Grocery tiene un karaoke punk con un grupo en directo los lunes. Sidewalk Café, Saint Vitus, Warsaw y Otto's Shrunken Head ofrecen música independiente y Marjorie Eliot's ofrece jazz gratis los domingos de 15.30–18.00.

Grabaciones de programas de televisión nocturnos

Para vivir de cerca la televisión estadounidense se pueden solicitar entradas gratuitas para ser parte del público. *Daily Show with Trevor Noah* de Comedy Central se graba en 733 11th Av, *The Late Show with Stephen Colbert* graba en 1697 Broadway. La rival de NBC *The Tonight Show with Jimmy Fallon* se hace en 30 Rockefeller Plaza. *Late Night with Seth Meyers* también se graba aquí.

↑ Bryan Cranston con el invitado Stephen Colbert en *The Late Show with Stephen Colbert*

Cócteles de la vieja escuela

Pueden tomarse cócteles *vintage* en Dead Rabbit (30 Water St). El respetable 21 Club es el sitio del "manhattan perfecto" *(p. 209)*. Los murales de Maxfield Parrish decoran el King Cole Bar *(p. 210)*, donde nació el bloody mary, y los dibujos de Ludwig Bemelmans adornan el Bemelmans Bar *(p. 225)*. El Bar Pléiades, en blanco y negro, rinde un elegante homenaje a Chanel *(p. 225)*.

→

Un barman prepara un cóctel en el King Cole Bar del The St. Regis Hotel

NUEVA YORK Y LOS
CÓCTELES

Nueva York es el paraíso de los cócteles. Aquí se inventaron el bloody mary y el manhattan, y se perfeccionaron el cosmopolitan y el martini. Hay una gran variedad de locales lujosos y románticos en los que trabajan experimentados barmans; en el 21 Club fue donde Humphrey Bogart y Lauren Bacall tuvieron su primera cita.

Cócteles para amantes de la moda

Los asistentes a la Fashion Week se reúnen en Paul's Casablanca *(p. 118)* y en el elegante Paul's Cocktail Lounge del Tribeca Grand Hotel (2 Sixth Av). La Standard High Line's (848 Washington St), Boom Boom Room y Top of the Standard también tienen éxito. La Apotheke (9 Doyers St) de Chinatown parece un club *underground*, y el Pegu Club *(p. 118)* perfeccionó el "Gin-Gin Mule".

Un cóctel tentador presentado con un toque teatral ↑

La conexión japonesa

Las coctelerías japonesas o de tema japonés, como las de Chinatown y el Lower East Side, suelen tener una elegante decoración minimalista y cócteles a base de sake. Un buen ejemplo es el relativamente reciente Bar Goto (245 Eldridge St). Angel's Share (8 Stuyvesant St), difícil de encontrar, es un sitio muy agradable iluminado con velas desde 1993 (truco: hay que buscar la puerta sin señalizar en el restaurante Village Yokocho). Además de sake, Decibel (240 East 9th St) sirve martinis de lychee y cócteles *kamikaze*.

← En Chinatown y el Lower East Side ofrecen cócteles innovadores y exóticos

TOP 5 CÓCTELES CON VISTAS

Loopy Doopy Rooftop Bar
Conrad New York, 102 North End Av; www.conradnyhotel.com

The Ides
Wythe Hotel, 80 Wythe Av, Williamsburg; www.wythehotel.com/the-ides

230 Fifth
230 Fifth Av; www.230-fifth.com

Roof Garden Café
The Met, 1000 Fifth Av; www.metmuseum.org/visit/dining

Press Lounge
Ink48 Hotel, 653 11th Av; www.thepresslounge.com

Bares *clandestinos*

La ciudad que trató de ignorar la Ley Seca ha resucitado los bares *clandestinos*, a menudo con entradas ocultas. Death & Co *(p. 143)* tiene barmans con pajarita y tirantes; una puerta negra indica el 124 Old Rabbit Club (124 Macdougal St). En el Back Room (102 Norfolk St) sirven las bebidas en tazas de té.

↑ El cóctel Night in Tunisia en el bar Death & Co, en el East Village, ambientado en los años veinte

UN AÑO EN
NUEVA YORK

ENERO

△ **New York Jewish Film Festival** *(med–fin ene)*
Escaparate del cine internacional en el Lincoln Center sobre la experiencia judía.

FEBRERO

△ **Westminster Kennel Club Dog Show** *(med feb)*
Unos 2.500 perros compiten en el Madison Square Garden observados por aficionados a este tipo de eventos caninos.

MAYO

△ **Sakura Matsuri** *(prin may)* En este festival hay eventos y representaciones para celebrar la cultura japonesa tradicional y actual bajo los cerezos en flor del Brooklyn Botanic Garden.

JUNIO

National Puerto Rican Day Parade *(2.º do)*
Miles de espectadores se reúnen para ver el desfile que homenajea a los descendientes de portorriqueños que viven en EE. UU.

△ **Pride Week** *(med jun)* La celebración anual neoyorquina de la cultura LGBT+ incluye la Marcha del Orgullo de Nueva York por la Quinta Avenida (desde la calle 37 a la calle Greenwich).

Mermaid Parade *(med jun)* Los participantes se visten de sirenas y seres marinos en Coney Island.

SEPTIEMBRE

△ **West Indian-American Day Parade and Carnival** *(1er lu)* El desfile más grande de Brooklyn tiene lugar el Día del Trabajo en Crown Heights, con grupos que tocan tambores de acero y producen un sonido irresistible.

Brooklyn Book Festival *(prin sep)* El mayor acontecimiento literario gratuito de Nueva York, en el Brooklyn Borough Hall.

Fiesta de San Gennaro *(10 días a med sep)* Se celebra al patrón de Nápoles con competiciones de comer *cannoli*, juegos, mercados gastronómicos y un desfile muy animado en Little Italy.

New York Film Festival *(fin sep-med jun)* En el Lincoln Center se exhiben películas estadounidenses y cine internacional.

OCTUBRE

New York Comic Con *(prin oct)* Aficionados a los cómics, las novelas gráficas, el anime y el manga se concentran en el Jacob K. Javits Convention Center.

Columbus Day Parade *(2.º lu oct)* Este desfile por la Quinta Avenida celebra la herencia italoamericana y la primera vez que Colón avistó América.

△ **Village Halloween Parade** *(31 oct)* La mayor celebración de Halloween en Estados Unidos, con trajes espectaculares y marionetas gigantes, tiene lugar por la Sexta Avenida (de Spring St a West 23rd St).

MARZO

△ **St. Patrick's Day Parade** *(17 mar)*
Los participantes siguen desfilando
por la Quinta Avenida desde que los milicianos
irlandeses lo hicieron en St. Paddy's Day
en 1762.

Easter Parade *(mar/abr)*
El domingo de Pascua, cientos de neoyorquinos
pasean por la Quinta Avenida (desde la calle 49
hasta la 57) con elaborados sombreros de
Pascua adornados con flores.

ABRIL

△ **Tribeca Film Festival** *(fin abr)*
Fundado por el neoyorquino Robert
De Niro, este festival dura diez días;
se pueden ver más de cien películas de
todo el mundo en el Tribeca Film Center
y en los cines locales.

JULIO

△ **Independence Day** *(4 jul)* Muchos fuegos
artificiales en los ríos East y Hudson. Se recomienda
ir a la orilla para verlos mejor.

AGOSTO

△ **US Open** *(ult lu ago/1er lu
sep)* Los mejores jugadores de tenis
compiten en Flushing Meadows–Corona
Park, Queens.

NOVIEMBRE

△ **Maratón de Nueva York** *(1er do nov)*
Unos 50.000 corredores parten de Staten Island
y corren por los cinco distritos *(boroughs)*.

Macy's Thanksgiving Day Parade *(4º ju)*
En este famoso desfile se ven globos gigantes de
personajes, carrozas espectaculares, bandas de
música y también a Papá Noel. Va por Central Park
West, desde West 77th St hasta Columbus Circle,
y por todo Broadway hasta Herald Square

Rockefeller Center Christmas Tree Lighting
(fin nov) El encendido del árbol de Navidad que
domina la pista de hielo del Rockefeller Center inicia
oficialmente las navidades en la ciudad.

DICIEMBRE

△ **Fin de año en Times Square**
(31 dic) Los asistentes a la fiesta beben,
bailan y se divierten antes de la cuenta
atrás de la caída de la famosa bola.

UN POCO DE
HISTORIA

Nueva York, la puerta de EE. UU. para millones de inmigrantes, ha sido siempre una cosmopolita ciudad portuaria en la que lo único constante es el cambio. Desde los tiempos de los comerciantes de pieles holandeses, se ha transformado en una capital financiera que alberga rascacielos emblemáticos y un espacio para el arte del que han surgido los poetas beat, el jazz y el hip hop.

Holandeses y británicos

Nueva York era una tierra virgen y boscosa, habitada por los lenape, cuando la Compañía Neerlandesa de las Indias Occidentales estableció un puesto para el comercio de pieles en la isla Governors en 1624. Al año siguiente, los holandeses denominaron Nueva Amsterdam a su nuevo puesto en Manhattan; antes se había llamado *Manna-Hata*, que en lenape significa "isla de las colinas". Peter Stuyvesant llegó en 1647 para poner orden en una colonia sin normas, pero en 1664 los holandeses dejaron que pasara a los británicos, que la llamaron Nueva York en honor al hermano de Carlos II, el duque de York.

1 Aspecto de Nueva Ámsterdam en 1660.

2 La batalla de Long Island, en Brooklyn, 1776.

3 Estatua de George Washington frente al Federal Hall de la ciudad.

4 Times Square, en Manhattan, fotografía de 1917.

Cronología

1624
Se funda una colonia holandesa en Governors Island.

1653
Se construye un muro (wall) para protegerse de posibles invasiones; la calle adyacente se llama Wall Street.

1664
Los holandeses se rinden a los británicos, que renombran Nueva York a la colonia.

1776
Estalla la revolución; el fuego destruye buena parte de la ciudad.

2

3

4

La revolución

Nueva York no tuvo un gran papel en la guerra de la Independencia. Los ciudadanos huyeron al ver acercarse la guerra y, cuando empezó la batalla en el otoño de 1776, una cuarta parte de las tropas perdió la vida en cuestión de días. A pesar de que George Washington estuvo al mando de la campaña, esta fue un desastre y terminó con la ocupación de la ciudad por los británicos hasta 1783, al finalizar la guerra. Poco después, Nueva York pasó a ser la capital de la nación. Un año más tarde, la sede del gobierno federal se trasladó a Filadelfia.

Nueva York en el siglo XIX

En 1825, la finalización del canal Erie (que va del río Hudson a los Grandes Lagos) abrió el comercio interno y Nueva York floreció. Las primeras oleadas de inmigrantes empezaron a llegar a mediados del siglo XIX; algunos lograron prosperar, pero otros se hacinaron en barrios bajos del Lower Manhattan. Cuando estalló la guerra civil en 1861, Nueva York tomó partido por la Unión (Norte) frente a los Confederados (Sur). En 1863, una ley de servicio militar obligatorio provocó disturbios, y los neoyorquinos empobrecidos quemaron edificios, saquearon comercios y lincharon a afroamericanos.

ALEXANDER HAMILTON (C. 1755-1804)

Hamilton llegó a Nueva York en 1772 y sirvió al mando de Washington en la revolución. Más tarde, como primer secretario del Tesoro, fundó el First Bank of the United States y la Ceca de EE. UU. Murió en un duelo. El musical *Hamilton* se basa en su vida.

1851

Se publica por primera vez The New York Times.

1865

Abraham Lincoln de cuerpo presente en el City Hall.

1886

Se muestra la Estatua de la Libertad, un regalo del pueblo francés a Estados Unidos.

1835

El Gran Incendio de Nueva York destruye la mayoría de los edificios del extremo sur de Manhattan.

1863

Los Disturbios de Reclutamiento, en los que murieron más de mil personas.

1

2

La edad dorada

Los reyes del comercio de Nueva York se fueron enriqueciendo más después de que, en 1865, la Unión ganara la guerra civil y la ciudad iniciara *la edad dorada*. Cornelius Vanderbilt controló un inmenso imperio de transporte y ferrocarril desde aquí; J. P. Morgan, el genio de la banca, contribuyó de manera decisiva a la organización de grandes fusiones financieras y creó las primeras grandes corporaciones del país. En 1898, la ciudad de Nueva York –antes Manhattan–, asumió su tamaño al integrar oficialmente Brooklyn, Staten Island, Queens y el Bronx.

Entre guerras

En la década de 1920, la ciudad entró en la era del jazz, a pesar de la Ley Seca, que fue una restricción constitucional al alcohol. El Renacimiento de Harlem fue impulsado por escritores afroamericanos como Langston Hughes y Zora Neale Hurston, y la música de Duke Ellington, Cab Calloway y Billie Holiday. Los buenos tiempos terminaron con el crac de 1929 y, como consecuencia, la Gran Depresión. En 1932, una cuarta parte de los neoyorquinos estaba desempleada. Con la elección del alcalde Fiorello La Guardia en 1933, Nueva York empezó a recuperarse y crecer.

SHIRLEY CHISHOLM (1924-2005)

En 1968, Chisholm, de Brooklyn, fue la primera mujer afroamericana elegida para el Congreso. Barack Obama le concedió la Medalla Presidencial de la Libertad en 2015. En 2020 se instalará un monumento a Chisholm en el Prospect Park.

Cronología

1929
Crac del 29.

1964
Disturbios raciales en Harlem y Brooklyn.

1977
Apagón de 25 horas; la ciudad sufre saqueos y disturbios civiles.

1989
David Dinkins es el primer alcalde negro de Nueva York.

2001
Los terroristas atacan el World Trade Center y hacen que las Torres Gemelas se desplomen.

Nueva York en la posguerra

Nueva York se convirtió en la capital cultural de Estados Unidos en la década de 1950 con movimientos de vanguardia en arte y poesía. Los años sesenta vieron los disturbios de Stonewall y el nacimiento del movimiento por los derechos de los gais. Una década después se desarrolló la música punk en el East Village, y surgió el hip hop en el Bronx. En 1975 Nueva York casi entró en bancarrota, y los tiempos duros continuaron con la recesión de 1989. Nueva York eligió a Rudolph Giuliani en 1993, el primer alcalde republicano de la ciudad en 28 años. El mejor momento de Giuliani llegó en el momento más oscuro para Estados Unidos; el 11 de septiembre de 2001, dos aviones secuestrados se estrellaron contra las Torres Gemelas del World Trade Center.

Nueva York hoy

La recuperación de la ciudad tras el 11 de septiembre ha sido impresionante. Nuevos rascacielos embellecen el perfil de Nueva York, las cifras de delitos continúan cayendo, y el número de turistas alcanza su máximo. Todo esto a pesar de la crisis financiera de 2008 y las inundaciones por el huracán Sandy en 2012. En 2013, Bill de Blasio pasó a ser el primer alcalde demócrata en 20 años, y ganó de forma aplastante la reelección en 2017. A pesar del crecimiento de la economía, De Blasio se enfrenta a una infraestructura del transporte envejecida, una vivienda inasequible y al problema de las personas sin hogar.

1 El músico de jazz Duke Ellington, figura clave del Renacimiento de Harlem.

2 Las Torres Gemelas del World Trade Center después del impacto de dos aviones secuestrados, el 11 de septiembre de 2001.

3 Un centro de ayuda tras el huracán Sandy de 2012.

4 Bill Clinton, que fue presidente de EE. UU, toma juramento del cargo al alcalde de Nueva York, Bill de Blasio, el 1 de enero de 2014.

2002

El millonario Michael Bloomberg es alcalde y mantiene el cargo durante tres periodos, un hecho sin precedentes.

2008

La crisis hipotecaria de EE. UU. golpea Wall Street.

2013

Bill de Blasio es el primer alcalde demócrata desde 1993.

2009

El capitán Sully Sullenberger hace un milagroso aterrizaje de emergencia en el río Hudson.

2016

Donald Trump, magnate inmobiliario local y novato en política, gana las elecciones a la presidencia de EE. UU.

←
Harold Ramis, Dan Aykroyd, Ernie Hudson y Bill Murray en *Cazafantasmas*

UN POCO DE HISTORIA
EN EL CINE

Algunos lugares de Nueva York pueden parecer familiares, incluso en la primera visita. Esta ciudad ha servido de fondo a miles de películas y programas de televisión desde los años treinta, y sigue teniendo un papel protagonista en las pantallas.

Desde la falda de Marilyn Monroe que ondeaba en *La tentación vive arriba,* y la amistad de Macaulay Culkin con la dama de las palomas de Central Park en *Solo en casa 2,* hasta el exterior del apartamento de Mónica en *Friends* y el edificio del Congreso Mágico en *Animales fantásticos y dónde encontrarlos,* Nueva York ha sido un gran plató desde la invención del cine y aquí se puede rendir homenaje a las escenas emblemáticas de la ciudad, históricas o nuevas, y visitar algunas de sus localizaciones. En el plano se han indicado solo algunas de las escenas más famosas de Nueva York.

↑ Melanie Griffith, en el ferri de Staten Island en *Armas de mujer*

Películas

1955
La tentación vive arriba

1961
Desayuno con diamantes

1967
Descalzos en el parque

1987
Wall Street

1933
King Kong

1973
Malas calles

1976
Taxi Driver

1984
Cazafantasmas

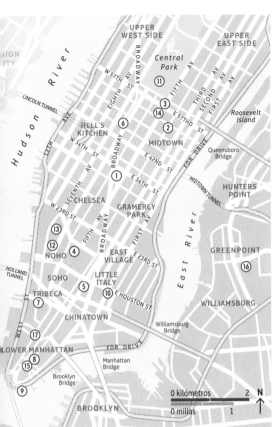

LOCALIZACIONES

① *King Kong*, Empire State Building

② *La tentación vive arriba*, Lexington Av & E 52nd St

③ *Desayuno con diamantes*, Tiffany & Co.

④ *Descalzos en el parque*, Washington Sq Park

⑤ *Malas calles*, St. Patrick's Old Cathedral

⑥ *Taxi Driver*, Times Sq

⑦ *Cazafantasmas*, Hook and Ladder Company No. 8

⑧ *Wall Street*, 21 W 52nd St

⑨ *Armas de mujer*, Staten Island Ferry

⑩ *Cuando Harry encontró a Sally*, Katz's Deli

⑪ *Solo en casa 2*, Central Park

⑫ *Friends*, 90 Bedford St

⑬ *Sexo en Nueva York*, 66 Perry St

⑭ *El diablo viste de Prada*, The King Cole Bar

⑮ *Plan oculto*, 20 Exchange Pl

⑯ *Girls*, Café Grumpy

⑰ *Animales fantásticos y dónde encontrarlos*, Woolworth Building

SEXO EN NUEVA YORK

La serie de culto *Sexo en Nueva York* se filmó completamente en esta ciudad. Hay visitas guiadas a los sitios preferidos de este grupo de amigas: el portal de Carrie (66 Perry St), el bar de Steve (Onieals, 174 Grand St), la galería de Charlotte (141 Prince St) y el apartamento de Samantha (300 Gansevoort St). Consultar www.onlocationtours.com para reservar.

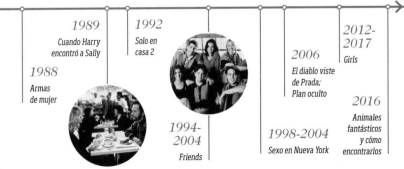

1988
Armas de mujer

1989
Cuando Harry encontró a Sally

1992
Solo en casa 2

1994-2004
Friends

1998-2004
Sexo en Nueva York

2006
El diablo viste de Prada; Plan oculto

2012-2017
Girls

2016
Animales fantásticos y cómo encontrarlos

EXPLORA

LOWER MANHATTAN

Lo viejo y lo nuevo convergen en el extremo sur de Manhattan, donde iglesias coloniales y antiguos monumentos se alzan a la sombra de los rascacielos. Aquí nació Nueva York en la década de 1620 y, con la aparición de Wall Street, pasó a ser el corazón de los mercados financieros del mundo. Desde los ataques del 11 de septiembre ha habido una regeneración asombrosa: el nuevo One World Trade Center se eleva 541 m sobre la ciudad con sus modernas torres de oficinas, hoteles y núcleos de transportes que salpican la zona. Hacia el norte, los tribunales del gobierno federal indican el papel municipal de la zona, mientras que el cercano Seaport District NYC es una antigua zona portuaria restaurada con tiendas, restaurantes y viejos barcos.

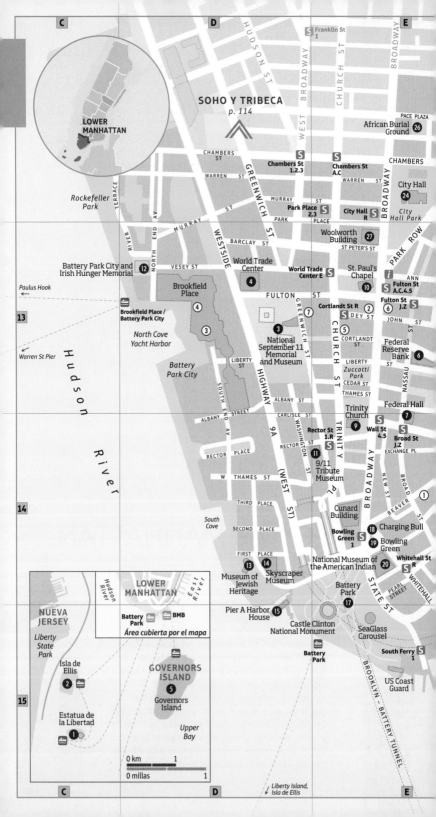

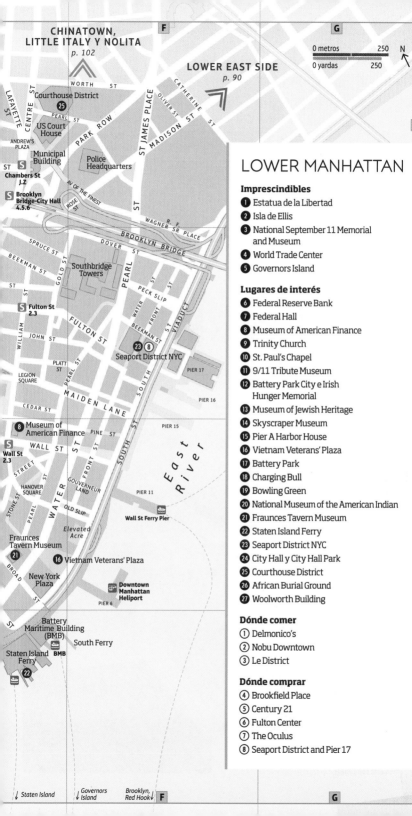

WORTH ST

Courthouse District

25

US Court
House

ANDREW'S
PLAZA

Municipal
Building

Police
Headquarters

ST

S Chambers St
J.Z

S Brooklyn
Bridge-City Hall
4.5.6

WAGNER SR PLACE

BROOKLYN BRIDGE

DOVER ST

SPRUCE ST

Southbridge
Towers

BEEKMAN ST

S Fulton St
2.3

FULTON ST

WILLIAM

JOHN ST

PLATT ST

LEGION
SQUARE

CEDAR ST

MAIDEN LANE

8 Museum of
American Finance PINE ST

S Wall St
2.3

WALL ST

STREET

HANOVER
SQUARE

STONE ST

PEARL

WATER

GOUVERNEUR
LAND

OLD SLIP

Fraunces
Tavern Museum

21

New York
Plaza

16 Vietnam Veterans' Plaza

Elevated
Acre

PIER 17

PIER 16

PIER 15

East River

PIER 11

Wall St Ferry Pier

Downtown
Manhattan
Heliport

PIER 6

Battery
Maritime Building
(BMB)

South Ferry

Staten Island
Ferry

BMB

22

PEARL ST

PARK ROW

ST JAMES PLACE

MADISON ST

OLIVER ST

CATHERINE ST

AV OF THE FINEST

ROSE ST

R. F.

GOLD ST

PEARL

PECK SLIP

WATER

FRONT ST

BEEKMAN ST

VIADUCT

Seaport District NYC

23 **8**

SOUTH ST

23 **8**

PEARL ST

R

Staten Island

Governors
Island

Brooklyn,
Red Hook

F

G

0 metros 250 N
0 yardas 250

F **G**

12

LOWER MANHATTAN

Imprescindibles

1 Estatua de la Libertad
2 Isla de Ellis
3 National September 11 Memorial
and Museum
4 World Trade Center
5 Governors Island

Lugares de interés

6 Federal Reserve Bank
7 Federal Hall
8 Museum of American Finance
9 Trinity Church
10 St. Paul's Chapel
11 9/11 Tribute Museum
12 Battery Park City e Irish
Hunger Memorial
13 Museum of Jewish Heritage
14 Skyscraper Museum
15 Pier A Harbor House
16 Vietnam Veterans' Plaza
17 Battery Park
18 Charging Bull
19 Bowling Green
20 National Museum of the American Indian
21 Fraunces Tavern Museum
22 Staten Island Ferry
23 Seaport District NYC
24 City Hall y City Hall Park
25 Courthouse District
26 African Burial Ground
27 Woolworth Building

Dónde comer

1 Delmonico's
2 Nobu Downtown
3 Le District

Dónde comprar

4 Brookfield Place
5 Century 21
6 Fulton Center
7 The Oculus
8 Seaport District and Pier 17

Con una altura de 93 m desde el suelo hasta la antorcha, la Estatua de la Libertad domina el puerto de Nueva York.

ESTATUA DE LA LIBERTAD

1 🗺️ 🖼️ 🏛️

📍 C15 🚇 Liberty Island 🚇 South Ferry (1), Bowling Green (4, 5), Whitehall (R, W) 🚌 M15, M20, M55 a South Ferry 🕐 9.45-16.45; horario varia en festivos 🌐 nps.gov/stli

La Estatua de la Libertad, un regalo del pueblo francés al estadounidense, se ha convertido en un símbolo perdurable de la libertad en todo el mundo.

La estatua

En el poema de Emma Lazarus grabado en su base, la Dama de la Libertad dice: "Dadme a los cansados, a los pobres, a las muchedumbres que ansían respirar la libertad". Obra del escultor francés Frédéric-Auguste Bartholdi, y primera imagen de los inmigrantes a su llegada a Nueva York, la estatua debía ser un monumento a la libertad que Bartholdi echaba de menos en su propio país. Hoy sigue siendo un icono al que se puede subir incluso hasta la corona (importante reservar).

El ferri

Para disfrutar la visita a la Estatua de la Libertad es fundamental ir en el Statue Cruises Ferry que cruza el puerto. Sale de Battery Park hacia Liberty Island cada 20-30 minutos, 9.30-15.30; el billete incluye la entrada a las islas Ellis y Liberty.

Esencial ☆

FRÉDÉRIC-AUGUSTE BARTHOLDI

Bartholdi dedicó 21 años de su vida a hacer realidad la Estatua de la Libertad, incluso viajó a Estados Unidos en 1871 para convencer al presidente Ulysses S. Grant de que la financiara y la instalara en el puerto de Nueva York. Una serie de modelos a escala le permitieron hacer la mayor estatua de metal jamás construida, y usó 300 láminas de cobre unidas con remaches para componer la Dama de la Libertad. La estructura interna fue diseñada por Gustave Eiffel.

← El Staten Island Ferry pasa junto a la Estatua de la Libertad en el puerto de la ciudad.

Cronología de la construcción

1874
▲ Bartholdi inicia la construcción en París partiendo de un modelo de barro.

1884
▼ Terminada la estatua, se envía de París a Nueva York desmontada en 350 piezas.

1886
El presidente Grover Cleveland presenta a la Dama de la Libertad.

1916
Por razones de seguridad, se prohibe el acceso público al mirador que rodea la antorcha.

1986
▲ Para celebrar su centenario, la Dama de la Libertad se somete a una restauración de 100 millones de dólares.

❷ 🏃 👨‍🎨 🍴 🥤 🛍️

ISLA DE ELLIS

📍 C15 🚪 Ellis Island Ⓢ Bowling Green (4, 5), South Ferry (1), Whitehall (R,W), luego Statue Cruises Ferry desde Battery Park 🕐 9.30–17.15 diario (horario ampliado en festivos) ⓦ libertyellisfoundation.org

Aproximadamente el 40% de la población estadounidense podría buscar sus orígenes en la isla de Ellis (Ellis Island), centro de entrada de inmigrantes en el país desde 1892 hasta 1954. La puerta de Estados Unidos es hoy un magnífico museo que rinde homenaje a la mayor ola migratoria de la historia.

Ellis Island Immigration Museum

Cerca de 12 millones de personas pasaron por ella, dispersándose luego por toda la nación. En la actualidad, el Great Hall o Registry Room alberga el Ellis Island Immigration Museum. Su historia se ilustra por medio de fotos y voces de emigrantes actuales, así como con bases de datos de sus antepasados. En el exterior, el American Immigrant Wall of Honor muestra una muralla con nombres de emigrantes de todo el mundo, con más de 12.000 inscripciones. Ningún otro lugar describe mejor el crisol de culturas que ha forjado el carácter del país. Conviene ir temprano para evitar aglomeraciones. La entrada al museo está incluida en el billete del ferri. El ferri sale generalmente cada 20-30 minutos, pero conviene comprobarlo con tiempo.

Los arquitectos se inspiraron en el estilo academicista francés.

↑ Durante el examen médico, los inmigrantes que padecían enfermedades contagiosas podían ser rechazados

→ Ellis Island, el punto de llegada de inmigrantes a Nueva York (1892-1954)

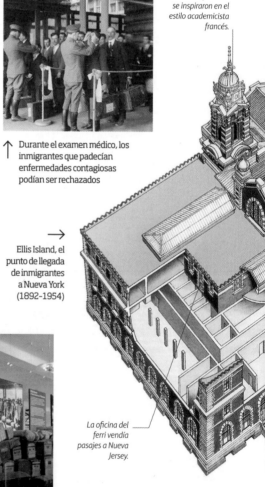

La oficina del ferri vendía pasajes a Nueva Jersey.

← Algunas de las escasas posesiones de los inmigrantes retenidas en la sala de equipajes

GREAT HALL

A los inmigrantes recién llegados se les hacía esperar en el enorme Great Hall abovedado de la segunda planta. Algunos días, más de 5.000 personas esperaban aquí para ser inspeccionadas e inscritas; si se requería, también se hacían exámenes médicos y jurídicos. La sala, que en otro tiempo fue testigo de tanta inquietud, muestra hoy una imponente desnudez, con tan solo un par de mesas de inspectores y bancos de madera originales.

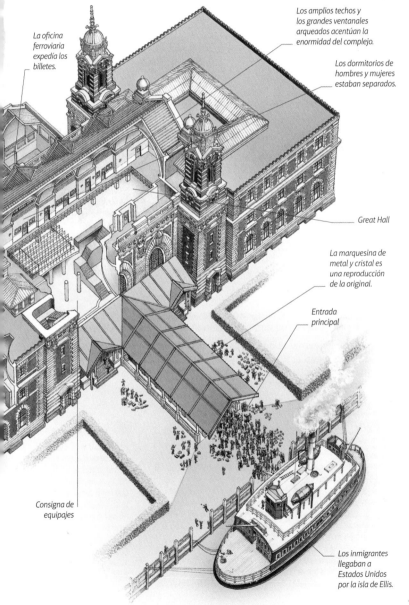

La oficina ferroviaria expedía los billetes.

Los amplios techos y los grandes ventanales arqueados acentúan la enormidad del complejo.

Los dormitorios de hombres y mujeres estaban separados.

Great Hall

La marquesina de metal y cristal es una reproducción de la original.

Entrada principal

Consigna de equipajes

Los inmigrantes llegaban a Estados Unidos por la isla de Ellis.

3

NATIONAL SEPTEMBER 11 MEMORIAL & MUSEUM

📍 D13 🏠 180 Greenwich St 🚇 Rector St (R, W), World Trade Center (E) 🕐 Monumento: 7.30-21.00 diario; museo: 9.00-20.00 do-ju, 9.00-21.00 vi-sá 🌐 911memorial.org

Los acontecimientos del 11 de septiembre tuvieron un alto precio en Nueva York. Conmovedor y digno, el Monumento y Museo Nacional del 11 de Septiembre asegura que jamás se olvidará a los miles de víctimas que perdieron la vida en el peor ataque terrorista efectuado en suelo americano.

NATIONAL SEPTEMBER 11 MEMORIAL

Este conmovedor monumento, diseñado por el arquitecto israelí Michael Arad, recuerda los ataques terroristas del 11 de septiembre de 2001. Dos grandes estanques conmemorativos representan el espacio que ocupaban las Torres Gemelas, con cataratas de 9 m que vierten a los lados. Los muros de bronce que rodean los estanques exhiben los nombres de las víctimas del 11-S, y en la plaza que los rodea se han plantado 400 robles blancos. También aquí se encuentra el solitario peral de flor, el Árbol Superviviente, que milagrosamente sobrevivió a los ataques. Este árbol, que se plantó en la década de 1970, sufrió daños graves en el ataque. Se replantó en el Bronx, donde fue recuperándose lentamente, hasta que en 2010 regresó a su sitio original.

> 💬 CONSEJO DK
> **¡Evita la cola!**
> Para evitar la cola y asegurarse de que se podrá entrar al Museo Nacional del 11 de Septiembre, hay que reservar en la web una entrada programada; ha de hacerse con tiempo (puede comprarse con seis meses de antelación). El Monumento Nacional al 11 de Septiembre es gratuito y de acceso abierto.

←

Reflejos en las cataratas del National September 11 Memorial, donde se han inmortalizado los nombres de las víctimas del 11 de septiembre *(arriba)*

NATIONAL SEPTEMBER 11 MEMORIAL MUSEUM

Este museo subterráneo en el centro del complejo narra los terribles acontecimientos del 11 de septiembre. El museo consta de exposiciones conmovedoras, historias personales, grabaciones de voz y vídeos.

Hay también un camión de bomberos de Nueva York aplastado y la icónica última pieza de acero retirada de la Zona Cero, llamada la Última Columna. A diferencia del monumento, el museo cobra entrada.

11 DE SEPTIEMBRE DE 2001

El 11 de septiembre de 2001, dos aviones secuestrados se estrellaron contra las Torres Gemelas del World Trade Center. Millones de personas vieron horrorizadas, desde la calle y en directo por televisión, cómo se desplomaban. En total murieron 2.977 personas en el World Trade Center y en un ataque simultáneo al Pentágono. La red terrorista de Osama bin Laden, al-Qaeda, reclamó la autoría de estos ataques. Las Torres Gemelas, de 417 m de altura, diseñadas por Minoru Yamasaki, habían sido una presencia imponente y emblemática en el perfil de Nueva York desde 1973.

↑ El camión de bomberos del FDNY aplastado y la Última Columna, ambos retirados de la Zona Cero, se exhiben en el National September 11 Memorial Museum

WORLD
TRADE CENTER

📍 D13 🏠 World Trade Center 🚇 Rector St (R, W), World Trade Center (E) 🕐 One World
Trade Center Observatory: sep-abr: 9.00-21.00 diario; may-ago 8.00-21.00 diario
🌐 oneworldobservatory.com

Un nuevo World Trade Center ha surgido de las cenizas del 11-S, con el rascacielos
más alto de Estados Unidos, el One World Trade Center, en el centro. La arquitectura de
este nuevo complejo es verdaderamente innovadora, como el visionario intercambiador
de transporte Oculus, y los rascacielos siguen creciendo sobre la ciudad.

One World Trade Center

El edificio central del nuevo World Trade Center,
y también el rascacielos más alto de Estados
Unidos, el One World Trade Center, se alza
a la simbólica altura de 541 m, para reflejar la
declaración americana de independencia de
1776. La altísima torre de cristal y acero es una
versión modificada de la Torre de la Libertad
diseñada por el arquitecto de origen polaco
Daniel Libeskind. Este edificio, supervisado por
David Childs, alcanzó su máxima altura en 2012.
Cinco ascensores de alta velocidad, llamados
Sky Pods, llevan a los visitantes hasta el One

World Observatory, en lo más alto del edificio,
en tan solo 60 segundos. Desde aquí hay unas
vistas fascinantes del puerto, Staten Island y los
tejados de Manhattan. La entrada al One World
Observatory incluye el acceso al restaurante
de lujo One Dine del piso 101, que sirve cocina
estadounidense contemporánea de temporada
(se recomienda reservar) y la cafetería One Mix,
más informal, además de muchas exposiciones.

↓ El One World Trade Center se alza
  sobre el perfil de la ciudad

415 m

La altura del mirador
es la misma que tenían las
Torres Gemelas

←

El Oculus, diseñado por Santiago Calatrava, se inauguró en 2016. Sus dos lados de puntiagudas costillas de acero recuerdan el esqueleto de un dinosaurio, y en su interior futurista *(abajo)* hay una estación de metro y un centro comercial Westfield.

MEJORES VISTAS
World Trade Center

Para disfrutar de algunas de las mejores vistas de todo el World Trade Center hay que ir al lado opuesto de West Street y situarse en la entrada de Brookfield. Para tomar fotos del propio One World Trade Center, caminar hacia el norte por West Street.

5

GOVERNORS ISLAND

📍 D15 🚇 Governors Island ⛴ Desde Battery Maritime Building, 10 South St 🕐 may-oct: 10.00-18.00 lu-vi, 10.00-19.00 sá-do 🌐 govisland.com

No hay otro sitio en Nueva York como Governors Island. Este parque urbano, combinación de apacibles espacios verdes y edificios históricos en medio del puerto, supone un descanso frente a la ajetreada vida de la ciudad.

Esta isla con aires de campus universitario es un espacio público desde 2003. Hay multitud de espacios verdes donde descansar al sol, así como realizar un paseo algo expuesto al viento de 3,5 km; se puede caminar o ir en bicicleta hasta la punta sur, Picnic Point, por The Hills, unos montículos artificiales que se alzan 24 m sobre el puerto. Por el camino, Hammock Grove es un atractivo espacio con hamacas rojas. Muchos de los edificios de la isla siguen en restauración para que puedan disfrutarse. Fort Jay, cerca del puerto, fue la fortificación original de la isla, de finales del siglo XVIII, para impedir la entrada a los ingleses. Castle Williams, en la esquina noroeste de la isla, se terminó en 1811; es un fuerte circular de ladrillo y arenisca casi idéntico al Castle Clinton de Battery Park. Hasta mil soldados confederados estuvieron retenidos en sus estrechas celdas durante la guerra civil, y se utilizó como prisión hasta 1966.

> 💬 CONSEJO DK
> **Cómo llegar y moverse**
>
> El ferri de Battery Maritime Building, en Manhattan, llega a Soissons Landing, donde está el centro de visitantes. También parten ferris hacia la isla desde Brooklyn Bridge Park's Pier 6, Red Hook, y otros puntos a lo largo del río East. La isla puede recorrerse a pie o en bicicleta y hay dos *food halls* para comer con una amplia oferta culinaria.

1699

▽ Durante el gobierno inglés, la isla estaba reservada al "beneficio y alojamiento de sus majestades los gobernadores".

1912

El relleno con vertidos procedentes del metro de Nueva York dobla el tamaño de la isla.

2003

▽ La propiedad es compartida por la ciudad y el estado de Nueva York, y el National Park Service.

1800

△ Nueva York transfirió la isla al gobierno de Estados Unidos pra uso militar.

1878

Se convierte en un importante cuartel general del ejército y guarnición.

↑ Punto de entrada a la verde y tupida Governors Island, en el puerto de Nueva York

NOLAN PARK

En Nolan Park hay algunas mansiones de estilo neoclásico y federal (que fueron viviendas de oficiales del ejército) muy bien conservadas, entre ellas la Governor's House y la Admiral's House (donde tuvo lugar la cumbre Reagan-Gorbachov en 1988). Muchas siguen transformándose en galerías temporales de arte, y en estudios como la Holocenter House, especializada en instalaciones con luces.

LUGARES DE INTERÉS

EXPLORA **Lower Manhattan**

Federal Reserve Bank

◎E13 🏛33 Liberty St
🚇Fulton St (A, C, 2, 4) ⏰13.00
y 14.00 lu-vi ✖Festivos
🌐newyorkfed.org

Este edificio de estilo renacentista italiano ocupa toda una manzana y es el mayor de los 12 bancos de la Reserva Federal de Estados Unidos, establece la política monetaria del país, regula las instituciones financieras y mantiene el sistema nacional de pagos. El 10% de las reservas de oro del mundo (7.700 toneladas) están bien guardadas a 24 m por debajo de la calle.

Los Gold Tours son gratuitos y duran de 45 minutos a una hora. Hay que reservar por Internet con una semana de antelación. Conviene llegar 30 minutos antes al 44 Maiden Lane y llevar la entrada electrónica y una identificación con foto (lo mejor es el pasaporte). Está prohibido tomar fotos y vídeos.

↑ La cúpula de la rotonda del Federal Hall recuerda al Panteón de Roma

Federal Hall

◎E14 🏛26 Wall St 🚇Wall St
(2, 3, 4, 5) ⏰.00-17.00 lu-vi
✖Festivos 🌐nps.gov/feha

Una estatua de bronce de George Washington, en la escalinata del Federal Hall, señala el lugar donde el primer presidente de la nación juró su cargo en 1789. Miles de neoyorquinos se congregaron en Wall St. y Broad St. para la ocasión, manifestando su aprobación cuando el canciller del Estado de Nueva York gritó: "Larga vida a George Washington, presidente de Estados Unidos". La estructura actual construida entre 1834 y 1842, como edificio de Aduanas, es uno de los mejores diseños de estilo griego de la ciudad. Las salas de exposición que circundan la rotonda incluyen el salón de la Carta de Derechos de los Estados Unidos e ilustran la relación con Washington. Hay visitas a las 10.00, 13.00, 14.00 y 15.00.

Museum of American Finance

◎E14 🏛48 Wall St 🚇Wall St (2, 3, 4, 5) ✖Se traslada a otro lugar 🌐moaf.org

El Museum of American Finance de 48 Wall Street fue destruido en 2018 por una inunda-

---

EL NEW YORK STOCK EXCHANGE

El comercio ilegal de acciones se convirtió en algo común en Nueva York, por lo que, en 1792, 22 corredores de bolsa y comerciantes se reunieron bajo un árbol en Wall Street para firmar el Acuerdo de Buttonwood, dando lugar a la formación del grupo comercial que se llamaría la Bolsa de Nueva York (New York Stock Exchange, NYSE) en 1817. Desde

entonces, la NYSE ha superado una sucesión de depresiones (mercados bajistas) y auge (mercados alcistas), pasando de ser un mercado local al corazón financiero mundial. Las visitas a la bolsa de valores se cerraron indefinidamente tras el 11-S, por lo que solo se puede admirar desde su exterior en 18 Broad Street.

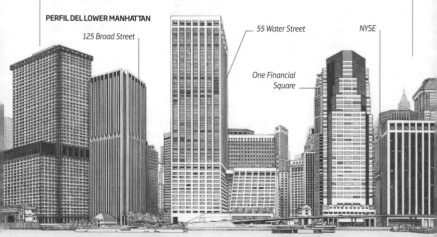

PERFIL DEL LOWER MANHATTAN

125 Broad Street

55 Water Street

NYSE

One Financial Square

↑ Los tonos cálidos y las líneas históricas de la Trinity Church entre la arquitectura moderna

ción; reabrirá pronto en otra parte del Lower Manhattan, así que es importante revisar la web antes de la visita.

Este museo muestra el funcionamiento y la historia del distrito financiero de Nueva York. Abarca y explica los aspectos comerciales de acciones, bonos y futuros, con presentaciones multimedia y exposiciones que aclaran cuanto hay que saber sobre las salas de operaciones financieras. Posee algunos objetos especiales, entre ellos un bono firmado por George Washington en 1792, un lingote de oro de la década de 1850 y cinta de teletipo de los primeros momentos del crac de 1929. También rinde homenaje a Alexander Hamilton, el primer secretario del Tesoro (c. 1755–1804). Hamilton fue un pionero financiero de su tiempo y el museo ha dedicado una sección completa a su legado.

 9

Trinity Church

📍 E14 🏛 79 Broadway en Wall St 🚇 Wall St (4, 5), Rector St (R, W) 🕐 7.00–18.00 diario 🌐 trinitywallstreet.org

Esta iglesia episcopal de torre cuadrada, incongruentemente situada al principio de Wall Street, recuerda a una iglesia parroquial inglesa, gracias a su arquitecto inglés, Richard Upjohn. Diseñada en 1846, fue una de las iglesias más grandiosas de su tiempo, precursora del mejor periodo de la arquitectura neogótica de Estados Unidos. Las puertas de bronce talladas por Richard Morris Hunt tienen influencia de las *Puertas del Paraíso* de Ghiberti del baptisterio de Florencia.

La restauración ha revelado la piedra arenisca rosa original, enterrada durante mucho tiempo bajo capas de suciedad de la ciudad. La aguja de 85 m, la obra más alta de Nueva York hasta 1890, todavía impone respeto.

Muchos de los primeros neoyorquinos célebres fueron enterrados en su cementerio, entre ellos el estadista y padre fundador, Alexander Hamilton, el inventor del barco de vapor, Robert Fulton, y William Bradford, fundador en 1725 del primer periódico de Nueva York.

Brookfield Place
Centro comercial en el río Hudson, con un impresionante invernadero.

📍 D13 🏛 230 Vesey St 🌐 bfplny.com

Century 21
Tienda de descuento de marcas; suele ofrecer 40-60% sobre su precio.

📍 E13 🏛 22 Cortlandt St 🌐 c21stores.com

Fulton Center
Elegante centro comercial Westfield en el cruce de Fulton Street y Broadway.

📍 E13 🏛 200 Broadway 🌐 westfield.com

The Oculus
Inmenso centro comercial dentro del sorprendente y moderno edificio de Santiago Calatrava.

📍 D13 🏛 185 Greenwich St 🌐 westfield.com

Seaport District and Pier 17
Tiendas en el antiguo puerto marítimo y el muelle reformado.

📍 F13 🏛 Fulton St, en South St 🌐 seaportdistrict.nyc

La histórica St. Paul's Chapel, superviviente del 11-S, rodeada de arquitectura moderna

Delmonico's

Uno de los restaurantes más antiguos de Estados Unidos (abierto en 1837), tiene un gran pórtico con columnas de Pompeya. Destacan el Delmonico Steak (bistec sin hueso), Lobster Newburg y Baked Alaska. Estos dos últimos se crearon aquí.

📍 E14 🏠 56 Beaver St 🕐 do 🌐 delmonicos restaurant.com

$$ $

Nobu Downtown

El emblemático restaurante del elogiado chef japonés Nobu Matsuhisa tiene bar y una sala elegante, con una impresionante escultura inspirada en la caligrafía. Se recomienda reservar.

📍 E13 🏠 195 Broadway 🕐 mediodía sá-do 🌐 noburestaurants.com

$ $ $

Le District

El espacio de comida francesa de Brookfield Place tiene cuatro restaurantes y tres áreas temáticas: mercado, café y jardín. Se recomienda comer en el Winter Garden o en las mesas al exterior que dan a North Cove en el río Hudson.

📍 D13 🏠 225 Liberty St 🌐 ledistrict.com

$ $ $

St. Paul's Chapel

📍 E13 🏠 209-211 Broadway 📞 (212) 602-0800 🚇 Fulton St (A, C, 2, 3) 🕐 10.00-18.00 lu-sá, 7.00-18.00 do 🔒 Mayoría de festivos

Es una joya de arquitectura georgiana que data de 1766 y la única iglesia de Manhattan anterior a la guerra de Independencia. Es asombroso que no resultara dañada cuando se desplomaron las torres del World Trade Center en 2001, y la capilla sirvió de refugio a los equipos de rescate de la Zona Cero durante ocho meses tras el trágico suceso. Los visitantes pueden revivir momentos de ese periodo en la Chapel of Remembrance, en la parte trasera de la iglesia. La maravillosa obra de arte que aparece en el centro del ventanal es la *Gloria*, del arquitecto Pierre

L'Enfant (más conocido por haber diseñado el trazado urbano de Washington, D. C.).

9/11 Tribute Museum

📍 E14 🏠 92 Greenwich St 🚇 Cortlandt St (R, W), World Trade Center (E), Rector St (1) 🕐 10.00-18.00 lu-sá, 10.00-17.00 do 🌐 911tributemuseum.org

El 9/11 Tribute Museum, fundado por la Asociación de Familias del 11 de Septiembre, es una organización creada por las familias de las víctimas, y da una visión personal de los ataques. Se inauguró en 2006, mientras cerca se construía el National September 11 Memorial. El museo está en una edificación separada que alberga cinco pequeñas galerías. Exhibe, entre otros objetos, un modelo de las

Torres Gemelas y una sección sobre el día de los ataques, con vídeos y testimonios grabados de los supervivientes. Hay visitas a pie guiadas todos los días, guiadas por familiares, miembros de los equipos de rescate, supervivientes, voluntarios y residentes de la zona, en las que se incluye el National September 11 Memorial.

 12

Battery Park City e Irish Hunger Memorial

 D13 7 Battery Park City
S Rector St (1)

La construcción del anterior World Trade Center, en los años setenta, produjo casi un millón de metros cúbicos de escombros que se vertieron al Hudson para crear un barrio de restaurantes, pisos, esculturas y jardines. La explanada de 2 km de Battery Park City ofrece vistas extraordinarias de la Estatua de la Libertad.

Asomándose al Hudson al final de Vesey Street, el Irish Hunger Memorial es un monumento dedicado a los irlandeses que murieron durante la gran hambruna de 1845-1852. El elemento central es una casa de piedra abandonada y muros hechos con rocas de cada uno de los 32 condados irlandeses.

 13

Museum of Jewish Heritage

D14 36 Battery Pl
S Bowling Green (4, 5)
M5, M15, M20 10.00-18.00 do-ma, 10.00-20.00 mi-ju, 10.00-17.00 vi (nov-mar: hasta las 15.00)
Festividades judías, Acción de Gracias mjhnyc.org

Este museo es un recuerdo a las víctimas del Holocausto. El núcleo de la exposición, que ocupa tres plantas, se aloja en un llamativo edificio de seis caras que simboliza los seis millones de judíos que

murieron a manos de los nazis, así como las seis puntas de una estrella de David. La colección comienza con los ritos de la vida cotidiana de los judíos de Europa oriental antes de la década de 1930, después pasa a mostrar el Holocausto y termina con la fundación de Israel en 1948 y los posteriores logros. Se ofrecen audioguías y conferencias; consultar la web.

  14

Skyscraper Museum

D14 39 Battery Pl
S Bowling Green (4, 5)
12.00-18.00 mi-do
skyscraper.org

Este museo está dedicado a la herencia arquitectónica de Nueva York y examina las fuerzas históricas y a las personas que dieron forma a su icónico perfil urbano. Entre las exposiciones hay una reconstrución digital de la evolución de la ciudad y una colección de maquetas de Manhattan. Las exposi-

ciones temporales analizan diferentes definiciones de los rascacielos: como objetos de diseño, productos tecnológicos, zonas para construir, inversiones inmobiliarias y lugares de trabajo y residencia.

  15

Pier A Harbor House

D15 22 Battery Pl
S Bowling Green (4, 5)
11.00-24.00 diario (hasta 2.00 ju-sá) piera.com

Frente al puerto, en el lado oeste de Battery Park, Pier A Harbor House es un muelle de 1886 con el edificio que primero fue sede de la policía del puerto de Nueva York. Tras una amplia reforma, hoy lo ocupan bares y restaurantes. El Long Hall y el Oyster Bar incorporan el reflector y los calibradores restaurados, y las mesas del exterior permiten admirar las bellas vistas del puerto ante un plato de ostras o una cerveza artesanal.

STONE STREET

Es una calle estrecha de adoquines situada entre Hanover Square y Coenties Alley. Muchas de sus casas de estilo neogriego fueron construidas tras el gran incendio de 1835, que destruyó buena parte de la zona. En la actualidad es un buen sitio para tomar algo. En las noches de verano se convierte en un extenso espacio al aire libre que bares como Ulysses y restaurantes como Adrienne's Pizzabar llenan de mesas.

Los rascacielos alcanzan gran altura en el extremo sur de Manhattan

16

Vietnam Veterans' Plaza

E14 **Between Water St y South St** **S Whitehall (R, W), South Ferry (1)**

Esta plaza de ladrillo con distintos niveles tiene en el centro un enorme muro de cristal verde translúcido. En el muro se han grabado extractos de discursos, recortes de prensa y cartas conmovedoras a sus familias de soldados –hombres y mujeres– que murieron en la guerra de Vietnam entre 1959 y 1975.

17

Battery Park

E14 **Battery Pl** **S Whitehall St (R, W), South Ferry (1), Bowling Green (4, 5)** **w nps.gov/cacl**

Es uno de los mejores sitios para contemplar el puerto. Debe su nombre a los cañones ingleses que protegían Nueva York y cuenta con más de 20 estatuas y monumentos a los Países Bajos, a la guerra de Corea, a la Segunda Guerra Mundial, a los inmi-

grantes y al guardacostas. Entre los puntos de interés más recientes se encuentra el SeaGlass Carousel.

El Castle Clinton se construyó apartado de la costa en 1811, como defensa de artillería, pero al ir rellenándolo con desechos se fue uniendo a la costa. En 1824 abrió de nuevo, como Castle Garden, y comprendía un teatro, un *Biergarten* y un teatro de ópera en el que Phineas T. Barnum presentó al *Ruiseñor sueco* Jenny Lind en 1850. En 1855 fue punto de llegada de inmigrantes, antes que la isla de Ellis, y en 1890 se había ocupado de más de 8 millones de ellos. Hay una pequeña exposición y una sección del *muro de la batería* original. También se pueden adquirir entradas para las islas Ellis y Liberty.

18

Charging Bull

E14 **Broadway en Bowling Green** **S Bowling Green (4, 5)** **w chargingbull.com**

A la 1.00 de la mañana del 15 de diciembre de 1989, el escultor italiano Di Modica (1941-) y 30

↑ Vistas desde el fascinante paseo de Battery Park

amigos descargaron su escultura de bronce de 3.200 kg *Charging Bull* delante de la Bolsa de Nueva York. Disponían de ocho minutos entre patrullas de policía, pero lo lograron en solo cinco. El toro fue retirado por obstruir el tráfico y carecer de permiso, pero los neoyorquinos se indignaron. El Departamento de Parques concedió un permiso "temporal" en Broadway, donde sigue hasta hoy como mascota extraoficial de Wall Street.

Di Modica creó la escultura tras la quiebra financiera de 1987 para simbolizar la "fuerza, poder y esperanza de los estadounidenses en el futuro". Tardó dos años en hacerla y le costó 350.000 $.

19

Bowling Green

E14 **S Bowling Green (4, 5)**

Este terreno triangular, al norte de Battery Park, fue el primer parque de la ciudad, utilizado al principio como mercado de ganado y más tarde como recinto para jugar a los bolos. En él se alzaba una estatua del rey Jorge III pero, con la Decla-

LA NIÑA SIN MIEDO Y EL TORO

En 2017, al famoso *Toro de Wall Street (Charging Bull)* le retó otra escultura, *La niña sin miedo (Fearless Girl)*. Obra de Kristen Visbal, la imagen de una niña desafiante mirando fijamente al animal pronto se convirtió en un icono feminista, a pesar de haber sido un encargo para una campaña de *marketing* para un índice bursátil de empresas a favor de la igualdad de género. El alcalde De Blasio permitió que *La niña sin miedo* permaneciera ahí 11 meses; en 2019 fue trasladada a un lugar más accesible, frente a la Bolsa de Nueva York, ya que la multitud que se arremolinaba en torno a las estatuas en Broadway corría peligro por el tráfico.

LA NIÑA SIN MIEDO DE KRISTEN VISBAL

¿Lo sabías?

Battery Park es un lugar de parada anual para miles de aves migratorias y mariposas monarca.

ración de Independencia, esta se convirtió en símbolo de la dominación británica, por lo que fue hecha pedazos y fundida para fabricar munición. Se dice que la mujer del gobernador de Connecticut fundió suficientes piezas como para fabricar 42.000 balas.

Más allá empieza Broadway, que se extiende a lo largo de Manhattan y, bajo su nombre oficial de Highway Nine, al norte hacia Albany, capital del Estado de Nueva York.

20

National Museum of the American Indian

📍 E14 🏠 1 Bowling Green
🚇 Bowling Green (4, 5)
🕐 10.00–17.00 diario
(hasta 20.00 ju) 🌐 american indian.si.edu

La US Custom House de Cass Gilbert alberga ahora el Smithsonian National Museum of the American Indian. La maravillosa colección, con cerca de un millón de piezas y un archivo de varios miles de fotografías, abarca en toda su extensión las culturas del norte, centro y sur de América. En las exposiciones hay obras de artistas indios contemporáneos, así como otros objetos de la colección permanente.

Finalizada en 1907 y en uso hasta 1973, la Beaux Arts Custom House también es interesante. La imponente fachada adornada con trabajadas estatuas de Daniel Chester French representa a los principales continentes y a algunos de los grandes núcleos comerciales del mundo.

El majestuoso Great Hall de mármol y la rotonda situada en su interior están maravillosamente ornamentados. Los 16 murales que cubren la bóveda de 41 m fueron pintados por Reginal Marsh en 1937 y muestran la entrada de los barcos en el puerto.

21

Fraunces Tavern Museum

📍 E14 🏠 54 Pearl St
🚇 Wall St (2, 3), Broad St (J, Z), Bowling Green (4, 5)
🕐 12.00–17.00 lu-vi, 11.00–17.00 sá-do 🗓 Fiestas federales 🌐 fraunces tavern museum.org

La única manzana de Nueva York que conserva en su totalidad los edificios comerciales del siglo XVIII tiene una réplica exacta de la Fraunces Tavern, de 1719, donde George Washington despidió conmovido a sus oficiales en 1783. Un

museo en la planta superior ofrece exposiciones temporales que interpretan la historia y cultura de los primeros americanos. El célebre discurso de despedida de George Washington tuvo lugar en la Long Room, recreada al estilo de la época. La contigua Clinton Room, de estilo federal, es un comedor empapelado con una tela de 1838. Hay galerías de arte de la época de la revolución, como la galería de los Hijos de la Revolución, donde se expone buena parte de la historia de la sociedad. El restaurante tiene chimeneas y mucho encanto.

La taberna fue una de las primeras víctimas de la revolución: el buque británico *Asia* le atravesó el tejado de un cañonazo en agosto de 1775. El edificio fue adquirido en 1904 por los Hijos de la Revolución del Estado de Nueva York. Su restauración en 1907 constituyó uno de los primeros esfuerzos nacionales por preservar su herencia histórica.

Los visitantes pueden unirse a un recorrido por el museo a las 14.00 los jueves y a las13.00 o 14.00 de viernes a domingo.

Staten Island Ferry

⊙ E15 ⊞ Whitehall St
Ⓢ South Ferry (1) ⊙ 24 horas
Ⓦ siferry.com

Por sus inolvidables vistas del puerto y del perfil de la ciudad, sigue siendo el mejor recorrido de Nueva York, y es gratuito. El ferri fue la primera empresa de Cornelius Vanderbilt, en 1810, que más tarde llegaría a ser un magnate del ferrocarril. Es muy popular entre los turistas y también entre los viajeros.

Seaport District NYC

⊙ F13 ⊞ Fulton St
Ⓢ Fulton St (A, C, 2, 3, 4, 5)
⊙ Museo: 11.00–17.00 mi-do
Ⓦ seaportdistrict.nyc

El Seaport District, parte de los astilleros originales de Nueva

---

CONSEJO DK
Taquillas TKTS

La taquilla del Seaport District's TKTS, en 190 Front Street, vende entradas para el mismo día a mitad de precio para los espectáculos de Broadway, como su equivalente en Times Square, pero con menos colas.

York, lleva restaurándose desde 1966; multitud de restaurantes y comercios han ido sustituyendo a sus almacenes y lonjas de pescado. El edificio que fue el Fulton Market contiene ahora varias tiendas muy elegantes y una rama de la cadena de cines de lujo iPic Theaters, y Pier 17 tiene tiendas, restaurantes y una sala de conciertos. Al lado, el Tin Building, reformado en 1904, va a albergar el mercado de alimentación de Jean-Georges Vongerichten. Para disfrutar de las mejores vistas del puente de Brooklyn, hay que ir al Heineken Riverdeck, en el lado norte del Pier 17.

El South Street Seaport Museum posee una amplia colección de objetos marinos, además de varios barcos históricos amarrados cerca. Las principales galerías fueron almacenes de estilo federal, de 1812, e incluyen la exposición permanente "Calle de los barcos: el puerto y su gente". Esta traza la historia de la zona y la restauración del *Wavertree*, un velero inglés de mástiles altos construido en 1885. La entrada al museo incluye visitas guiadas al *Wavertree* y al *Ambrose*, un buque faro de 1908. El museo también posee la goleta de pesca *Lettie G.*

↑ El buque faro *Ambrose* en el Seaport District de Manhattan

---

Howard, de 1893, y la goleta de carga *Pioneer* de 1885, que ofrecen cruceros por el puerto en verano. El museo también gestiona dos tiendas y talleres históricos en Water Street: Bowne Printers en el núm. 209 y Bowne & Co Stationers en el 211.

City Hall y City Hall Park

⊙ E12 ⊞ City Hall Park
Ⓢ Brooklyn Bridge-City Hall (4, 5, 6), Park Pl (2, 3)
⊙ Variable, consultar la web
Ⓦ nyc.gov

El City Hall, un deslumbrante palacio de mármol de estilo federal neoyorquino, es el edificio más antiguo de Estados Unidos que conserva su función gubernamental original. En el interior, una espectacular cúpula con artesonado, rodeada por columnas corintias, y una escalera flotante de mármol que sube en espiral hasta la segunda planta, donde el ayuntamiento todavía

---

Para disfrutar de las mejores vistas del puente de Brooklyn, hay que ir al Heineken Riverdeck, en el lado norte del Pier 17.

se reúne una vez al mes. Aquí está también la Sala del Gobernador, de estilo regencia, con una galería de retratos de los primeros gobernantes de Nueva York. En 1865, Abraham Lincoln estuvo aquí de cuerpo presente.

Las visitas al City Hall son gratuitas y generalmente son los miércoles (12.00) y los jueves (10.00). En ambos casos hay que reservar; debe consultarse la web para más información.

El City Hall Park, una zona comunal de pasto en el siglo XVII, ha sido sede del gobierno de Nueva York desde 1812. En este lugar hubo una casa de beneficencia entre 1736 y 1797, y durante la guerra de Independencia (1775–1783), los ingleses utilizaron la cercana prisión de deudores para encarcelar y ahorcar a 250 prisioneros.

Courthouse District

Q E12 **A** Calles Center y Chambers **S** Brooklyn Bridge-City Hall (4, 5, 6)

El distrito judicial de Nueva York está presidido por magníficos edificios neoclásicos que han servido de inspiración para muchos decorados de películas. La pirámide que corona Thurgood Marshall US Courthouse, diseñada por Cass Gilbert en 1936, se eleva 180 m y sigue siendo palacio de justicia en la actualidad. El contiguo New York County Courthouse (1927) es corte suprema del Estado, y su elaborada rotonda tiene apliques luminosos de Tiffany y murales de Attilio Pusterla.

Surrogate's Court (1907), en Chambers Street, tiene una fachada adornada con columnas y figuras de Henry K. Bush-Brown, que representan diferentes etapas de la vida, desde la infancia hasta la vejez. El mosaico del alto techo sobre el impresionante vestíbulo central es obra de William de Leftwich Dodge y representa los 12 signos del zodiaco.

El Woolworth Building, un imponente monumento a un gigante del comercio minorista

African Burial Ground

Q E12 **A** Duane St **S** Chambers St (A, C), City Hall (R, W) **C** Centro de visitantes: 9.00-16.00 ma-sá **W** nps.gov/afbg

Este elegante monumento de granito negro ocupa parte de un cementerio que estaba fuera de la ciudad. Era el único lugar donde se enterraba a los esclavos africanos y fue descubierto accidentalmente en 1991, cuando se exhumaron 419 esqueletos. Una vez examinados, se les volvió a dar sepultura aquí en 2003. El centro de visitantes acoge una exposición sobre la historia de la esclavitud en Nueva York.

Woolworth Building

Q E13 **A** 233 Broadway **S** City Hall (R, W), Park Pl (2, 3) **C** Diario para visitas guiadas **W** woolworthtours.com

En 1879 Frank W. Woolworth abrió una tienda en la que los compradores podían ver y tocar las mercancías y todo costaba cinco centavos. La cadena de almacenes en la que esa tienda se convirtió le hizo ganar una fortuna, y transformó para siempre el comercio minorista.

Su sede de 1913 estableció los estándares para los grandes rascacielos; fue el edificio más alto de Nueva York hasta 1929. El diseño en dos niveles del arquitecto Cass Gilbert está adornado con gárgolas, cubierta en forma de pirámide, pináculos y torres. En el interior abundan relieves tallados y techos de mosaicos de cristal. El sentido del humor de Gilbert aparece en los bajorrelieves donde aparece el fundador contando su fortuna en monedas de 5 y 10 centavos. El edificio abre todos los días para recibir visitas guiadas. Hay que reservar con tiempo.

RASCACIELOS *ART DÉCO*

Lower Manhattan tiene algunos de los rascacielos *art déco* más emblemáticos de Nueva York. El Bank of New York, de 1931, en 1 Wall Street (200 m) tiene un vestíbulo con mosaico. El Bankers Trust Building, de 1912, en 14 Wall Street (164 m) es conocido por la pirámide escalonada que lo corona, inspirada en el mausoleo griego de Halicarnaso. El Bank of Manhattan Trust Building *(derecha)*, en 40 Wall Street, fue el más alto del mundo (283 m) en 1930. Hoy se le conoce como Trump Building. La extraordinaria torre *art déco* de 70 Pine Street (290 m), terminada en 1932 para el precursor de CITGO, es una de las más elegantes e icónicas de Nueva York.

UN PASEO
WALL STREET

Distancia 1 km **Estación de metro** Wall St
Tiempo 15 minutos

Ninguna intersección de calles ha tenido en la ciudad
mayor relevancia que la de Wall St. con Broad St. El Federal
Hall marca el lugar donde George Washington fue
investido presidente en 1789; New York Stock Exchange
(la Bolsa), fundada en 1817 y hoy eje financiero cuyas
fluctuaciones causan estremecimientos en todo el mundo.
Aparte de sus monumentos de importancia histórica, es
uno de los mayores centros de negocios de la ciudad y el
auténtico corazón del famoso distrito financiero de Nueva
York. La sensación de actividad bancaria en las calles
es patente los días laborables.

*El Equitable Building
(1915) privó de luz a los
edificios próximos, por lo
que se promulgó una ley
que obligaba a
retranquear los
rascacielos.*

*Rascacielos de principios del s. XX
de estilo gótico; el Trinity Building
fue ideado para complementar
la cercana Trinity Church.*

FIN

*Construida en 1846 en estilo gótico,
Trinity Church es la tercera iglesia
edificada en este mismo lugar. El
campanario fue una de las
edificaciones más altas, pero ahora
queda empequeñecido por los
rascacielos que la rodean (p. 79).*

SI

INICIO

Metro de Wall St (líneas 4, 5)

*1 Wall Street, construido en 1932, tiene un
muro exterior diseñado para que parezca
un tejido, y un vestíbulo art déco.*

BROADWAY

EXCHANGE PLACE

NASSAU

*26 Broadway fue sede de
la Standard Oil Trust.
Se diseñó con la intención
de que pareciese una
lámpara de aceite.*

NEW STREET

BROAD STREET

0 metros   100
0 yardas   100

N ↑

*El centro de operaciones
del mundo financiero, la
Bolsa, se encuentra en
este edificio de 17 pisos,
construido en 1903
(p. 78).*

← El magnífico exterior
de 26 Broadway, que fue
sede de Standard Oil

El Marine Midland Building, oscura torre de cristal con 55 pisos, ocupa solo el 40% de su solar. El otro 60% es una plaza en la que la gran escultura de Isamu Noguchi, Cube, mantiene el equilibrio sobre uno de sus vértices.

La Liberty Tower es un edificio de estilo gótico, revestido de terracota blanca. Fue construido en 1910 y posteriormente se distribuyó en apartamentos.

Plano de situación
Para más detalles, ver p. 66

Chamber of Commerce, un elegante edificio beaux arts de 1901.

En la plaza donde se encuentra el 28 Liberty está la famosa escultura de Jean Dubuffet, Four Trees.

De estilo neorenacentista, el Federal Reserve Bank es el banco de los bancos. Aquí se emite la moneda de EE. UU. (p. 78).

Louise Nevelson Plaza es un parque en el que se encuentra la escultura de Nevelson Shadows and Flags.

MAIDEN LANE

LIBERTY STREET

ST

CEDAR STREET

WILLIAM STREET

WALL STREET

El nombre de Wall Street procede del muro (wall) edificado para evitar que los indígenas norteamericanos hostiles entraran en Manhattan. Esta calle es ahora el corazón del centro de negocios de la ciudad.

Federal Hall fue construido como la aduana de Estados Unidos en 1842. Este edificio clásico alberga una fascinante exposición sobre George Washington (p. 78).

↑ El Federal Reserve Bank en las calles nevadas de Manhattan

LOWER EAST SIDE

En ninguna otra parte se siente de forma tan clara el fuerte sabor étnico de Nueva York como en el Lower East Side, donde se construyeron los primeros edificios de pisos de la ciudad y empezaron a instalarse los inmigrantes a mediados del siglo XIX. Italianos, alemanes, chinos, judíos, irlandeses y, más recientemente, dominicanos, crearon aquí barrios característicos y conservaron sus idiomas, costumbres, alimentos y religiones. Hasta la década de 1990 los clubes retro, los bares elegantes, los restaurantes innovadores y las *boutiques* no reactivaron el Lower East Side y, en la actualidad, es esta fusión de culturas la que aporta la mayor parte de su atractivo. El Lower East Side Tenement Museum y el Museum de Eldridge Street son lo más interesante; ambos rinden homenaje al pasado de inmigración y crudeza de esta zona.

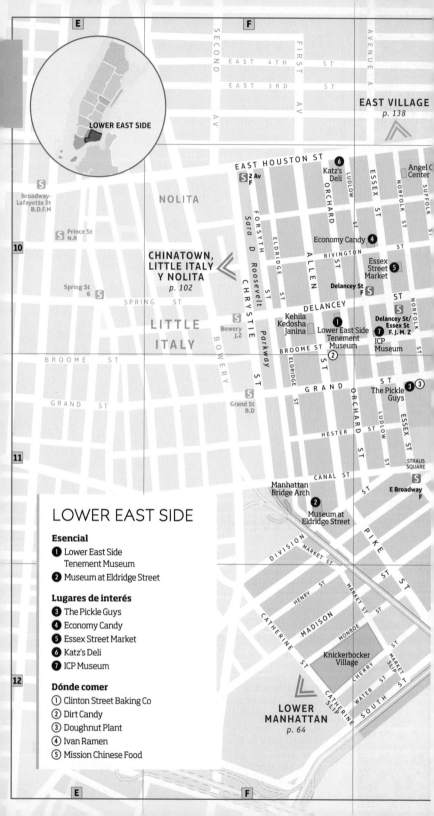

LOWER EAST SIDE

Esencial

1. Lower East Side Tenement Museum
2. Museum at Eldridge Street

Lugares de interés

3. The Pickle Guys
4. Economy Candy
5. Essex Street Market
6. Katz's Deli
7. ICP Museum

Dónde comer

1. Clinton Street Baking Co
2. Dirt Candy
3. Doughnut Plant
4. Ivan Ramen
5. Mission Chinese Food

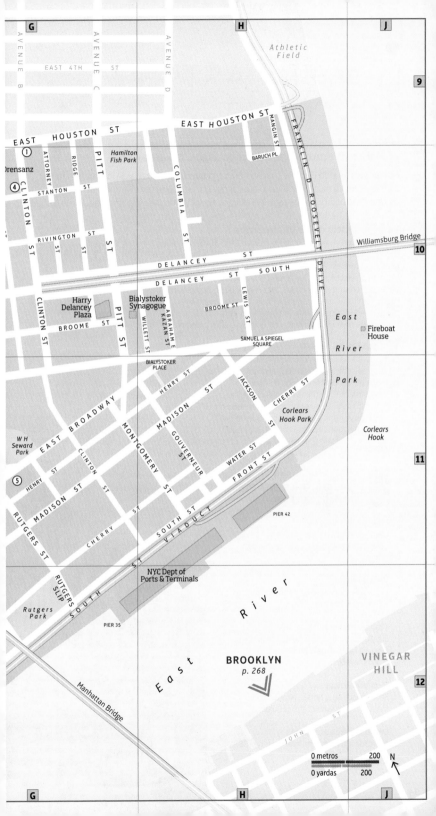

LOWER EAST SIDE TENEMENT MUSEUM

📍 F10 🏠 97 Orchard St (Centro de visitantes: 103 Orchard St) 🚇 Grand St (B, D), Delancey St (F), Essex St (J, M, Z) 🕐 10.00-18.30 vi-mi, 10.00-20.30 ju 🌐 tenement.org

Nueva York ha sido durante mucho tiempo la puerta de entrada de los inmigrantes, y este instructivo museo da vida a su experiencia. Se puede ver el interior de una vivienda de uno de los edificios del siglo XIX del que fue el barrio más superpoblado de la ciudad.

La experiencia de los inmigrantes

Este edificio de viviendas, abandonado en 1935, fue restaurado por los fundadores del museo en la década de 1990. Estas construcciones estaban deterioradas, eran claustrofóbicas y carecían de electricidad, fontanería y calefacción. Tampoco tenían retretes en las viviendas: fuera había dos que compartían cuatro familias. Cada vivienda se ha vestido con muebles y objetos de la época, hallados en el edificio, para acercarse a la experiencia de quienes vivieron entre estas cuatro paredes.

15.000
—
inmigrantes de más de 20 países han vivido en el n.º 97 desde el siglo XIX al XXI.

Visita a los edificios

Con la ayuda de documentos, fotografías y de los propios edificios, las visitas guiadas (opcionales) aportan una visión de las vidas cuidadosamente estudiadas de varias familias que vivieron aquí. Las entradas se adquieren en el centro de visitantes cercano, en el que un par de vídeos introductorios (de unos 20 minutos) muestran el contexto. También hay una magnífica librería y una galería de arte.

Estos edificios de Orchard Street albergan actualmente el museo ↓

TOP 5 | **TOURS DEL LOWER EAST SIDE TENEMENT MUSEUM**

Bajo el mismo techo
Los hogares tras la Segunda Guerra Mundial de los inmigrantes judíos, portorriqueños y chinos.

Vida de tienda
El salón alemán de 1870, propiedad de John y Caroline Schneider.

Trabajo esclavo
El taller de costura de la familia Levine, y la mesa de *sabbath* de la familia Rogarshevsky.

Tiempos difíciles
Sobre la vida de la familia germanojudía Gumpertz y de la italocatólica Baldizzi.

Los forasteros irlandeses
Acerca de la familia irlandesa Moore de 1869.

1 El deteriorado salón de la familia Rogarshevsky.

2 Dos actores representan a los Schneider trabajando en su tienda.

3 Una guía muestra a un grupo fotografías antiguas de la vida en los edificios del Lower East Side.

VIVIENDAS EN EL LOWER EAST SIDE

Los primeros edificios de este tipo de viviendas en Nueva York se construyeron en el Lower East Side en 1833, al desarrollarse Little Germany. En 1860, los inmigrantes irlandeses empezaron a dominar el barrio; pero, entre 1880 y 1920, más de 25 millones de inmigrantes, entre ellos 2, 5 millones de judíos, llegaron a Estados Unidos. Los que llegaban al Lower East Side encontraban poca higiene, viviendas míseras y muchas enfermedades. Los reformistas como Jacob Riis y Stephen Crane documentaron la grave situación de los inmigrantes de la ciudad en la década de 1890, y en el siglo XX se llegó finalmente a una reforma muy necesaria.

2

MUSEUM AT ELDRIDGE STREET

◉ F11 **🚇 12 Eldridge St** **Ⓢ East Broadway (F), Grand St (B, D)** **🕐 10.00-17.00 do-ju, 10.00-15.00 vi** **🌐 eldridgestreet.org**

El museo de Eldridge Street muestra la rica historia judía del Lower East Side en una de las sinagogas más bellas de la ciudad. Los neoyorquinos siguen utilizando este templo, pero en una visita guiada se puede entrar para contemplar su asombroso interior.

Historia de los judíos del Lower East Side

La sinagoga de Eldridge Street, construida en 1887, fue la primera que edificaron los judíos ortodoxos de Europa oriental. Pasó a formar parte del museo en 2007, tras un importante proyecto de restauración, pero sigue siendo un lugar de culto. La fachada tiene una decoración con elementos de influencia románica, islámica y gótica de terracota y ladrillo, pero el verdadero interés está en el interior, en el santuario principal.

Vidrieras, un candelabro espléndido, un labrado de carpintería muy rico y un bello techo pintado. El rosetón del muro occidental, una increíble estrella de David circular, es deslumbrante. También hay exposiciones que muestran el estado de deterioro del edificio en los años setenta, y las visitas guiadas ofrecen narraciones sobre la vida en el Lower East Side y el papel de la sinagoga en la comunidad local.

←

Decoración exterior de la sinagoga, Hito Histórico Nacional

> 💬 CONSEJO DK
> **Visitas al museo**
>
> El santuario principal de la sinagoga solamente puede visitarse con guía. Las visistas al museo de Eldridge Street se pagan con una contribución voluntaria los lunes, pero es mejor llegar lo más pronto posible porque a veces hay demasiados inscritos. Las visitas guiadas al museo empiezan en las horas en punto durante la semana y parten del nivel inferior, donde la Bes Medrash (Casa de Estudio) se utiliza como sinagoga actualmente.

Cronología

1887
▽ Inauguración de la sinagoga por Kahal Adath Jeshurun, descendiente de la primera congregación estadounidense de judíos rusos.

1918
Se contrata al famoso talmudista Rabbi Aharon Yudelovitch para que sea el primer rabino de púlpito a tiempo completo.

2014
▽ Siete años después de terminar la restauración, abren el centro de visitantes y la exposición permanente.

Años 1940
Al reducirse el número de fieles, la congregación se instala en el nivel inferior; se cierra el santuario principal.

1986
△ Se crea el Proyecto Eldridge Street para conservar y restaurar la sinagoga, parcialmente abandonada.

Esencial
☆

¿Lo sabías?
—
Se necesitaron 10 meses para construir la sinagoga, y 20 años para restaurarla.

↑ La sinagoga restaurada cuenta con espectaculares vidrieras y una lámpara de araña

Amanecer en una calle del Lower East Side

Clinton Street Baking Co

Local ruidoso conocido por sus tortitas de arándanos. No sirven a domicilio.

G10 🏠 4 Clinton St
ⓦ clintonstreetbaking.com

Dirt Candy

Elaborada comida vegetariana; para la cena solamente tienen dos opciones de menú.

F10 🏠 86 Allen St
ⓦ dirtcandynyc.com

Doughnut Plant

Donuts con sabores de temporada, desde calabaza hasta castaña.

G11 🏠 379 Grand St
🕐 Cena do
ⓦ doughnutplant.com

Ivan Ramen

Noodles de sésamo, *ramen* de chile rojo y bollos de cerdo al vapor.

G10 🏠 25 Clinton St
ⓦ ivanramen.com

Mission Chinese Food

La creatividad de Danny Bowien en los platos de Sichuan.

G11 🏠 171 East Broadway ⓦ mission chinesefood.com

---

3 🖐

The Pickle Guys

G11 🏠 357 Grand St
Ⓢ Grand St (B, D) 🕐 9.00-18.00 sá-ju, 9.00-16.00 vi
ⓦ pickleguys.com

La esencia de las conservas perdura en esta pequeña sección de Grand Street tal y como era a principio del siglo XX, cuando las tiendas de conservas judías llenaban la zona. Siguiendo una receta procedente de Europa del Este, The Pickle Guys vende sus propias conservas en barriles llenos de salmuera, ajo y especias, una mezcla que permite que los alimentos se mantengan en buenas condiciones durante meses. Hay diferentes sabores: agrio, tres cuartos de agrio, medio agrio, nuevo y picante. No se emplean productos químicos ni conservantes y todos los alimentos cumplen con los preceptos de la comida *kosher*.

También venden tomates y apio en conserva, aceitunas, champiñones, tomates secos, chucrut y arenques. Es un negocio familiar con un ambiente agradable, depositario de las tradiciones del vecindario.

---

4 🖐

Economy Candy

G10 🏠 108 Rivington St
Ⓢ 2 Av (F) 🕐 10.00-18.00 lu y sá, 9.00-18.00 ma-vi y do
ⓦ economycandy.com

Esta tienda familiar de dulces y frutos secos es uno de los negocios más característicos del Lower East Side desde el año 1937. Alineadas del suelo al techo se suceden las estanterías repletas de antiguos botes. Este comercio es uno de los pocos negocios que no han cambiado de nombre ni especialidad en el Lower East Side a pesar de los constantes vaivenes del vecindario durante 50 años.

Esto se debe en gran medida al afán de Jerry Cohen por transformar una tienda de chocolatinas a centavo fundada por su padre en una compañía nacional. La tienda dispone de chucherías de todo el mundo, chicles, unos 47 tipos de regaliz, toda clase de productos bañados en chocolate (incluso fruta y *pretzels*) y dulces sin azúcar.

→

Clientes haciendo cola para comprar los tradicionales encurtidos del Lower East Side

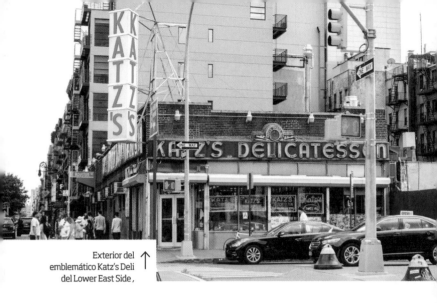

Exterior del emblemático Katz's Deli del Lower East Side ↑

Essex Street Market

📍 G10 🏠 88 Essex St
🚇 Essex St, Delancey St (F, J, M, Z) 🕐 8.00-19.00 lu-sá, 10.00-18.00 do 🌐 essexstreetmarket.com

El alcalde Fiorello H. La Guardia fundó este mercado cubierto en 1939 para aglutinar a los vendedores ambulantes y evitar que obstruyeran el tráfico. En 2018, el mercado se trasladó al complejo Essex Crossing llevándose al icónico Formaggio Essex Shopsin, y a los demás inquilinos, a un edificio brillante que refleja el carácter de mejora del barrio. El cambio añadió comerciantes y dos restaurantes abiertos todo el día.

Katz's Deli

📍 3 F10 🏠 205 E Houston St
🚇 Delancey St (F), 2 Av (F) 🌐 katzsdelicatessen.com

Quizás el más famoso por su aparición en *Cuando Harry conoció a Sally*, Katz's Deli es un icono de la ciudad. Este *deli* judío abrió sus puertas en 1888.

ICP Museum

📍 3 G10 🏠 242 Broome St
🚇 Essex St, Delancey St (F, J, M, Z) 🕐 10.00-18.00 ma-do (hasta 21.00 ju) 🌐 icp.org

Este elegante museo alberga multitud de elementos relacionados con el periodismo foto-gráfico y es sede de numerosos certámenes. Fundado por Cornell Capa en 1974, el PCI Museum tiene como objetivo con-servar el trabajo del periodismo fotográfico. La colección consta de 12.500 copias originales, ade-más de exhibiciones temporales.

> 💬 CONSEJO DK
> ### Delicias *deli*
>
> El Lower East Side tiene fama por sus *delis* judías, que son estupendas porque sus productos llenan y no son caros: en East Houston se va a Katz's Deli por pastrami y sándwiches, a Yonah Schimmel por *knishes* de carne con patatas, y a & Daughters por *bagels*.

SINAGOGAS DEL LOWER EAST SIDE

En el Lower East Side se mantiene viva la herencia judía, en parte por sus antiguas sinagogas. Una de las mejores está en el museo de Eldridge Street (*p. 96*), pero la de Bialystoker (7-11 Willett Street) es otra joya. La sinagoga Kehila Kedosha Janina (280 Broome Street) ha dado servicio a los judíos romaniotes de la zona desde 1927, y el tramo de East Broadway entre las calles Clinton y Montgomery es conocida como Shtiebel Row, donde hay docenas de fachadas de *shtieblach* (pequeñas congregaciones judías).

CHINATOWN, LITTLE ITALY Y NOLITA

Estas comunidades, representantes de la multiculturalidad de Nueva York, han vivido aquí durante generaciones; los inmigrantes chinos fueron los primeros en llegar, en la década de 1850. Desde los años ochenta, Chinatown –el barrio étnico con mayor densidad de población de Manhattan, y el Chinatown más antiguo y extenso del hemisferio occidental– ha ido creciendo hacia Little Italy, que ahora es una franja estrecha a lo largo de Mulberry Street. Ambos son barrios pintorescos con muchos sitios para comer. Hacia el norte está Nolita, zona de *boutiques* elegantes, restaurantes y bares.

GREENWICH
VILLAGE
p. 124

New York
Earth Room

Singer
Building

CHINATOWN,
LITTLE ITALY
Y NOLITA

WEST HOUSTON ST

PRINCE ST

BROADWAY

AVENUE OF THE

SULLIVAN ST

Spring St
C.E

SPRING ST

St. Nicholas
Hotel

VARICK ST

ST

HUDSON

SPRING

ST

New York City
Fire Museum

AMERICAS (SIXTH AV)

SOHO

ST

BROOME ST

WEST

WATTS ST

GRAND ST

GREENE

Canal St
A.C.E

CANAL ST

ST. JOHN'S LANE

TRIBECA

WALKER ST

CHINATOWN,
LITTLE ITALY
Y NOLITA

Esencial

❶ New Museum
❷ Museum of Chinese in America

Lugares de interés

❸ Chinatown
❹ Mahayana Buddhist Temple
❺ Little Italy y Nolita
❻ Basilica of St. Patrick's Old Cathedral
❼ Italian American Museum
❽ Church of the Transfiguration

Dónde comer

① Chinatown Ice Cream Factory
② Chinese Tuxedo
③ Joe's Shanghai
④ Nom Wah Tea Parlor
⑤ Xi'an Famous Foods
⑥ Emilio's Ballato
⑦ Ferrara Café
⑧ Lombardi's
⑨ Pasquale Jones
⑩ Rubirosa

ST

FRANKLIN ST

Franklin St
1

CHURCH

BROADWAY

WORTH ST

BROADWAY

WEST

DUANE ST

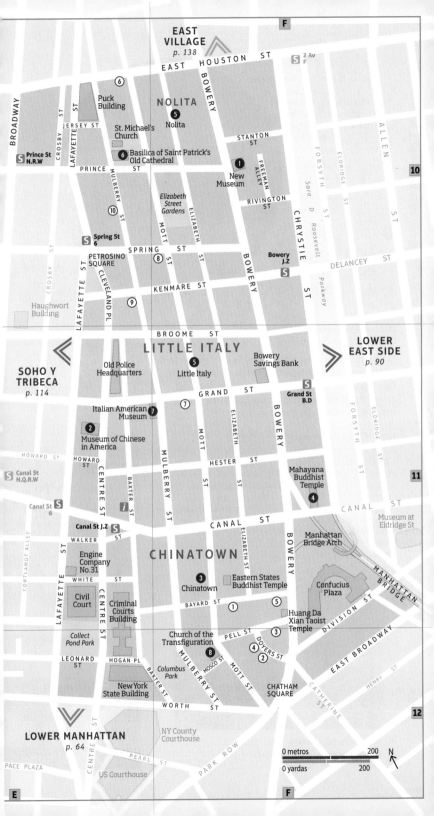

EAST VILLAGE
p. 138

EAST HOUSTON ST

BROADWAY

CROSBY ST

LAFAYETTE ST

JERSEY ST

Puck Building

NOLITA

⑤ Nolita

St. Michael's Church

PRINCE ST

⑥ Basilica of Saint Patrick's Old Cathedral

MULBERRY ST

MOTT ST

ELIZABETH ST

Elizabeth Street Gardens

⑩

SPRING ST

PETROSINO SQUARE

Haughwort Building

CLEVELAND PL

⑨

BOWERY

STANTON ST

FREEMAN ALLEY

❶ New Museum

RIVINGTON ST

FORSYTH ST

ELDRIDGE ST

ALLEN ST

Sara D. Roosevelt Parkway

DELANCEY ST

CHRYSTIE ST

Bowery J.Z

⑧

KENMARE ST

10

S Prince St N.R.W

S Spring St 6

BROOME ST

LITTLE ITALY

Old Police Headquarters

⑤ Little Italy

Bowery Savings Bank

S Grand St B.D

SOHO Y TRIBECA
p. 114

LOWER EAST SIDE
p. 90

GRAND ST

Italian American Museum ⑦

❷ Museum of Chinese in America

HOWARD ST

S Canal St N.Q.R.W

S Canal St 6

HOWARD ST

CENTRE ST

BAXTER ST

MULBERRY ST

MOTT ST

ELIZABETH ST

⑦

HESTER ST

BOWERY

FORSYTH ST

ELDRIDGE ST

Mahayana Buddhist Temple ❹

11

CANAL ST

Canal St J.Z **S**

WALKER ST

Engine Company No.31

WHITE ST

Civil Court

Criminal Courts Building

LAFAYETTE ST

CENTRE ST

BAXTER ST

MULBERRY ST

MOTT ST

ELIZABETH ST

CORTLANDT ALLEY

ℹ️

CHINATOWN

❸ Chinatown

Eastern States Buddhist Temple

BAYARD ST ①

⑤

CANAL ST

Museum at Eldridge St

BOWERY

Manhattan Bridge Arch

Confucius Plaza

Huang Da Xian Taoist Temple ③

MANHATTAN BRIDGE

Collect Pond Park

LEONARD ST

HOGAN PL

Columbus Park

New York State Building

WORTH ST

Church of the Transfiguration ❽

PELL ST ④ ②

MOSCO ST

DOYERS ST

MOTT ST

CHATHAM SQUARE

DIVISION ST

EAST BROADWAY

CATHERINE ST

HENRY ST

12

LOWER MANHATTAN
p. 64

BAXTER ST

NY County Courthouse

PEARL ST

US Courthouse

PACE PLAZA

CENTRE ST

PARK ROW

0 metros   200
0 yards   200

N

E   F

No hay que perderse la terraza de la azotea, que ofrece vistas únicas del Lower East Side. Está abierta sábados y domingos con el horario del museo.

NEW
MUSEUM

◉ F10 🏠 235 Bowery 🕐 11.00-18.00 ma-sá (hasta 21.00 ju) Ⓢ 2 Av (F) Ⓦ newmuseum.org

El arte contemporáneo sigue teniendo éxito en Nueva York, y en ninguna otra parte como en el New Museum. Este espacio futurista, una obra de arte en sí mismo, acoge exposiciones de calidad dedicadas al arte más innovador en todos los medios.

New York's Contemporary Art Hub

Marcia Tucker dejó su trabajo de conservadora de pintura y escultura del Whitney *(p. 128)* en 1977 para fundar el innovador New Museum of Contemporary Art, o New Museum simplemente. Su objetivo era exponer obras que pensaba que faltaban en los museos más tradicionales. El New Museum cuenta con 5.574 m² de espacio para exposiciones, y la colección que va rotando tiene una amplia variedad de obras, desde fotografía de los años sesenta en Estados Unidos hasta instalaciones abstractas. El museo expone tanto a artistas emergentes como establecidos, entre ellos Mark Rothko y Roy Lichtenstein.

↑ Unos visitantes se detienen para estudiar una de las obras de arte en rotación del museo.

CONSEJO DK
Cómo ahorrarte dinero

El jueves por la noche (19.00-21.00) se puede entrar en el museo con una una aportación voluntaria (mínimo de 2 $). También se pueden hacer las visitas guiadas gratuitas de 45 minutos del museo (12.30 ma-do; 15.00 ju, sá-do).

↑ El espectacular edificio de siete plantas del New Museum, diseñado por los arquitectos japoneses Sejima y Nishizawa y terminado en 2007

MUSEUM OF CHINESE IN AMERICA

♥ E11 ⌂ 215 Centre St ⑤ Canal St (J, N, Q, R, W, Z, 6) ⏰ 11.00-18.00 ma-do (hasta 21.00 ju) 🌐 mocanyc.org

Las generaciones pasadas cobran vida en este museo apasionante, un homenaje al legado de una de las mayores comunidades de inmigrantes de Nueva York que primero se asentó aquí en el siglo XIX.

CONSEJO DK
Cómo ahorrar dinero

La entrada al Museum of Chinese in America es gratuita el primer jueves de cada mes, excepto en las principales fiestas oficiales y nacionales. También hay algunas reducciones de precio. No hay cafetería en el museo, pero no está lejos de Chinatown, que tiene muchas opciones asequibles para tomar un bocado.

Homenaje de la ciudad de Nueva York a los chinoamericanos

Este museo ofrece información sobre la experiencia chinoamericana, desde el siglo XIX hasta la actualidad. Entre los temas tratados está la Chinese Exclusion Act de 1882 que prohibía la entrada de trabajadores chinos durante diez años, y las cuotas migratorias impuestas a principios del siglo XX, como la National Origins Provision (N.O.P.) de 1924, que restringía aún más la entrada. Por medio de objetos e información multimedia, el museo destaca diversas fases históricas y culturales en la narrativa chinoamericana –desde la aparición de los restaurantes de *chop suey* y las llamadas películas de caras amarillas en la década de 1930 hasta la evolución de la identidad de los chino-americanos por segunda generación en los años sesenta–. El museo fue diseñado por Maya Lin, más conocida por haber creado el Vietnam Memorial de Washington, D. C.

El museo nació de una organización con base en la comunidad que quería desarrollar un mejor conocimiento de la comunidad chinoamericana de la ciudad.

Esencial
☆

MOCA

↑ Esperando para entrar en el Museum of Chinese in America

200.000

inmigrantes chinos llegaron en 1965 tras la abolición de la N.O.P.

← Vitrinas con objetos en el Museum of Chinese in America

LUGARES DE INTERÉS

③

Chinatown

📍**F11** 🏠 **Calles en torno a Mott St** 🚇 **Canal St (N, Q, R, W, 6)** 🌐 **explorechinatown.com**

Más de cien mil chinoamericanos viven en este animado barrio, uno de los mayores y más antiguos de los distritos chinos del oeste. Desde la década de 1850, los inmigrantes chinos se establecieron en esta parte de Nueva York que en la actualidad atrae visitantes con deseos de probar la cocina del barrio, visitar sus museos, rastrear las innumerables tiendas de curiosidades y participar en sus alegres festivales.

El barrio está dividido de este a oeste por Canal Street, y de norte a sur por Mott Street. Las calles de su entorno, entre ellas Pell, Bayard, Doyers y Bowery, están llenas de puestos de fruta y pescado fresco, restaurantes de *dim sum*, tiendas de recuerdos y antigüedades, y tiendas de té.

En la esquina de Pell Street y Bowery está el Huang Da Xian Temple, uno de los pocos templos taoístas que quedan, cuya fachada transformada parece la de una tienda. Un poco más allá, en el n.º 16 de Pell Street, está la sede de Hip Sing Tong, que en otro tiempo fue una sociedad secreta. En un ataque sufrido en 1924 murieron 70 personas cuando On Leong Tong, una hermandad delictiva rival atacó el edificio. A mitad de camino de Pell se encuentra la diminuta Doyers Street, llamada en otro tiempo *Bloody Angle* por haber servido de campo de batalla durante las guerras Tong a principios del siglo XX.

Para ver otro lado de Chinatown, se puede entrar en el Eastern States Buddhist Temple, perfumado con incienso, en 64 Mott Street, donde se acumulan las ofrendas ante diminutos budas dorados. El templo abre todos los días.

Chinatown Ice Cream Factory
Sabores de Asia, desde sésamo negro y taro hasta té verde y lichi.

📍**F11** 🏠 **65 Bayard St** 🌐 **chinatownicecream factory.com**

Ⓢ Ⓢ Ⓢ

Chinese Tuxedo
Restaurante cantonés contemporáneo y a la última; sirve cócteles innovadores.

📍**F12** 🏠 **5 Doyers St** 🕐 **Mediodía** 🌐 **chinesetuxedo.com**

Ⓢ Ⓢ Ⓢ

Joe's Shanghai
Santuario de la cocina chinoamericana (por ejemplo, pollo frito) y *soup dumplings* (bolas de masa en sopa).

📍**F12** 🏠 **9 Pell St** 🌐 **joeshanghai restaurants.com**

Ⓢ Ⓢ Ⓢ

Nom Wah Tea Parlor
Para tomar *dim sum*, un sitio de 1920 elegante y de estilo antiguo.

📍**F12** 🏠 **13 Doyers St** 🌐 **nomwah.com**

Ⓢ Ⓢ Ⓢ

Xi'an Famous Foods
Especialidades picantes del noroeste de China, como los *noodles* con cordero al comino.

📍**F11** 🏠 **45 Bayard St** 🌐 **xianfoods.com**

Ⓢ Ⓢ Ⓢ

Mahayana Buddhist Temple

 F11 **133 Canal St**
S Canal St (N, Q, R, W, 6)
C 8.30-18.00 diario
W mahayana.us

Más grande que su homólogo de Mott Street, a los pies del puente de Manhattan, este opulento templo budista fue construido en el año 1997 por la familia Ying, originaria de Ningbo (China). Presume de ser de diseño chino clásico y el altar principal alberga una inmensa estatua dorada de Buda, que mide 5 m de altura, bañada en luces de neón azules y rodeada de velas. Los 32 grabados de las paredes narran la vida de Buda. En la entrada hay un pequeño santuario dedicado a Guanyin, la diosa china de la misericordia. Arriba hay una tienda donde se venden estatuas, libros y otras cosas.

Al otro lado del Bowery, el antiguo Citizens Savings Bank es un hito local con su cúpula neobizantina de bronce terminada en 1924. El edificio es hoy una sucursal del HSBC.

TEN REN'S TEA

Fundado en Taiwan en 1953, Ten Ren's Tea sigue siendo el primer vendedor de té en Manhattan. La sucursal de 75 Mott Street abrió en 1984 y muy pronto tuvo una clientela fiel. Se puede probar la amplia variedad de tés mientras se compra, desde los tés caros, *oolongs* y *pu'erh*, hasta las sencillas variedades de tés verdes. El té Dongfang, o Belleza Oriental, de primerísima clase, es un *oolong* muy fermentado con un toque dulce de miel.

↑ El impresionante Buda dorado del Mahayana Buddhist Temple

5

Little Italy y Nolita

F10 y F11 **Calles en torno a Mulberry St**
S Canal St (N, Q, R, W, 6)
W littleitalynyc.com

El mejor momento para visitar estos barrios es durante la Festa di San Gennaro, que dura once días a mediados de septiembre. Italianos de toda la ciudad se reúnen en Mulberry Street para honrar al santo patrón de Nápoles. La calle se llena de puestos y vendedores italianos de aperitivos, y hay música alegre y baile.

Muchos restaurantes de Little Italy ofrecen comida sencilla y rústica en un ambiente acogedor y a precios razonables. Aún sobreviven algunos cafés originales y *salumerias* (tiendas de especialidades en alimentación), como Ferrara en el 195 de Grand Street. En cambio en Nolita hay *boutiques* elegantes y tiendas *vintage* frecuentadas por neoyorquinos adinerados.

Habitados originalmente por irlandeses Little Italy y Nolita (o NoLita, abreviando "norte de Little Italy"), acusaron la llegada de inmigrantes italianos en el siglo XIX. Los que venían de Campania y Nápoles se establecieron en Mulberry Street, los sicilianos se quedaron en Elizabeth Street. Mott Street se repartió entre los llegados de Calabria y Puglia. Sin embargo, tras la Segunda Gue-

Emilio's Ballato

Italiano de la vieja escuela, con un ambiente de club discreto. Popular entre famosos.

 E10 **55 East Houston St** **(212) 274-8881** **Mediodía sá-do**

$$$

Ferrara Café

Cafetería italiana tradicional, de alrededor de 1892, que sirve tarta de queso, *cannolo* y helado.

F11 **195 Grand St**
W ferraranyc.com.

$$$

Lombardi's

La pizzería más antigua (1905) de Estados Unidos ofrece las clásicas *pizzas* margarita y de almejas.

F10 **32 Spring St**
W firstpizza.com

$$$

Pasquale Jones

Establecimiento moderno conocido por sus hornos de leña, pastas y *pizzas*.

 E10 **187 Mulberry St** **Mediodía lu-ju**
W pasqualejones.com

$$$

Rubirosa

Una versión actual de los restaurantes clásicos de salsa roja y *pizza*.

 E10 **235 Mulberry St**
W rubirosanyc.com.

$$$

→

Las alegres calles de Little Italy, llenas de restaurantes

rra Mundial, muchos italianos se acomodaron en las afueras, y en la actualidad el distrito es mucho más pequeño: lo único que queda del territorio italiano es Mulberry Street. Para obtener más información sobre la historia de la zona, se puede visitar el Italian-American Museum en la antigua sede de la Banca Stabile.

6
Basilica of St. Patrick's Old Cathedral

📍 E10 🏠 Esquina de las calles Mott y Prince 🚇 Prince St (N, R, W) 🕐 8.00-12:30 y 15:30-18.00 ju-ma 🌐 oldcathedral.org

La primera catedral de San Patricio se consagró en 1815. Fue destruida por un incendio en la década de 1860 y la reconstrucción la dejó prácticamente como se ve en la actualidad. Cuando la archidiócesis trasladó la sede a la nueva catedral, la antigua pasó a ser iglesia parroquial, pero ha crecido con una congregación multicultural que cambia constantemente.

En las bóvedas que hay bajo la iglesia se encuentran, entre otros, los restos de una de las familias de hosteleros más famosas de Nueva York, los Delmonico. Pierre Toussaint también fue enterrado aquí, pero en 1990, sus restos fueron trasladados del cementerio anexo a la iglesia a un sepulcro con más prestigio en la cripta de la catedral de San Patricio. Toussaint nació esclavo en Haití en 1766 y lo llevaron a Nueva York, donde vivió como hombre libre y llegó a ser un próspero fabricante de pelucas. Más tarde se dedicó a cuidar de los pobres y a atender a las víctimas del cólera, y utilizó su fortuna para construir un orfanato.

7
Italian American Museum

📍 E11 🏠 155 Mulberry St con Grand St 🚇 Canal St (J, N, Q, R, W, Z, 6) 🕐 Por obras hasta principios de 2020 🌐 italianamericanmuseum.org

Este museo, instalado en el edificio de la Banca Stabile de 1885 (todavía conserva la bóveda del antiguo banco) narra la historia de Little Italy a través de objetos originales, fotografías poco comunes y documentos, entre ellos una nota de extorsión de 1914 de un miembro de la mafia Mano Negra. Una exhibición rinde homenaje a Giuseppe Petrosino, uno de los primeros policías italoamericanos de Nueva York, asesinado cuando trabajaba en un caso de la mafia en Sicilia en 1909.

El museo está actualmente en obras de reforma; volverá a abrir a principios de 2020 con más espacio para exposiciones y actuaciones.

8
Church of the Transfiguration

📍 F12 🏠 29 Mott St 🚇 Canal St (N, Q, R, W, 6) 🕐 14.00-17.00 sá 🌐 transfigurationnyc.org

Esta iglesia de piedra de estilo georgiano, construida para el culto luterano en 1801 y vendida a la iglesia católica de la Transfiguración en 1853, es un ejemplo típico de las sucesivas llegadas de inmigrantes a Nueva York. La iglesia ha ido cambiando según la nacionalidad de la comunidad a la que sirve: primero irlandesa, luego italiana (los nombres de la placa en honor a los muertos en la Primera Guerra Mundial son en su mayoría italianos) y ahora china. Como centro de referencia de la comunidad católica china, da clases para ayudar a los recién llegados y hay misas en cantonés, inglés y mandarín.

UN PASEO
LITTLE ITALY Y CHINATOWN

Distancia 2 km **Metro** Canal St **Tiempo** 25 minutos

El barrio étnico más atractivo y de mayores proporciones de Manhattan es Chinatown. Su crecimiento es tan rápido que está invadiendo las zonas limítrofes de Little Italy y el Lower East Side. Sus calles aparecen llenas de puestos de verduras, tiendas de regalos y centenares de restaurantes chinos; incluso los más sencillos ofrecen comida deliciosa y aromas tentadores. Lo que queda de Little Italy puede encontrarse en Mulberry St. y Grand St, donde abunda el sabor del viejo mundo.

↑ Llamativos escaparates en la animada Chinatown de Nueva York

Metro de Canal Street (líneas R, N, Q, W y 6)

S INICIO

LLEGADA

El mercado de Canal Street tiene una amplia gama de gangas, entre ellas ropa y productos frescos.

Hogar de una próspera –y todavía en expansión– comunidad de inmigrantes chinos, este barrio es famoso por sus restaurantes y su agitada vida callejera (p. 109).

Columbus Park, descuidado en otro tiempo, se llena ahora de personas de la zona que juegan al mahjong.

Bloody Angle (Esquina Sangrienta), donde Doyers Street gira bruscamente, es el terrible lugar en el que se produjeron muchas emboscadas de bandas de gánsteres en la década de 1920.

En Chatham Square hay un monumento a los chinoamericanos caídos en la Segunda Guerra Mundial y a Lin Zexu, un oficial de la dinastía Qing venerado por su lucha contra el comercio de opio.

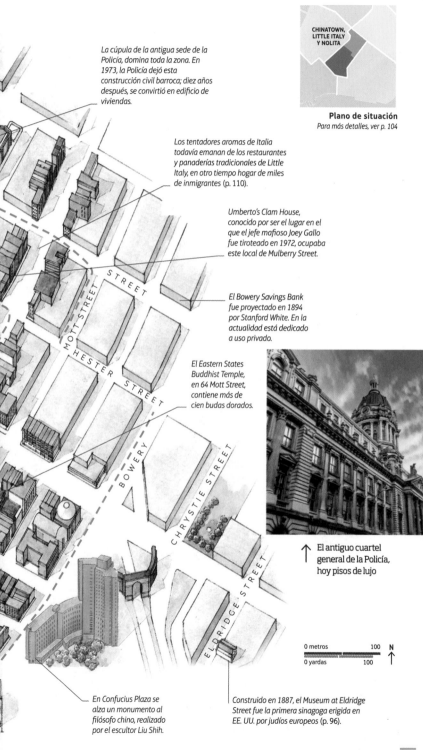

La cúpula de la antigua sede de la Policía, domina toda la zona. En 1973, la Policía dejó esta construcción civil barroca; diez años después, se convirtió en edificio de viviendas.

Los tentadores aromas de Italia todavía emanan de los restaurantes y panaderías tradicionales de Little Italy, en otro tiempo hogar de miles de inmigrantes (p. 110).

Umberto's Clam House, conocido por ser el lugar en el que el jefe mafioso Joey Gallo fue tiroteado en 1972, ocupaba este local de Mulberry Street.

El Bowery Savings Bank fue proyectado en 1894 por Stanford White. En la actualidad está dedicado a uso privado.

El Eastern States Buddhist Temple, en 64 Mott Street, contiene más de cien budas dorados.

CHINATOWN, LITTLE ITALY Y NOLITA

Plano de situación
Para más detalles, ver p. 104

STREET

MOTT STREET

MOTT STREET

HESTER STREET

BOWERY

CHRYSTIE STREET

ELDRIDGE STREET

↑ El antiguo cuartel general de la Policía, hoy pisos de lujo

| 0 metros | | 100 | N |
| 0 yardas | | 100 | ↑ |

En Confucius Plaza se alza un monumento al filósofo chino, realizado por el escultor Liu Shih.

Construido en 1887, el Museum at Eldridge Street fue la primera sinagoga erigida en EE. UU. por judíos europeos (p. 96).

Curiosas escaleras de incendios en un edificio de pisos del SoHo

SOHO Y TRIBECA

Tiendas, restaurantes y arquitectura han transformado esta antigua zona industrial de Nueva York. El SoHo (South of Houston) estuvo amenazado de demolición en la década de 1960 hasta que los conservacionistas llamaron la atención sobre su excepcional arquitectura en hierro. En la década de 1980 el SoHo ofrecía una dinámica vida artística. La zona ejerce de inmenso centro comercial al aire libre en el que hay dispersos bares y restaurantes. Así llamado por su forma, TriBeCa (Triangle Below Canal) fue un distrito destinado a la alimentación. Cuando Robert De Niro fundó en 1988 su Tribeca Film Center, la zona pasó a ser uno de los barrios más animados de la ciudad y atrajo galerías, tiendas de moda y restaurantes.

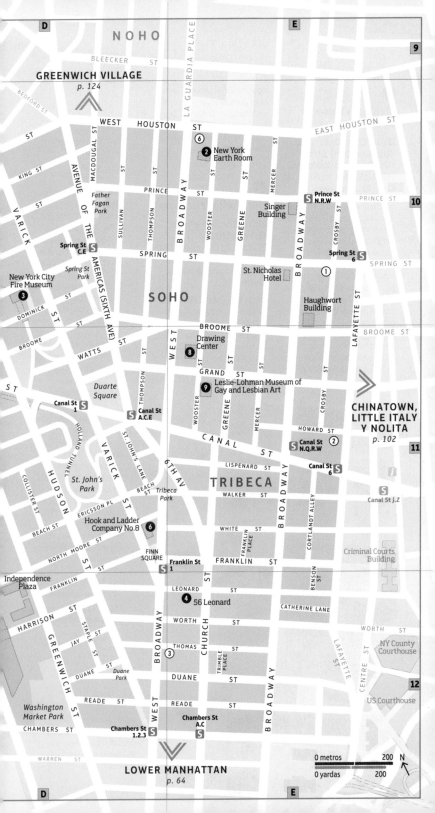

LUGARES DE INTERÉS

1

Children's Museum of the Arts

📍 D10 🏠 103 Charlton St
🚇 Houston St (1) 🚌 M20, M21 🕐 12.00–17.00 lu y vi, 12.00–18.00 ju, 10.00–17.00 sá-do 🌐 cmany.org

Fundado en el año 1988, este innovador museo quiere sacar el máximo provecho del potencial artístico de los niños, para lo que ofrece multitud de actividades prácticas, talleres, actuaciones musicales. Los niños menores de 13 años pueden utilizar pintura, cola, papel y otros materiales no muy limpios para crear sus propios dibujos y esculturas. Para inspirarse, se exponen obras de artistas locales junto con ejemplos de trabajos hechos por ni-

ños de todo el mundo. También pueden jugar en la sala de disfraces y en la piscina de bolas. Además, cuentan con un variado programa de actividades para toda la familia.

2

New York Earth Room

📍 E10 🏠 141 Wooster St
🚇 Prince St (N, R, W)
🕐 12.00–15.00 y 15:30–18.00 mi-do 🗓 med jun-med sep
🌐 diaart.org/sites/main/earthroom

De las tres *Earth Rooms* creadas por el artista Walter de Maria (1935-2013), esta es la única que se conserva. Realizada por encargo de la Dia Art Foundation en 1977, el interior de la instalación se compone

Paul's Casablanca

Esta coctelería y club nocturno, abierto por Paul Sevigny, tiene adeptos leales entre los famosos e iconos de la moda. Abre de 22.00 a 4.00 y su interior está decorado como un palacio marroquí, con mosaicos, faroles y pufs de cuero. El personal viste caftanes y los DJ pinchan música diferente cada noche, desde rock hasta hip hop.

📍 D10 🏠 305 Spring St
🕐 lu y vi
🌐 paulscasablanca.com

Pegu Club

Elegante local nocturno que recrea el Pegu Club original de Birmania, un bar colonial británico construido en la década de 1880. Al igual que el original, este salón sirve el cóctel de ginebra Pegu Club, así como el Gin-Gin Mule, que consta de cerveza de genjibre con ginebra Tanqueray, menta fresca y zumo de lima. Abre desde las 17.00 hasta la madrugada.

📍 E10 🏠 77 Houston St
🌐 peguclub.com

 ←
Áticos de varios millones de dólares ocupan las plantas superiores del 56 Leonard, edificio que domina Tribeca

Ciclistas y paseantes disfrutando de la vista por el Hudson River Park

¿Lo sabías?

La mayor parte del área total del Hudson River Park se encuentra en el propio río.

de una habitación de 334 m² que alberga una escultura de 56 cm de altura que pesa 127 toneladas. *The Broken Kilometer*, otra creación realizada por De Maria, puede contemplarse en el 393 W Broadway. Esta pieza está formada por 500 barras de latón macizo colocadas en cinco filas paralelas.

New York City Fire Museum

📍 D10 🏛 278 Spring St
Ⓢ Spring St (6) 🕐 10.00–17.00 diario 🚫 Festivos
🌐 nycfiremuseum.org

Con sede en un parque de bomberos de 1904 de estilo *beaux arts*, la magnífica colección de material contra incendios y otros objetos, que abarca desde el siglo XVIII hasta 1917, incluye maquetas, campanas y bocas de incendio. En el piso superior los camiones de bomberos están alineados como para un desfile de 1890. Los grupos pueden interactuar con un simulador de incendios. En la primera planta hay una exposición dedicada al 11 de septiembre.

56 Leonard

📍 E12 🏛 56 Leonard St
Ⓢ Franklin St (1) 🚫 Cerrado al público 🌐 56leonardtribeca.com

El 56 Leonard, terminado en 2016 y nuevo elemento en el siempre cambiante perfil urbano de Manhattan, está formado por una pila de bloques de cristal en voladizo. Los medios locales llaman a este edificio, el más alto de Tribeca, *Jenga Building* (edificio Jenga) por el montón de bloques diseñado por los arquitectos suizos Herzog y De Meuron. El interior de este edificio de viviendas de 250 m es privado, pero puede visitarse el objeto gigante con aspecto de alubia de la base. Esta legumbre muy pulida, obra del escultor británico Anish Kapoor, es similar a su *Cloud Gate (Puerta de la nube)* de Chicago.

Hudson River Park

📍 C10 Ⓢ Calles Houston, Canal o Franklin (1)
🌐 hudsonriverpark.org

Inmediatamente después de la West Side Highway está Hudson River Park, un paseo panorámico que se extiende por el norte hacia Chelsea y Midtown. Se puede pasear hasta el extremo sur de la isla por la umbría Battery Park City Esplanade hasta llegar a Battery Park. Los decadentes muelles y embarcaderos se han transformado con fuentes, jardines, recintos para perros y pistas de tenis. En el Pier 25 está Grand Banks, una ostrería en un viejo velero, un campo de mini-golf y otro de vóley-playa, más infinidad de puestos de comida.

Balthazar

Es difícil resistirse al ambiente ajetreado de esta *brasserie*. El restaurante de Keith McNally tiene una decoración parisina y los clásicos: mejillones fritos, ostras y vino de Burdeos.

📍 E10   🏠 80 Spring St
🌐 balthazarny.com

$$$

Le Coucou

Restaurante francés muy elogiado. Tiene mesas de roble, candelabros contemporáneos y antigüedades francesas. Es un sitio magnífico para desayunar; no hay que perderse las tortitas.

📍 E11   🏠 138 Lafayette St
🌐 lecoucou.com

$$$

The Odeon

Este emblemático restaurante que aparece en *Bright Lights, Big City* de Jay McInerney ofrece todos los estándares franceses y estadounidenses.

📍 E12   🏠 145 West Broadway   🌐 theodeon restaurant.com

$$$

Grand Banks

Para disfrutar ostras y cócteles a bordo de la goleta de madera de 1942 *Sherman Zwicker*, que actualmente es un restaurante atracado en el muelle. Hay que ir antes de las 17.00; reservas limitadas por Internet.

📍 C12   🏠 Pier 25, North Moore St   🕐 Solo med abr-oct   🕐 Mediodía lu-ma   🌐 grandbanks.org

$$$

↑ El parque de bomberos Hook and Ladder Company No. 8, una atracción para los seguidores de las películas *Cazafantasmas*

6

Hook and Ladder Company No. 8

📍 D11   🏠 14 North Moore St
🚇 Franklin St (1)   🎫 Al público

El derecho a la fama de este bonito parque de bomberos queda patente por los fantasmas pintados en la acera. Fue protagonista de las películas *Cazafantasmas* de los años ochenta, y se dice que lo eligió el escritor y actor Dan Aykroyd, a quien le gustaba este edificio academicista francés de 1903, que también aparece en la versión de 2016 con el reparto femenino.

En la vida real, Hook and Ladder Company No. 8 tuvo un papel importante en los rescates tras el ataque terrorista del 11 de septiembre de 2001. Sigue siendo un parque de bomberos del New York Fire Department, por eso solo puede verse el exterior.

7

Chocolate Museum and Experience with Jacques Torres

📍 D10   🏠 350 Hudson St
🚇 Houston St (1)   🕐 10.00-17.00 mi-do   🌐 mrchoco late.com/pages/museum

El primer museo del chocolate de Nueva York abrió en 2017 junto a una de las populares cafeterías y tiendas de chocolate de Jacques Torres. Recorre la historia del chocolate desde sus raíces mesoamericanas, pero son las interesantes demostraciones durante todo el día (y la abundancia de muestras gratuitas) lo que hacen que la visita al museo sea un auténtico placer.

El chocolatero Jacques Torres (llamado también Mr. Chocolate), nacido en la pequeña ciudad provenzal de Bandol (Francia), llegó a Nueva York en 1988 y abrió su primera fábrica de chocolate en 2000.

Drawing Center

E11 **35 Wooster St**
Canal St (A, C, E, N, Q, R, W)
12.00–18.00 mi-do
(hasta 20.00 ju) **drawing center.org**

El legado del SoHo de las galerías de arte se mantiene en el Drawing Center, que se centra principalmente en exposiciones temporales de dibujos históricos y contemporáneos. Fundado en 1977, ha mostrado a maestros como Marcel Duchamp y Richard Tuttle, así como a artistas emergentes. Cada año se invita a un artista a crear un dibujo mural en la entrada y escalinata principales de la galería. *Manhattanhenge*, de Inka Essenhigh, se expuso hasta mediados de 2019.

Leslie-Lohman Museum of Gay and Lesbian Art

E11 **26 Wooster St**
Canal St (A, C, E, F)
12.00–18.00 mi-do
(hasta 20.00 ju) **leslie lohman.org**

Este museo innovador, fundado por J. Frederic *Fritz* Lohman y Charles W. Leslie en 1990, posee más de 30.000 piezas que abarcan más de 300 siglos de arte LGBT+. En las exposiciones se ha incluido una retrospectiva de la obra y el impacto de la artista y directora de cine Barbara Hammer, y la colección permanente tiene obras de Berenice Abbott, David Hockney, Andy Warhol, Jean Cocteau, Robert Mapplethorpe y muchos otros.

¿Lo sabías?

Hook and Ladder No. 8 aparece en el *Cazafantasmas* de 1984, pero el rodaje del interior se hizo en un parque de bomberos de Los Ángeles.

ARQUITECTURA DE HIERRO

El SoHo destaca por su llamativa arquitectura de hierro, un estilo que aquí fue dominante en la construcción desde 1860 hasta la entrada del siglo XX. Las piezas moldeadas de hierro suponían una construcción más barata y rápida que la de ladrillo o piedra. Las vigas transversales de hierro podían soportar el peso de los suelos y dejaban un espacio mayor para ventanas y techos altos. Además, casi cualquier estilo decorativo podía hacerse en hierro, pintado o enlucido, y atornillarse a la fachada para que pareciera mármol. Algunos de los mejores ejemplos están en Greene Street: al 72-76 lo llaman el "Rey de Greene Street", y al 28-30, la "Reina". El Haughwout Building, en 492 Broadway, se construyó en 1857 y su estilo de palacio veneciano es considerado la quintaesencia de la edificación en hierro fundido. El elegante Little Singer Building de 561-563 Broadway fue diseñado por Ernest Flagg justo al final de la época del hierro fundido, en 1904.

UN PASEO
SOHO: EL DISTRITO HISTÓRICO DEL HIERRO

Distancia 1 km **Metro** Canal St, Prince St
Tiempo 15 minutos

La mayor concentración de arquitectura en hierro colado del mundo sobrevive en el área comprendida entre West Houston St. y Canal St. Su corazón se halla en Greene St., donde se pueden admirar 50 edificios construidos entre los años 1869 y 1895, en cinco manzanas de calles adoquinadas. La mayoría de sus fachadas, en estilo neoclásico. Hoy en día son curiosas obras de arte industrial y armonizan perfectamente con el carácter del barrio, habitado sobre todo por artistas, actores y neoyorquinos adinerados. Otros lo visitan por el agradable ambiente de pueblo y los excelente bares y restaurantes.

↑ Greene Street, bonita calle adoquinada, en el SoHo de Nueva York

West Broadway, al cruzar el SoHo, combina una impresionante arquitectura con una serie de galerías y restaurantes.

The Broken Kilometer, en 393 West Broadway, obra de Walter De Maria. La perspectiva engaña (p. 119).

72–76 Greene Street, el "Rey de Greene Street", es un espléndido edificio con columnas corintias creado por Isaac F. Duckworth, un maestro del diseño en hierro.

Performing Garage es un diminuto teatro experimental pionero en la representación de obras de artistas de vanguardia.

De todos los bellos edificios de hierro de Greene Street, uno de los mejores es el de los números 28–30, la "Reina", construido por Duckworth en 1872, con una alta cubierta abuhardillada.

15–17 Greene Street es una adición posterior, de 1895, en estilo corintio.

INICIO

10–14 Greene Street data de 1869. Los círculos de vidrio de la contrahuella de la escalinata de hierro permiten que la luz del día llegue hasta el sótano.

WEST BROADWAY

WEST BROADWAY

GREENE ST

BROOME STREET

WOOSTER STREET

GRAND STREET

Plano de situación
Para más detalles, ver p. 116

Richard Haas, el prolífico muralista, ha transformado una pared en blanco en una convincente fachada de hierro.

El Little Singer Building, una belleza de terracota, fue construido en 1904 para la conocida empresa de máquinas de coser.

| 0 metros | 150 | N |
| 0 yardas | 150 | ↑ |

Dean & DeLuca es una de las mejores tiendas para *gourmets* de Nueva York. Entre sus productos hay una selección mundial de granos de café.

PRINCE ST
MERCER STREET
BROADWAY
CROSBY STREET

FINAL

Estación de metro Prince St (líneas N, R, W)

101 Spring Street, con su sencilla fachada geométrica y sus grandes ventanas, es un buen ejemplo del estilo que condujo a los rascacielos.

Durante la guerra civil, el St. Nicholas era un hotel de lujo; se utilizó como cuartel general del ejército de la Unión.

El Haughwout Building, de 1857, fue construido para la empresa de porcelana y cristalería E. V. Haughwout, y tuvo el primer ascensor de seguridad Otis.

↑ Clientes en la tienda para *gourmets* Dean & DeLuca

GREENWICH VILLAGE

Desde la década de 1920, Greenwich Village ha sido el corazón bohemio de Nueva York. Popularmente conocido como West Village, o solo "the Village", se convirtió en santuario de los habitantes durante la epidemia de fiebre amarilla de 1822. En la década de 1950 fue testigo de la aparición del movimiento *Beat* y en la de 1960 de los cantantes folk como Bob Dylan, que iniciaron aquí su carrera. Los disturbios de Stonewall de 1969 que inauguraron la lucha por los derechos de los gais comenzaron en Stonewall Inn.

Sus pintorescas casas y calles hacen de él uno de los barrios más artísticos y liberales. El Village se ha ido volviendo poco a poco una zona cara de Manhattan con muchos terrenos propiedad de la Universidad de Nueva York.

GREENWICH VILLAGE

Esencial
① Whitney Museum of American Art

Lugares de interés
② Comedy Cellar
③ Grove Court
④ Center for Architecture
⑤ Renee & Chaim Gross Foundation
⑥ Sheridan Square
⑦ Meatpacking District
⑧ Washington Square Park
⑨ West 4th Street Courts
⑩ NYU y Grey Art Gallery
⑪ NY City AIDS Memorial
⑫ Keith Haring's Carmine Street Mural

Dónde comer
① Blue Hill
② Chumley's
③ Caffe Reggio
④ Magnolia Bakery

0 metros 200
0 yardas 200
N

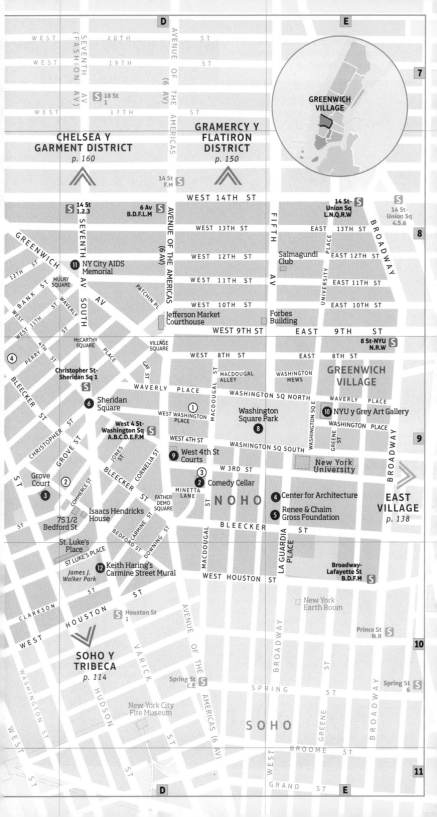

Los niveles en cascada del Whitney Museum of American Art, que se halla a los pies de la High Line

① 🎨 📷 💻 🛍

WHITNEY MUSEUM OF AMERICAN ART

📍 B8 🏠 99 Gansevoort St Ⓢ 14 St (A, C, E), 8 Av (L) 🕐 10.30-18.00
lu, mi-do (hasta 22.00 vi-sá); jul-ago: 10.30-18.00 diario
🚫 Algunos festivos 🌐 whitney.org

El Whitney, principal escaparate del arte estadounidense
de los siglos XX y XXI, se encuentra en un impresionante edificio
del arquitecto Renzo Piano.

El Whitney fue fundado por Gertrude Vanderbilt Whitney cuando el Met rechazó su
colección de obras de artistas como Bellows y Hopper. En 2015 el museo se trasladó del Upper East Side a este edificio innovador. Las plantas sexta y séptima exhiben
obras de la colección del museo; no hay
una exposición permanente, sino una rotación constante de las obras. Las exposiciones temporales ocupan las plantas primera,
quinta y octava. La Whitney Biennial, que
tiene lugar en los años pares, es la exposición de arte más importante de las nuevas
tendencias del arte estadounidense.

↑ *Tres banderas* (1958),
de Jasper Johns, que influyó
en el desarrollo del arte pop.

*Naturaleza muerta
número 36* (1964), de
Tom Wesselman,
de la colección de
arte del Whitney

←

→

Detalle de *Dempsey
y Firpo* (1924), de
George Bellows, que
representa un
famoso combate de
boxeo profesional

GERTRUDE VANDERBILT WHITNEY

Gertrude, nacida en la próspera familia
Vanderbilt en 1875, contrajo matrimonio con el
adinerado Harry Payne Whitney en 1896.
Llegó a ser una escultora consumada y
mecenas de las artes; promocionaba a mujeres
artistas en particular. En 1908 inauguró la
Whitney Studio Gallery en Greenwich Village,
y en 1931 fundó el Whitney Museum.

LUGARES DE INTERÉS

↑ Los impresionantes jardines y el magnífico edificio de Grove Court

②

Comedy Cellar

📍 D9 🏠 117 MacDougal St
Ⓢ W 4 St (A, B, C, D, E, F, M)
🎫 Solo para espectáculos
🌐 comedycellar.com

Uno de los clubes de comedia más emblemáticos de la ciudad, fundado en 1982 por el humorista Bill Grundfest, que desde entonces es guionista y productor de televisión. Hay espectáculos todas las noches desde las 19.30 y suelen actuar de cinco a siete cómicos durante unos 20 minutos cada uno. Entre los que repiten están Todd Barry, Jim Norton, Patrice O'Neal, Michelle Wolf y Dave Chappelle.

❸

Grove Court

📍 C9 Ⓢ Christopher St-Sheridan Sq (1)

Un tendero emprendedor, Samuel Cocks, construyó aquí seis casas en un recodo de la calle (los recodos en esta parate del Village marcaban la división entre propiedades coloniales). Cocks pensó que tener residentes en el espacio vacío entre el 10 y el 12 de Grove Street ayudaría a su negocio del n.º 18. No obstante, los patios residenciales, que ahora están muy valorados, no

se consideraban respetables en 1854, y los residentes poco cultos atraídos a la zona le dieron el apodo de "Mixed Ale Alley" (callejón de la cerveza mezclada). Más tarde, O. Henry eligió este bloque como escenario para su obra de 1902 *The Last Leaf*.

④

Center for Architecture

📍 E9 🏠 536 LaGuardia Pl
Ⓢ W 4 St (A, B, C, D, E, F, M)
🕐 9.00–20.00 lu-vi, 11.00–17.00 sá 🌐 centerfor architecture.org

Fundado por el American Institute of Architects en 2003, este destacado y moderno centro de conferencias y proyecciones de películas alberga también exposiciones temporales que destacan cada aspecto del diseño arquitectónico. Los temas van desde el modernismo y la World's Fair de 1964 hasta los proyectos de vivienda social europeos. El centro también lidera el festival anual Archtober de arquitectura y diseño de la ciudad de Nueva York, de un mes de duración. Para más detalles sobre recorridos del barrio, consultar la web.

⑤

Renee & Chaim Gross Foundation

📍 E9 🏠 526 LaGuardia Pl
Ⓢ W 4 St (A, B, C, D, E, F, M)
🕐 ju-vi para visitas guiadas
🌐 rcgrossfoundation.org

El célebre escultor judío Chaim Gross, nacido en la Galitzia austriaca (hoy Ucrania) en 1904, emigró a Estados Unidos en 1921. Fue pionero del método de talla directa, y alcanzó la popularidad en la década de 1930. Vivió aquí desde 1963 hasta su muerte, en 1991, y su casa de los años

Blue Hill

La famosa cocina de Dan Barber de la granja a la mesa.

📍 D9 🏠 75 Washington Place 🕐 Mediodía
🌐 bluehillfarm.com

💲💲💲

Chumley's

Antigua taberna clandestina que se ha convertido en restaurante estadounidense de alta gama.

📍 D9 🏠 86 Bedford St
🕐 Mediodía 🌐 chumleys newyork.com

💲💲💲

Caffe Reggio

Esta cafetería italiana, abierta desde 1927, está llena de antigüedades.

📍 D9
🏠 119 MacDougal St
📞 (212) 475-9557

💲💲💲

Magnolia Bakery

Alegres *cupcakes*, como se ven en *Sexo en Nueva York*.

📍 C9
🏠 401 Bleecker St
🌐 magnoliabakery.com

💲💲💲

1830 está abierta para visitas guiadas. Su estudio de escultura de la primera planta sigue casi como él lo dejó (con una instalación permanente de escultura de Gross al lado), y en la vivienda de la planta superior se exhiben obras de su colección particular de arte.

Hay visitas guiadas de una hora a las 13.00 y 15.00, ju y vi. Es necesario reservar por Internet.

El bullicioso Meatpacking District, lleno de compradores durante el día ↓

Sheridan Square

D9 **S** Christopher St-Sheridan Sq (1)

Esta plaza es el centro del Village. Debe su nombre al general Philip Sheridan de la guerra civil, que llegó a ser jefe supremo del ejército de Estados Unidos en 1883. Su estatua se encuentra en el cercano Christopher Park. Aquí tuvieron lugar los Disturbios de Reclutamiento de 1863 y, más de un siglo después, otro conflicto sacudió esta plaza. El Stonewall Inn, en 53 Christopher Street, era un bar gay (el que hay ahora no es el original). Estos establecimientos eran ilegales y permanecían en funcionamiento sobornando a la policía; pero el 28 de junio de 1969, los parroquianos se rebelaron y esto dio lugar a los Disturbios de Stonewall.

Meatpacking District

C8 **S** 14 St (A, C, E), 8 Av (L)

En otro tiempo barrio de los carniceros, los días (y en especial las noches) del Meatpacking District son muy diferentes ahora. Distribuido en una estrecha zona al sur de la calle 14 y al oeste de la Novena Avenida, el barrio está salpicado de locales de moda y hoteles *boutique* que se llenan de neoyorquinos que salen a divertirse.

Hípsters y expertos en moda llegaron a la zona cuando la Soho House, sucursal neoyorquina del club privado londinense, se instaló en la ciudad. Le siguió un hotel con clase, el Gansevoort, con su envidiable piscina en la azotea. Además de esos locales, diseñadores de moda (entre ellos Stella McCartney y Marc Jacobs) abrieron tiendas aquí. Hay también restaurantes excelentes, tentadores bares de vinos, agradables locales nocturnos y galerías exclusivas, y siguen surgiendo más.

Entre los lugares de interés del Meatpacking District están el Whitney Museum of American Art *(p. 128)* y la High Line *(p. 166)*, que empieza en Gansevoort Street y ofrece vistas fabulosas del barrio.

LOS DISTURBIOS DE STONEWALL

La Stonewall Inn data de la década de 1840, pero al convertirse en bar gay en 1966, sufría el acoso de la policía. Durante una redada policial, el 28 de junio de 1969, los que protestaban se enfrentaron a la policía por primera vez, y hubo varios arrestos y algunos policías heridos. Este hecho inició formalmente el movimiento por los derechos de los gais. En 2016, se dedicó el Stonewall National Monument al movimiento por los derechos LGBT+.

Brownstones, antiguos edificios de ladrillo rojizo en el Greenwich Village de Manhattan

El magnífico arco de mármol blanco, de Stanford White, terminado en 1892, conmemoraba el centenario de la proclamación de George Washington y sustituyó a otro de madera, que atravesaba la Quinta Avenida. En la parte derecha del arco hay oculta una escalera; en 1916, un grupo de artistas encabezados por John Sloan y Marcel Duchamp subieron por ella, proclamando la "república libre e independiente de Washington Square, Estado de Nueva Bohemia".

↑ El Leafy Washington Square Park, donde se halla el Washington Square Arch *(izquierda)*, es un lugar popular para relajarse

Al otro lado de la calle se halla The Row. Hoy parte de la Universidad de Nueva York, este bloque fue antes la residencia de una de las familias más prominentes de la ciudad.

La familia Delano, los escritores Edith Wharton, Henry James y John Dos Passos, así como el artista Edward Hooper, vivieron aquí. Antiguamente, el n° 8 era la residencia oficial del alcalde.

En la actualidad, familias, corredores, artistas callejeros, patinadores, paseadores de perros y jugadores de ajedrez comparten el parque, sobre todo cuando brilla el sol.

8

Washington Square Park

D9 **S** W 4 St (A, B, C, D)

Esta plaza, animado espacio abierto, fue antiguamente una zona pantanosa por la que fluía el manso arroyo Minetta Brook. A finales del siglo XVIII, la zona se convirtió en cementerio público (en las excavaciones para la construcción del parque, fueron exhumados 10.000 esqueletos). La plaza fue escenario de duelos, primero, y de ejecuciones públicas después, hasta 1819. El "olmo de los ahorcados" se encuentra en la parte noroeste. En 1826 se cubrió el pantano y se desvió el curso del arroyo bajo tierra, por donde todavía fluye; una pequeña señal, sobre una fuente en el n° 2 de la Quinta Avenida, indica su curso.

9

West 4th Street Courts

D9 **A** Sixth Av en West 3rd St **S** W 4 St (A, B, C, D, E, F, M)

A estas canchas públicas de baloncesto las llaman The Cage por el estilo físico de partidos que suelen verse aquí. Están abiertas desde 1935 y siguen atrayendo a ambiciosos jugadores aficionados de toda la ciudad que esperan darse a conocer. Stephon Mar-

---

Familias, corredores, artistas callejeros, patinadores, paseadores de perros y jugadores de ajedrez comparten el parque, sobre todo cuando brilla el sol.

bury, Anthony Mason y Smush Parker, que estuvieron en la NBA, jugaron aquí en sus primeros años. En estas canchas suele haber torneos callejeros de alto nivel; la liga de verano West 4th Street de Kenny Graham suele celebrarse de mayo a septiembre. También se juega al balonmano.

10

NYU y Grey Art Gallery

Q E9 **A** Washington Sq
S W 4 St (A, C, E, F, M), 8 St (N, R, W) **W** nyu.edu
W greyartgallery.nyu.edu

Originariamente llamada University of the City of New York, la NYU se fundó en el año 1831 como alternativa a la Episcopalian Columbia University. Hoy es la mayor universidad privada de Estados Unidos y ocupa muchas manzanas en Washington Square. El centro de visitantes está en West 4th St.

La construcción del primer edificio de la universidad provocó los disturbios del gremio de canteros de 1833, cuando los contratistas protestaron por la utilización de presidiarios para partir la piedra. Se llamó a la Guardia Nacional para que restableciera el orden. El edificio fue demolido en 1892. Ese lugar lo ocupa ahora el Silver Center, que acoge la Grey Art Gallery de la NYU en 100 Washington Square E. Aquí tienen lugar exposiciones itinerantes ejemplares de una amplia gama de medios, como fotografía, videoarte experimental, pintura y escultura. También hay exposiciones temporales de la colección permanente: la pintura estadounidense de los años cuarenta hasta hoy está, en particular, bien representada.

11

NY City AIDS Memorial

Q D8 **A** West 12th St
S 8 Av (L), 14 St (1, 2, 3)
W nycaidsmemorial.org

Este conmovedor monumento, inaugurado en 2016, rinde homenaje a todos los neoyorquinos fallecidos por sida desde los años setenta, más de cien mil en total. Fue diseñado por Studio ai, de Nueva York, y consta de un templete gigante de acero de 5,5 m que sirve de entrata al St. Vincent's Hospital Park. Las losas de granito del suelo son obra del artista visual Jenny Holzer y están grabadas con versos del poema de Walt Whitman *Song of Myself*. El parque está cerca del que fue el St. Vincent's Hospital, que tuvo el primer y mayor pabellón de sida de la ciudad durante la década de 1980.

¿Lo sabías?
———
El Washington Square Park aparece en la película de Will Smith *Soy leyenda* (2007).

12

Keith Haring's Carmine Street Mural

Q D10 **A** 1 Clarkson St en 7th Av **S** W 4 St (A, B, C, D, E, F, M)

El magnífico mural de Carmine Street del artista pop Keith Haring da a la piscina pública por detrás del Tony Dapolito Recreation Center. Pintado en 1987, mide 5,5 m de altura por 52 m de longitud, y muestra los alegres dibujos que delatan su estilo. Los motivos estilizados y de línea gruesa de peces y niños, así como las formas abstractas amarillas y azules, casi parecen bailar. Se puede ver bien desde Clarkson Street o en la piscina, entrando para nadar. Haring (1958-1990) pintó varios murales en la ciudad.

↑ El impresionante NY City AIDS Memorial en St. Vincent's Hospital Park

UN PASEO
GREENWICH VILLAGE

Distancia 1,2 5 km **Metro** Houston St, Christopher St
Tiempo 15 minutos

Pasear por el histórico Greenwich Village trae inesperadas sorpresas: encantadoras hileras de casas, recónditos callejones y patios arbolados. La arquitectura, a veces caprichosa, concuerda bien con su aire bohemio. Muchos famosos, especialmente artistas y escritores, como el dramaturgo Eugene O'Neill o el actor Dustin Hoffman, vivieron entre sus estrechas y antiguas calles. El Village se despierta por la noche: cafés que abren hasta el amanecer, teatros experimentales y clubes musicales –incluidos los mejores del jazz de la ciudad– invitan a entrar.

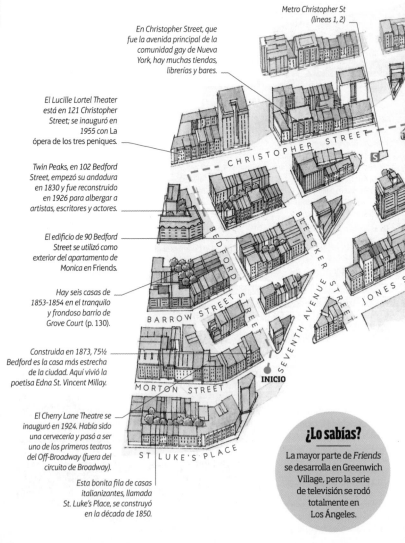

Metro Christopher St
(líneas 1, 2)

En Christopher Street, que fue la avenida principal de la comunidad gay de Nueva York, hay muchas tiendas, librerías y bares.

El Lucille Lortel Theater está en 121 Christopher Street; se inauguró en 1955 con La ópera de los tres peniques.

Twin Peaks, en 102 Bedford Street, empezó su andadura en 1830 y fue reconstruido en 1926 para albergar a artistas, escritores y actores.

El edificio de 90 Bedford Street se utilizó como exterior del apartamento de Monica en Friends.

Hay seis casas de 1853-1854 en el tranquilo y frondoso barrio de Grove Court (p. 130).

Construida en 1873, 75½ Bedford es la casa más estrecha de la ciudad. Aquí vivió la poetisa Edna St. Vincent Millay.

El Cherry Lane Theatre se inauguró en 1924. Había sido una cervecería y pasó a ser uno de los primeros teatros del Off-Broadway (fuera del circuito de Broadway).

Esta bonita fila de casas italianizantes, llamada St. Luke's Place, se construyó en la década de 1850.

CHRISTOPHER STREET
BEDFORD STREET
BLEECKER STREET
JONES ST
BARROW STREET
SEVENTH AVENUE STREET
MORTON STREET
INICIO
ST LUKE'S PLACE

¿Lo sabías?

La mayor parte de *Friends* se desarrolla en Greenwich Village, pero la serie de televisión se rodó totalmente en Los Ángeles.

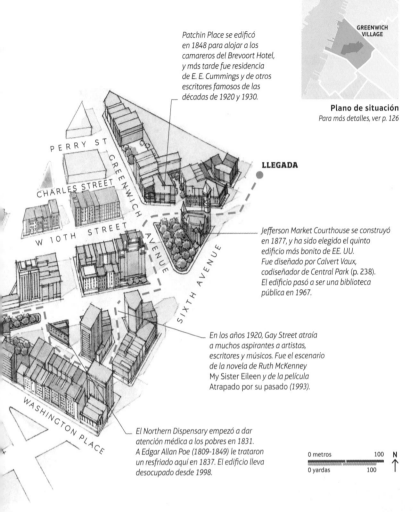

Patchin Place se edificó en 1848 para alojar a los camareros del Brevoort Hotel, y más tarde fue residencia de E. E. Cummings y de otros escritores famosos de las décadas de 1920 y 1930.

Plano de situación
Para más detalles, ver p. 126

PERRY ST

CHARLES STREET

GREENWICH AVENUE

W 10TH STREET

SIXTH AVENUE

WASHINGTON PLACE

LLEGADA

Jefferson Market Courthouse se construyó en 1877, y ha sido elegido el quinto edificio más bonito de EE. UU. Fue diseñado por Calvert Vaux, codiseñador de Central Park (p. 238). El edificio pasó a ser una biblioteca pública en 1967.

En los años 1920, Gay Street atraía a muchos aspirantes a artistas, escritores y músicos. Fue el escenario de la novela de Ruth McKenney My Sister Eileen y de la película Atrapado por su pasado (1993).

El Northern Dispensary empezó a dar atención médica a los pobres en 1831. A Edgar Allan Poe (1809-1849) le trataron un resfriado aquí en 1837. El edificio lleva desocupado desde 1998.

0 metros 100 N
0 yardas 100

Edificios de pisos en Gay Street, en Greenwich Village ↓

Gente que hace la ruta de los bares bebiendo en el bar Bua del East Village

EAST VILLAGE

Sede en el siglo XVII de una casa de campo de
Peter Stuyvesant, el East Village no adquirió su
forma hasta principios del siglo XX. Irlandeses,
alemanes, judíos, polacos, ucranianos y
puertorriqueños dejaron su huella en la zona con
los más variados y baratos restaurantes étnicos
de la ciudad. Durante la década de 1950, los bajos
alquileres atrajeron a la Generación Beat y, desde
entonces, los clubes de música y teatros abundan
en la zona. A partir de la década de 1990, la escena
gastronómica floreció y convirtió al distrito en uno
de los más de moda de la ciudad. Al oeste se
encuentra el NoHo (norte de Houston), y al este
unas avenidas bautizadas con las letras de la A
a la D conforman la "Ciudad Alfabética", un distrito
de moda de restaurantes y jardines.

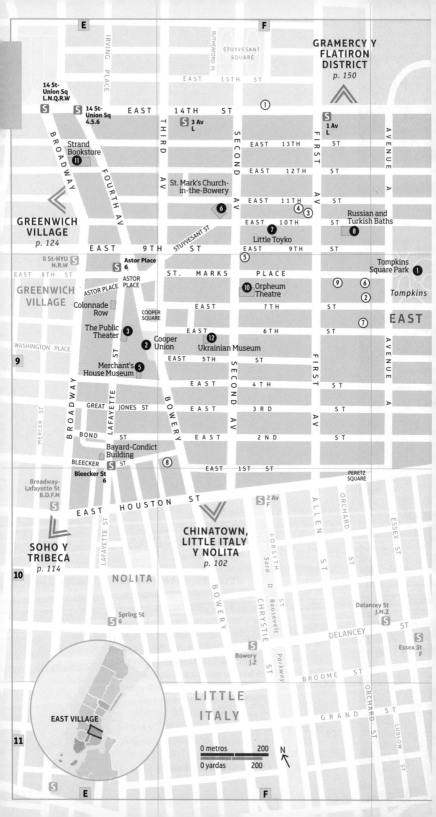

GRAMERCY Y
FLATIRON
DISTRICT
p. 150

IRVING PLACE

RUTHERFORD PL

STUYVESANT
SQUARE

EAST 15TH ST

14 St-
Union Sq
L.N.Q.R.W

S   S 14 St-
Union Sq
4.5.6

①

S 3 Av
L

EAST 14TH ST

S 1 Av
L

Strand
Bookstore
⑪

EAST 13TH ST

FOURTH AV

THIRD AV

EAST 12TH ST

SECOND AV

FIRST AV

AVENUE A

GREENWICH
VILLAGE
p. 124

St. Mark's Church-
in-the-Bowery

EAST 11TH ST

⑥

④③

Russian and
Turkish Baths
❽

EAST 10TH ST

Little Toyko
❼

STUYVESANT ST

EAST 9TH ST

EAST 9TH ST

⑤

8 St-NYU
N.R.W   S

Astor Place
6   S

ST. MARKS   PLACE

Tompkins
Square Park ❶

EAST 8TH ST

Tompkins

GREENWICH
VILLAGE

ASTOR PLACE

ASTOR
PLACE

Orpheum
Theatre ⑩

⑨   ⑥

②

EAST

Colonnade
Row

COOPER
SQUARE

EAST 7TH ST

The Public
Theater ❸

EAST 6TH ST

⑦

WASHINGTON PLACE

Cooper
Union ❷

Ukrainian Museum ⑫

AVENUE A

9

EAST 5TH ST

Merchant's
House Museum ❺

EAST 4TH ST

BROADWAY

LAFAYETTE ST

GREAT JONES ST

BOWERY

EAST 3RD ST

FIRST ST

MERCER ST

BOND ST

EAST 2ND ST

Bayard-Condit
Building

BLEECKER ST

Bleecker St
6   S

⑧

EAST 1ST ST

PERETZ
SQUARE

Broadway-
Lafayette St
B.D.F.M
S

EAST HOUSTON ST

S 2 Av
F

ALLEN ST

ORCHARD ST

ESSEX ST

SOHO Y
TRIBECA
p. 114

LAFAYETTE ST

CHINATOWN,
LITTLE ITALY
Y NOLITA
p. 102

FORSYTH ST

Sara D

10

NOLITA

BOWERY

Roosevelt ST

CHRYSTIE ST

Delancey St
J.M.Z
S   ST

DELANCEY

Spring St
6   S

CHRYSTIE ST

Parkway

Essex St
F   S

Bowery
J.Z   S

BROOME ST

EAST VILLAGE

LITTLE
ITALY

GRAND ST

ORCHARD ST

LUDLOW ST

11

0 metros   200
0 yardas   200

N ↗

S

E   F

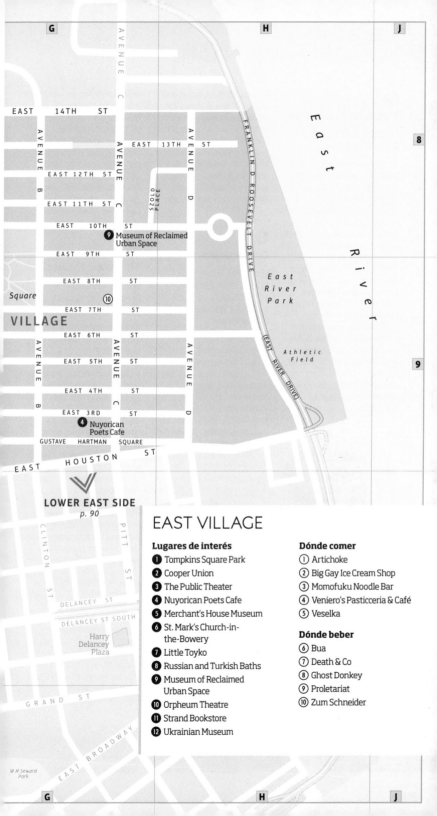

G **H** **J**

AVENUE C

EAST 14TH ST

AVENUE B

AVENUE C

EAST 13TH ST

AVENUE D

SZOLD PLACE

EAST 12TH ST

EAST 11TH ST

FRANKLIN D ROOSEVELT DRIVE

East River

8

EAST 10TH ST

9 Museum of Reclaimed
Urban Space

EAST 9TH ST

EAST 8TH ST

Square

10

EAST 7TH ST

East
River
Park

VILLAGE

EAST 6TH ST

AVENUE A

AVENUE C

EAST 5TH ST

AVENUE D

*Athletic
Field*

9

EAST 4TH ST

EAST RIVER DRIVE

AVENUE B

EAST 3RD ST

4 Nuyorican
Poets Cafe

GUSTAVE HARTMAN SQUARE

EAST HOUSTON ST

LOWER EAST SIDE
p. 90

CLINTON ST

PITT ST

DELANCEY ST

DELANCEY ST SOUTH

Harry
Delancey
Plaza

GRAND ST

*W H Seward
Park*

EAST BROADWAY

EAST VILLAGE

Lugares de interés
1 Tompkins Square Park
2 Cooper Union
3 The Public Theater
4 Nuyorican Poets Cafe
5 Merchant's House Museum
6 St. Mark's Church-in-
the-Bowery
7 Little Toyko
8 Russian and Turkish Baths
9 Museum of Reclaimed
Urban Space
10 Orpheum Theatre
11 Strand Bookstore
12 Ukrainian Museum

Dónde comer
1 Artichoke
2 Big Gay Ice Cream Shop
3 Momofuku Noodle Bar
4 Veniero's Pasticceria & Café
5 Veselka

Dónde beber
6 Bua
7 Death & Co
8 Ghost Donkey
9 Proletariat
10 Zum Schneider

G **H** **J**

LUGARES DE INTERÉS

1 Tompkins Square Park

 G9 **S** 2 Av (F), 1 Av (L)
M8, M9, M14A

Este parque de estilo inglés y apariencia tranquila cuenta con un pasado turbulento. Aquí se organizó la primera manifestación sindical de Estados Unidos en 1874. Casi cien años después, en la década de 1960 fue el principal lugar de concentración de los *hippies* del barrio, y en 1988 escenario de sangrientos disturbios cuando la policía intentó desalojar a los mendigos que se habían instalado en él.

En la plaza se eleva un monumento conmovedor que recuerda la mayor tragedia ocurrida en el barrio: una pequeña estatua de un niño y una niña mirando un barco de vapor conmemora las muertes de cerca de mil residentes locales en el desastre del vapor *General Slocum*, que el 15 de junio de 1904 se incendió durante un crucero de recreo por el East River. El barco estaba atestado de mujeres y niños de este, entonces, barrio alemán. Muchos hombres perdieron a toda su familia y se marcharon dejando atrás el barrio y sus recuerdos.

---

2 Cooper Union

 E9 **A** 7 East 7th St
S Astor Pl (6) **O** Sep-may: 11.00-19.00 lu-vi, 11.00-17.00 sá **O** Jun-ago, festivos **W** cooper.edu

Peter Cooper, el adinerado industrial que construyó la primera locomotora de vapor de Estados Unidos, y que fue socio en la primera y arriesgada empresa telegráfica transatlántica, no tenía estudios. En 1859, el rico industrial fundó en Nueva York la primera facultad gratuita y no sectaria de educación mixta, con las especialidades de diseño, ingeniería y arquitectura. Aunque ya no es gratuita, hay una fuerte competencia para conseguir plaza. El edificio de seis pisos, reformado en 1973-1974, fue el primero que se construyó con estructura de acero, usando raíles del propio Cooper. En el Great Hall, inaugurado por Mark Twain en 1859 se dan conferencias y conciertos.

---

3 The Public Theater

 E9 **A** 425 Lafayette St
S Astor Pl (6) **W** publictheater.org

Este gran edificio construido en ladrillo rojo y piedra oscura, que acoge al New York Shakespeare Festival, inició su andadura en 1854 como Astor Library, la primera biblioteca gratuita de la ciudad gracias al legado del multimillonario John Jacob Astor. Es uno de los principales ejemplos en Estados Unidos del estilo neorrománico alemán. Cuando el edificio estuvo amenazado de demolición en 1965, Joseph Papp, fundador del New York Shakespeare Festival, luego The Public Theater, convenció a las autoridades municipales para que lo adquirieran como sede de la compañía. Los trabajos de renovación se iniciaron en 1967 y la mayor parte de su bonito interior se preservó al construirse los seis teatros actuales. Aunque la mayoría de las obras que se representan son experimentales, el teatro acogió musicales de éxito como *A Chorus Line* y *Hamilton*, y patrocina el popular Shakespeare in the Park (en Central Park) cada verano.

¿Lo sabías?
La Public Theater's Mobile Unit hace representaciones en prisiones y albergues para indigentes.

← Tompkins Square Park, lleno de gente de la zona

Bua

Con la fachada abierta (en verano) para observar a la gente, este bar tiene una estupenda *happy hour.*

📍 F9 **📌 122 St. Mark's Pl** **🌐 buabar.com**

Death & Co

Elogiada coctelería con un encantador toque de taberna clandestina.

📍 F9 **📌 433 East 6th St** **🌐 deathand company.com**

Ghost Donkey

Acogedora coctelería de tequila y mezcal.

📍 F9 **📌 4 Bleecker St** **🌐 ghostdonkey.com**

Proletariat

Bar estrecho y alargado que sirve cervezas artesanales y de calidad.

📍 F9 **📌 102 St. Mark's Pl** **🌐 proletariatny.com**

Zum Schneider

Animada *bierhaus* bávara que sirve *steins* y *wursts,* y tiene un jardín interior.

📍 G9 **📌 107 Av C** **🌐 zumschneider.com**

4

Nuyorican Poets Cafe

📍 G9 **📌 236 East 3rd St** **🚇 2 Av (F)** **🕐 Solo para actuaciones** **🌐 nuyorican.org**

Este local artístico latinoamericano de gran influencia inició su andadura en el apartamento del poeta portorriqueño Miguel Algarín en 1973 y se trasladó aquí en 1981. Es un animado centro para lecturas de poesía, lecturas de guiones de cine y teatro, micrófonos abiertos, espectáculos de jazz y hip hop, teatro y exposiciones visuales.

5

Merchant's House Museum

📍 E9 **📌 29 East 4th St** **🚇 Astor Pl (6), Bleecker St (6)** **🕐 12.00–17.00 lu y vi-do, 12.00–20.00 ju** **🌐 merchantshouse.org**

Esta notable casa de ladrillo de estilo federal, escondida en una manzana del East Village, es una cápsula del tiempo, de un modo de vida ya desaparecido. Conserva elementos originales y contiene muebles y adornos de la familia que la habitó. Fue construida en 1832 y adquirida en 1835 por Seabury Tredwell, un rico comerciante. La casa permaneció en la familia hasta que Gertrude Tredwell, su últi-

---

↑ El Nuyorican Poets Café, local de actuaciones y centro cultural

mo miembro, murió en 1933. Entonces, un pariente la abrió como museo en 1936. Los salones del primer piso muestran lo bien que vivía la clase mercantil neoyorquina del siglo XIX.

6

St. Mark's Church-in-the-Bowery

📍 F8 **📌 131 East 10th St** **🚇 Astor Pl (6)** **🕐 10.00–16.00 lu-vi (puede variar)** **🌐 stmarksbowery.org**

Este edificio de 1799, una de las iglesias más antiguas de Nueva York, sustituyó a una iglesia de 1660 en la *bouwerie* (granja) del gobernador Peter Stuyvesant. Él está enterrado aquí, junto a siete generaciones de sus descendientes y otros muchos de los primeros neoyorquinos célebres.

En 1878 tuvo lugar un espeluznante secuestro: se llevaron los restos del magnate de los grandes almacenes A. T. Stewart y pidieron 20.000 $ de rescate.

La rectoría de la iglesia de 232 East 11th Street es de 1900 y es obra del arquitecto academicista francés Ernest Flagg, que logró su fama con el edificio Singer.

Edificio de apartamentos algo descuidado en el East Village

Artichoke

Fabulosas raciones de *pizza* para llevar; incluye la especial de alcachofas y espinacas.

F8 **321 East 14th St** **artichoke pizza.com**

$ $ $

Big Gay Ice Cream Shop

Helados adictivos con nombres pícaros, como "chulo salado".

F9 **125 East 7th St** **biggay icecream.com**

$ $ $

Momofuku Noodle Bar

No hay que perderse los bollos de cerdo al vapor y los *noodles ramen* de cerdo del célebre chef David Chang.

F8 **171 First Av** **momofuku.com**

$ $ $

Veniero's Pasticceria & Café

Joya italiana al estilo de antes que data de 1894; tarta de requesón y *cannoli*.

F8 **342 East 11th St** **venierospastry.com**

$ $ $

Veselka

Local ucraniano que sirve platos tradicionales como *borscht*, salchicha *kielbasa* y *pierogi* desde 1954.

F9 **144 Second Av** **veselka.com**

$ $ $

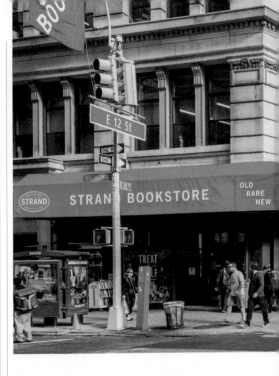

7

Little Tokyo

F8 **East 9th St y 10th St (entre 3rd Av y 1st Av)** **Astor Pl (6)**

Situado en el entorno de las calles 9 y 10, este diminuto barrio está salpicado de animados comercios japoneses, tiendas de humeantes *noodles*, supermercados abarrotados y buenos bares de *sushi*, como el Hasaki en 210 East 9th Street. Sunrise Mart es un popular supermercado japonés en 4 Stuyvesant Street, y Toy Tokyo en 91 Second Avenue vende toda clase de imágenes de anime japonés, coleccionables y juguetes. Entre los mejores restaurantes de la zona están Ippudo (65 Fourth Avenue), la primera avanzadilla en el extranjero del *rey del ramen*, con sede en Fukuoka, Shigemi Kawahara; e Ikinari Steak (90 E 10th Street), una cadena japonesa de asadores. Kenka (25 St. Mark's Place), un auténtico *izakaya* de Tokio, tiene bancos de madera, platos pequeños de tentadores aperitivos japoneses y un sake de calidad.

8

Russian and Turkish Baths

F8 **268 East 10th St** **1 Av (L), Astor Pl (6)** **Diario (horario variable, consultar web)** **russianturkish baths.com**

Estos baños de vapor, una de las pocas experiencias antiguas que quedan en el East Village, funcionan desde 1892 y siguen siendo muy populares. Hay una sala de vapor, una sala turca y una sauna rusa (la más caliente). El precio incluye toalla, bata, jabón y zapatillas.

9

Museum of Reclaimed Urban Space

G8 **155 Av C** **3 Av (L)** **11.00-19.00 ma, ju-do** **morusnyc.org**

Este pequeñísimo museo, instalado en un edificio de pisos del siglo XIX y gestionado únicamente por voluntarios, rinde homenaje a la larga tradición

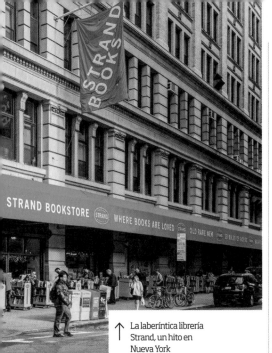

STRAND BOOKSTORE · WHERE BOOKS ARE LOVED

↑ La laberíntica librería Strand, un hito en Nueva York

Este diminuto barrio está salpicado de animados comercios japoneses, tiendas de humeantes *noodles,* supermercados abarrotados y buenos bares de *sushi.*

en el barrio del activismo urbano y recorre su historia desde hechos como los disturbios del Tompkins Square Park *(p. 142),* la creación de jardines comunitarios y la ocupación ilegal de inmuebles en el East Village. Consultar en la web información sobre visitas guiadas (suelen ser sá y do a las 15.00).

10

Orpheum Theatre

📍 F9 🏠 126 2nd Ave
🚇 Astor Pl (6) 🕐 Solo espectáculos
🌐 stomponline.com

Uno de los mayores (y más antiguos) teatros del East Village, ha acogido al grupo de percusión innovador *Stomp* desde 1994.

En el espectáculo, que empezó en Brighton (Inglaterra), los intérpretes usan objetos cotidianos y sus propios cuerpos para hacer música y crear ritmos divertidos y pegadizos.

Ha sido teatro desde al menos 1904, cuando toda la zona empezó a conocerse como Yiddish Theater District. Años más tarde, aquí se estrenaron varias producciones importantes *off-Broadway,* entre ellas el musical rock *Little Shop of Horrors* (1982), *Without You I'm Nothing* (1988) de Sandra Bernhard y *Oleanna* (1992) de David Mamet.

11

Strand Bookstore

📍 E8 🏠 828 Broadway
🚇 Union Sq (4, 5, 6, L, N, Q, R, W) 🕐 9.30–22.30 diario
🌐 strandbooks.com

Strand, la última librería de "Book Row", es una delicia: tiene unos 29 km de libros nuevos, usados y restos de ediciones, con precios rebajados. Se calcula que la librería cuenta con unos 2,5 millones de libros en total. Abrió en 1927 y se le dio el nombre de la calle de Londres, antes de que se trasladara a este espacio laberíntico en 1957. Autores como Junot Díaz, Paul Auster y Nicole Krauss suelen hacer lecturas de libros aquí.

12

Ukrainian Museum

📍 F9 🏠 222 East 6th St
🚇 Astor Pl (6)
🕐 11.30–17.00 mi-do
🌐 ukrainianmuseum.org

Fundado en 1976, este pequeño y cuidado museo rinde homenaje a lo que fue un importante enclave ucraniano en Nueva York. Exponen principalmente trajes y tejidos tradicionales, pero también tienen arte moderno de elogiados artistas ucranianos. Además, hay una gama de artesanías tradicionales, entre ellas los famosos y bonitos huevos de Pascua pintados, llamados *pysanky*.

ST. MARK'S PLACE

Los de la zona de East 8th Street la llaman St. Mark's Place: el centro cultural y rebelde de los años sesenta. Ahora está lleno de puestos de recuerdos, tiendas de moda *hippie* y restaurantes asiáticos. No hay que perderse St. Mark's Comics, en el n.º 11, ni Physical Graffitea, en el 96, que está en el edificio que aparece en la cubierta del álbum de Led Zeppelin del mismo nombre.

UN PASEO
EAST VILLAGE

Distancia 2 km **Metro** Astor Pl **Tiempo** 25 minutos

Hay mucha historia en el East Village. Donde confluyen las calles 10 y Stuyvesant se hallaba la casa de campo del gobernador Peter Stuyvesant, y entre 1871 y 1890 se construyeron muchas más casas. Es un lugar pintoresco para visitarlo en la actualidad, pero no todo es belleza y encanto. El East Village es uno de los barrios más de moda de Nueva York, y el Manhattan de la imaginación popular. Aquí hay apartamentos deteriorados con sus fachadas empapeladas con carteles, personas del barrio que charlan sentadas en las escaleras y bares y restaurantes llenos de vida.

*Metro Astor Pl
(línea 6)*

INICIO Ⓢ

E 8TH ST

ASTOR PLACE

Astor Place presenció los disturbios de 1849. El actor inglés William Macready, que interpretaba a Hamlet en la Astor Place Opera House, criticó al actor estadounidense Edwin Forrest. Los admiradores de Forrest se rebelaron y hubo 34 muertos.

Alamo es el título del cubo de acero de 4,6 m de Astor Place, diseñado por Bernard Rosenthal. Gira sobre su eje cuando se le empuja.

Los edificios de Colonnade Row, construidos en estilo neogriego la década de 1830, fueron en otro tiempo casas caras. Solo quedan cuatro de estas casas, unificadas con una única fachada de estilo europeo. El Astor Place Theatre, que se encuentra aquí, ha sido sede del Blue Man Group desde 1991.

En 1965, el ya fallecido Joseph Papp convenció a la ciudad para que comprara la Astor Library (1849) y fuera sede del Public Theater (p. 142).

El Merchant's House Museum muestra muebles de estilo federal, imperio americano y victoriano (p. 143).

LAFAYETTE STREET

FOURTH AVENUE

STABLE COURT

BOWERY

0 metros — 100
0 yardas — 100
N ↑

←
Astor Place, con el
Clinton Hall en el centro

← McSorley's Old
Ale House, un icono
del East Village

EAST VILLAGE

Plano de situación
Para más detalles, ver p. 140

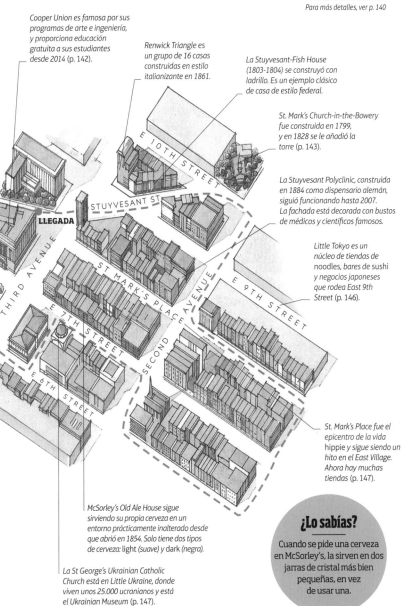

*Cooper Union es famosa por sus
programas de arte e ingeniería,
y proporciona educación
gratuita a sus estudiantes
desde 2014 (p. 142).*

*Renwick Triangle es
un grupo de 16 casas
construidas en estilo
italianizante en 1861.*

*La Stuyvesant-Fish House
(1803-1804) se construyó con
ladrillo. Es un ejemplo clásico
de casa de estilo federal.*

*St. Mark's Church-in-the-Bowery
fue construida en 1799,
y en 1828 se le añadió la
torre (p. 143).*

E 10TH STREET

STUYVESANT ST

LLEGADA

*La Stuyvesant Polyclinic, construida
en 1884 como dispensario alemán,
siguió funcionando hasta 2007.
La fachada está decorada con bustos
de médicos y científicos famosos.*

ST MARK'S PLACE

THIRD AVENUE

E 7TH STREET

SECOND AVENUE

E 9TH STREET

*Little Tokyo es un
núcleo de tiendas de
noodles, bares de sushi
y negocios japoneses
que rodea East 9th
Street (p. 146).*

E 6TH STREET

*St. Mark's Place fue el
epicentro de la vida
hippie y sigue siendo un
hito en el East Village.
Ahora hay muchas
tiendas (p. 147).*

*McSorley's Old Ale House sigue
sirviendo su propia cerveza en un
entorno prácticamente inalterado desde
que abrió en 1854. Solo tiene dos tipos
de cerveza: light (suave) y dark (negra).*

*La St George's Ukrainian Catholic
Church está en Little Ukraine, donde
viven unos 25.000 ucranianos y está
el Ukrainian Museum (p. 147).*

¿Lo sabías?

Cuando se pide una cerveza
en McSorley's, la sirven en dos
jarras de cristal más bien
pequeñas, en vez
de usar una.

GRAMERCY Y FLATIRON DISTRICT

En las décadas de 1830 y 1840, unos promotores inmobiliarios levantaron cuatro plazas inspiradas en los tranquilos barrios residenciales de muchas ciudades europeas. La principal es Union Square, un espacio bullicioso que acoge el mejor mercado de granjeros de Nueva York. Al noreste se encuentra Gramercy, con sus clubes privados y sus casas elegantes diseñadas por Calvert Vaux y Stanford White. La estatua de bronce de Peter Stuyvesant hecha por Gertrude Vanderbil Whitney, vigilada por la St. George Episcopal Church, se alza en la tranquila Stuyvesant Square. Por último, en el extremo norte de Flatiron District se encuentra Madison Square Park.

LOWER MIDTOWN
p. 184

CHELSEA Y
GARMENT
DISTRICT
p. 160

GRAMERCY Y
FLATIRON DISTRICT

Esencial

❶ Eataly NYC Flatiron

Lugares de interés

❷ Flatiron Building

❸ Madison Square

❹ Gramercy Park y The Players

❺ Theodore Roosevelt Birthplace

❻ Union Square

❼ Museum of Sex

Dónde comer

① 230 Fifth Rooftop Bar

② ABC Kitchen

③ Eleven Madison Park

④ Pete's Tavern

⑤ Union Square Café

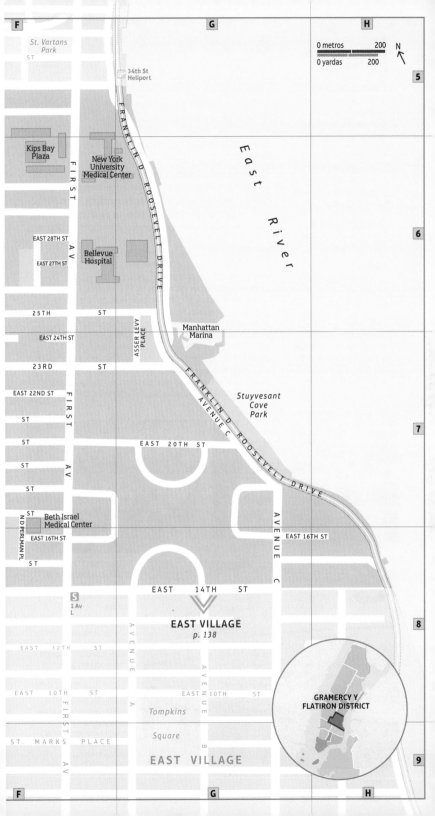

0 metros 200
0 yardas 200
N

St. Vartans
Park
ST

34th St
Heliport

Kips Bay
Plaza

New York
University
Medical Center

FIRST

EAST 28TH ST

AV

EAST 27TH ST

Bellevue
Hospital

25TH ST

EAST 24TH ST

ASSER LEVY PLACE

Manhattan
Marina

23RD ST

EAST 22ND ST

FIRST

ST

ST

ST

ST

AV

EAST 20TH ST

Stuyvesant
Cove
Park

FRANKLIN D ROOSEVELT DRIVE

AVENUE C

East

River

FRANKLIN D ROOSEVELT DRIVE

ST

Beth Israel
Medical Center

N D PERLMAN PL

EAST 16TH ST

AVENUE C

EAST 16TH ST

ST

EAST 14TH ST

S
1 Av
L

EAST VILLAGE
p. 138

EAST 12TH ST

AVENUE

FIRST

EAST 10TH ST

AV

Tompkins

Square

ST. MARKS PLACE

EAST VILLAGE

AVENUE A

AVENUE

EAST 10TH ST

ST

AVENUE B

GRAMERCY Y
FLATIRON DISTRICT

EATALY NYC FLATIRON

D7 · **200 Fifth Av** · **E 23 St (N, R, W)** · **7.00-23.00 diario** · **eataly.com**

El mercado de alimentación italiana Eataly se ha convertido en una atracción gastronómica importante, y ha provocado la moda de los *food halls* en Nueva York. Tiene diversos restaurantes para sentarse, barras para comer y beber, y tiendas de alimentación, que despiden aromas deliciosos.

El primer Eataly lo fundó el empresario italiano Oscar Farinetti en 2007 en Turín. Parte complejo de restaurantes y parte mercado de alimentación, el Eataly NYC Flatiron abrió en 2010, seguido por el Eataly NYC Downtown en 2016. La sección de mercado ofrece una inmensa gama de vinos raros italianos, quesos inusuales, panes recién horneados, y pescado, marisco y carne comprados en la zona o traídos de Italia. Se pueden tomar helados y sorbetes en Il Gelato, café exprés en Caffè Vergnano, dulces en La Pasticceria, o quedarse en las mesas de La Piazza y picar carnes curadas y quesos con un buen Chianti. También hay una escuela de cocina, una sección de artículos para el hogar y una librería, así que es posible llevarse un trocito de Italia a casa.

1 La entrada al mercado de alimentación cubierto Eataly NYC Flatiron, en la planta baja del Flatiron Building.

2 Para quienes no coman en los restaurantes independientes de Eataly, en el mercado hay sitios para sentarse, que suelen estar llenísimos en hora punta.

3 Panes en abundancia en la panadería de Eataly. Todos los panes artesanales de la tienda están recién hechos en un horno de leña, dándoles la vuelta a mano, usando levadura natural y harina molida a la piedra.

↑ SERRA by Birreria, restaurante en la azotea inspirado en la campiña italiana

LUGARES DE INTERÉS

2

Flatiron Building

◉ E7 **⌂ 175 Fifth Av**
Ⓢ 23 St (N, R, W) **◎ Cerrado al público**

El elegante exterior triangular del Flatiron, posiblemente uno de los puntos turísticos más famosos de Nueva York, atrae multitudes; todos compiten por lograr esa foto perfecta. Este edificio –llamado primero Fuller Building por la empresa constructora propietaria–, creado por el arquitecto Daniel Burnham, de Chicago, fue uno de los más altos del mundo cuando se terminó, en 1902, y uno de los primeros con estructura de acero. Su consrucción innovadora de 20 pisos fue precursora de los rascacielos posteriores.

Aunque lo llamaron Flatiron por su inusual forma de cuña, para algunos era "la locura de Burnham" y predecían que los vientos al nivel del suelo creados por la forma el edificio acabarían echándolo abajo. Algunos incluso hacían apuestas, covencidos de que se de-

rrumbaría. Sin embargo, ha resistido a la prueba del tiempo. En el tramo de la Quinta Avenida al sur del edificio hay tiendas elegantes como Michael Kors y Paul Smith que añaden caché a la zona hoy llamada Flatiron District.

3

Madison Square

◉ E6 **Ⓢ 23 St (N, R, W)**

Concebida como centro de un barrio residencial, esta plaza se convirtió en una popular área de diversión tras la guerra civil, cuando estaba rodeada por el elegante hotel Fifth Avenue, el Madison Square Theater y el Madison Square Garden de Stanford White. El brazo de la Estatua de la Libertad que porta la antorcha se expuso aquí en 1884. The Shake Shack es un lugar para almorzar muy

frecuentado por los oficinistas del barrio, mientras que el parque que lo rodea constituye un magnífico marco para pasear y admirar sus esculturas. La estatua de 1880 del almirante David Farragut es de Augustus Saint-Gaudens y el pedestal de Stanford White. Farragut fue el héroe de una batalla naval de la guerra civil; en la base de la estatua hay figuras que representan el valor y la lealtad. La estatua de Roscoe Conkling conmemora a un senador estadounidense que murió durante la gran ventisca de 1888. La Llama Eterna rinde honor a los caídos en Francia durante la Primera Guerra Mundial.

4

Gramercy Park y The Players

◉ E7 **⌂ Irving Pl, entre las calles East 20 y 21** **Ⓢ 14 St-Union Sq (L, N, R, W, 4, 5, 6)**
ⓦ nationalarts club.org
ⓦ theplayersnyc.org

Creado en las décadas de 1830 y 1840 para atraer a la alta sociedad, es el único parque privado de la ciudad. Los residentes de los edificios que lo rodean tienen llave de la puerta. Entre los famosos poseedores de llave han estado Uma Thurman, Julia Roberts y varios Kennedy y Roosevelt. El bonito edificio de ladrillo rojizo de 15 Gramercy Park South alberga el National Arts Club. A él pertenecieron algunos reconocidos artistas estadounidenses del siglo XIX y principios del XX, a quienes se les pidió que donaran una pintura o escultura a cambio de ser miembros vitalicios. Estos regalos componen la colección permanente del Natio-

¿Lo sabías?

El Flatiron Building será un hotel de lujo cuando venza el alquiler actual.

←

Madison Square Park, en el centro del Flatiron District

 Puestos de flores y productos frescos en el Union Square Greenmarket

nal Arts Club, que solo abre al público para exposiciones.

The Players, en 18 Gramercy Park South, fue la residencia del actor Edwin Booth, hermano de John Wilkes Booth, el asesino del presidente Lincoln. El arquitecto Stanford White transformó el edificio en club en 1888. Aunque era principalmente para actores, entre sus miembros se incluyen también el propio White, el escritor Mark Twain, el editor Thomas Nast y Winston Churchill, cuya madre, Jennie Jerome, nació cerca de aquí. Al otro lado de la calle, en Gramercy Park, hay una estatua de Booth interpretando a Hamlet.

Theodore Roosevelt Birthplace

E7 **28 East 20th St**
14 St-Union Sq (L, N, R, W, 4, 5, 6), 23 St (6) **9.00-17.00 mi-do (última admisión 16.00)** **Festivos**
nps.gov/thrb

En el hogar reconstruido de la infancia del pintoresco presidente n.º 26 se muestran desde juguetes con los que jugaba el pequeño Teddy hasta insignias y emblemas del sombrero de los Rough Rider que llevó en la guerra contra España. Hay una exposición sobre sus estudios e intereses generales, y otra sobre su carrera política.

Union Square

E8 **14 St-Union Sq (L, N, W, R, 4, 5, 6)**

Este parque, originario de la década de 1830, es un atractivo espacio público muy conocido por su enorme mercado de fruta y verdura. Está abierto de 8.00 a 18.00, lunes, miércoles, viernes y sábados, y se pueden comprar productos de temporada. Entre las estatuas del parque están las de George Washington y una de Lafayette, obra de Bartholdi. Rodeando la plaza hay restaurantes, grandes almacenes y supermercados. Cerca se encuentra el Decker Building, a donde Andy Warhol trasladó su estudio en 1968, y el Union Square Theatre, que fue sede del Partido Demócrata.

7

Museum of Sex

E6 **233 Fifth Av at 27th St** **28 St (N, R, W, 6)**
10.30-23.00 do-ju, 10.30-24.00 vi-sá
museumofsex.com

Es el único museo de Nueva York para mayores de 18 años. Pretende fomentar un discurso serio en torno al sexo y la sexualidad a través de exposiciones temporales que hacen reflexionar y de la colección permanente de más de 20.000 objetos (entre ellos, obras de arte, fotografías, trajes e inventos tecnológicos). Las exposiciones temporales tienen lugar en la primera planta.

230 Fifth Rooftop Bar

Elegante bar y jardín de azotea que sirve platos internacionales. Vale la pena por las fantásticas vistas del Empire State Building.

E6 **230 Fifth Av**
230-fifth.com

ABC Kitchen

La nueva cocina estadounidense de Jean-Georges Vongerichten.

E7 **35 East 18th St**
abchome.com/dine/abc-kitchen

Eleven Madison Park

Espléndido espacio *art déco* para una buena comida estadounidense contemporánea.

E6 **11 Madison Av**
Mediodía lu-ju
elevenmadison park.com

$$$

Pete's Tavern

Bar abierto en 1864, conocido porque solía ir el escritor O. Henry. Sirve hamburguesas grandes y platos italianos.

E7 **129 East 18th St**
petestavern.com

Union Square Café

El famoso restaurante de Danny Meyer ofrece una exquisita cocina estadounidense contemporánea.

E7 **101 East 19th St**
unionsquarecafe.com

UN PASEO
GRAMERCY PARK

Distancia 2,25 km **Metro** 23 St **Tiempo** 30 minutos

Gramercy Park y la cercana Madison Square parecen pertenecer a dos ciudades diferentes. Madison Square, rodeada de oficinas y tráfico, sirve sobre todo a quienes trabajan en la zona, pero la arquitectura mercantil de los alrededores merece la visita. Aquí estuvo el Madison Square Garden, siempre lleno de gente con ganas de divertirse. En cambio, Gramercy Park, conserva el ambiente de serena dignidad por el que se le ha conocido desde hace mucho tiempo. Viviendas y clubes rodean el último parque privado de Nueva York, al que solo los residentes de la plaza tienen acceso.

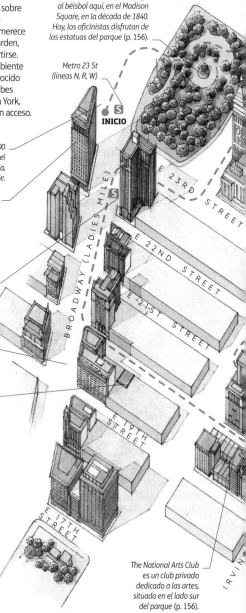

El Knickerbocker Club jugó al béisbol aquí, en el Madison Square, en la década de 1840. Hoy, los oficinistas disfrutan de las estatuas del parque (p. 156).

Metro 23 St
(líneas N, R, W)

S INICIO

Un reloj en la acera, frente al 200 de la Quinta Avenida, marca el final de la, en otro tiempo de moda, zona comercial llamada Ladies' Mile.

El más famoso de los primeros rascacielos de Nueva York está en el triángulo que forman la Quinta Avenida, Broadway y la calle 22: el Flatiron Building. Cuando se construyó, en 1903, fue el edificio más alto del mundo (p. 156).

Metro 23 St (líneas N, R, W)

Broadway, desde Union Square hasta Madison Square, fue en otro tiempo la zona comercial más elegante de Nueva York, la llamada Ladies' Mile.

El Theodore Roosevelt Birthplace es una réplica de la casa en la que nació el presidente n.º 26 de Estados Unidos (p. 157).

BROADWAY (LADIES' MILE)

E 23RD STREET

E 22ND STREET

E 21ST STREET

E 19TH STREET

E 17TH STREET

IRVIN

↑ Floración primaveral en el Madison Square Park

The National Arts Club es un club privado dedicado a las artes, situado en el lado sur del parque (p. 156).

El magnífico edificio de la New York Life Insurance Company, obra de Cass Gilbert, soporta su característica pirámide superior.

Se dice que el pequeño Appellate Court es el tribunal con más actividad del mundo.

Amplias entradas abovedadas marcan cada esquina de la Metropolitan Life Insurance Company.

Metro 23 St (línea 6)

LLEGADA

El actor Edwin Booth fundó el club The Players en 1888 (p. 156).

GRAMERCY Y FLATIRON DISTRICT

Plano de situación
Para más detalles, ver p. 152

↑ Pete's Tavern, lugar predilecto tanto de vecinos como de escritores

Solo los residentes pueden entrar al Gramercy Park, pero todo el mundo puede disfrutar la paz y el encanto de la zona que lo rodea (p. 156).

La Brotherhood Synagogue fue una casa de reunión de cuáqueros desde 1859 hasta 1975, cuando pasó a ser sinagoga.

La arbolada Block Beautiful se extiende por East 19th Street. Aunque no destaca ninguna casa en particular, la calle en sí es bonita.

Pete's Tavern lleva aquí desde 1864. O. Henry escribió The Gift of the Magi en el segundo reservado (p. 157).

CHELSEA Y GARMENT DISTRICT

Construida en lo que fueran tierras de cultivo, esta zona empezó a tomar forma en 1830. Fue en gran medida gracias a Clement Clarke Moore, que escribió *Twas the Night Before Christmas:* sus propiedades abarcaban la mayor parte de la actual Chelsea.

Tras un largo periodo en el que fue sobre todo una zona arenosa, emergió la nueva y moderna Chelsea. Cuando Macy's llegó a Herald Square, proliferaron barrios dedicados a la confección y el comercio al por menor. A principios de la década de 1990 aparecieron parte de las mejores galerías de arte de Nueva York, y la transformación de High Line ha provocado el desarrollo de comunidades de vecinos prósperas, casas acomodadas y tiendas de toda clase.

CHELSEA Y GARMENT DISTRICT

PIER 76

5

Hudson River

Port Authority
West 30 St Heliport

PIER 66

6

PIER 62

PIER 61

Chelsea
Piers

PIER 60

PIER 59

7

PIER 57

8

TWELFTH AV

ELEVENTH AV

LINCOLN TUNNEL

WEST 40TH ST
WEST 39TH ST
WEST 38TH ST
WEST 37TH ST
WEST 36TH ST
WEST 35TH ST
WEST 34TH ST

Jacob K Javits
Convention
Center

HUDSON BLVD E

TENTH AV

WEST 33RD ST

34 St-Hudson Yards Ⓢ ⑦

HIGH LINE

WEST 30TH ST
WEST 29TH ST
WEST 28TH ST
WEST 27TH ST
WEST 26TH ST

High Line
❷

Chelsea Art
Galleries ⑪

WEST 25TH ST
WEST 24TH ST

Chelsea
Waterside
Park

WEST 23RD ST

Empire
Diner
22ND

WEST 21ST

WEST 20TH

Chelsea Historic
WEST 19TH
District
WEST 18TH
WEST 17TH
WEST 16TH

Chelsea Market ❽
WEST 15TH

14th Street
Park

HIGH LINE

A

B

CHELSEA Y GARMENT DISTRICT

Esencial
❶ Empire State Building
❷ High Line

Lugares de interés
❸ Marble Collegiate Reformed Church
❹ Herald Square
❺ Macy's
❻ Madison Square Garden
❼ Museum at the FIT
❽ Chelsea Market
❾ Rubin Museum of Art
❿ St. John the Baptist Church
⑪ Chelsea Art Galleries

Dónde comer
① BCD Tofu House
② Cho Dang Gol
③ Mandoo Bar
④ New Wonjo
⑤ Woorijip Authentic Korean Food

Dónde comprar
⑥ Chelsea Flea Market
⑦ Flower District

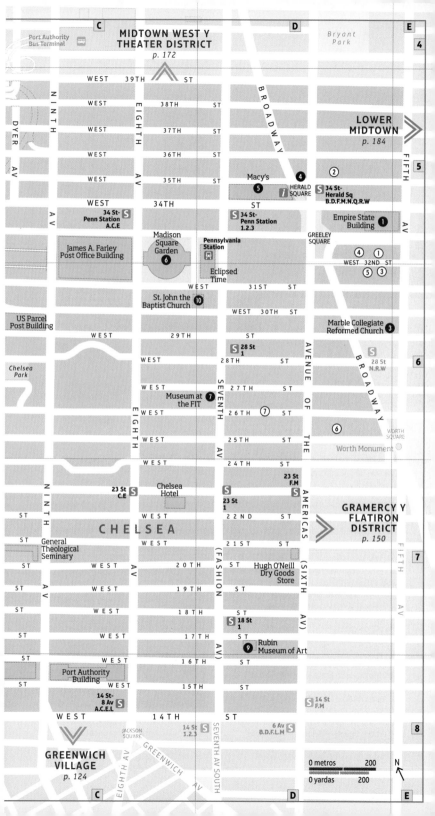

Port Authority
Bus Terminal

*Bryant
Park*

4

WEST 39TH ST

N
I
N
T
H

WEST 38TH ST

E
I
G
H
T
H

B
R
O
A
D
W
A
Y

WEST 37TH ST

A
V

D
Y
E
R

A
V

WEST 36TH ST

LOWER
MIDTOWN
p. 184

WEST 35TH ST

Macy's ❹

5
② FIFTH

34 St-
Herald Sq
B.D.F.M.N.Q.R.W

❺ HERALD
SQUARE
i

WEST 34TH ST

34 St-
Penn Station
A.C.E

34 St-
Penn Station
1.2.3

Empire State
Building ❶

AV

GREELEY
SQUARE

James A. Farley
Post Office Building

Madison
Square
Garden
❻

Pennsylvania
Station

④ ①
WEST 32ND ST
⑤ ③

Eclipsed
Time

WEST 31ST ST

St. John the
Baptist Church ❿

US Parcel
Post Building

WEST 30TH ST

WEST 29TH ST

Marble Collegiate
Reformed Church ❸

*Chelsea
Park*

28 St
1

28TH ST

A
V
E
N
U
E

28 St
N.R.W

6

S
E
V
E
N
T
H

WEST 27TH ST

Museum at
the FIT ❼

O
F

E
I
G
H
T
H

WEST 26TH ST ⑦

A
V

WEST 25TH ST

T
H
E

⑥

WORTH
SQUARE

WEST 24TH ST

Worth Monument ○

23 St
F.M

23 St
C.E

Chelsea
Hotel

23 St
1

A
M
E
R
I
C
A
S

GRAMERCY Y
FLATIRON
DISTRICT
p. 150

WEST 22ND ST

CHELSEA

N
I
N
T
H

General
Theological
Seminary

WEST 21ST ST

(
F
A
S
H
I
O
N

Hugh O'Neill
Dry Goods
Store

(
S
I
X
T
H

FIFTH
AV

7

ST

WEST 20TH ST

A
V

WEST 19TH ST

A
V
)

ST

WEST 18TH ST

18 St
1

A
V
)

WEST 17TH ST

Rubin
Museum of Art ❾

ST

Port Authority
Building

WEST 16TH ST

WEST 15TH ST

14 St
F.M

14 St-
8 Av
A.C.E.L

14TH ST

14 St
1.2.3

S
E
V
E
N
T
H

6 Av
B.D.F.L.M

8

WEST

JACKSON
SQUARE

GREENWICH
VILLAGE
p. 124

GREENWICH

E
I
G
H
T
H
A
V

A
V
S
O
U
T
H

0 metros 200

0 yardas 200

N

C
D
E

El Empire State Building
domina el perfil urbano ↑

① ✎ ⑂ 🛍

EMPIRE STATE BUILDING

443 m
—
es la altura
del Empire State
Building, incluyendo
el pináculo.

📍 D5 🏠 350 Fifth Ave Ⓢ 34 St (A, B, C, D, E, F, N, Q, R,W, 1, 2, 3) 🚌 M1-5, M16, M34, Q32
🕐 8.00-2.00 (última admisión: 1.15) 🌐 esbnyc.com

El Empire State Building, que debe su nombre al apodo del estado de Nueva York,
se ha convertido en un símbolo permanente de la ciudad desde su construcción
en 1931. Más de 3,5 millones de personas visitan cada año el rascacielos más
emblemático del país para admirar las vertiginosas vistas desde sus miradores.

Construcción del rascacielos

La construcción del rascacielos más evocador
de la ciudad empezó en marzo de 1930, no
mucho después del crac del 29. Se diseñó para
que su edificación fuera fácil y rápida; se
prefabricó todo lo que fue posible y se fue
colocando en su sitio a razón de unos cuatro
pisos por semana. Cuando se inauguró en 1931,
tras alcanzar una altura de 102 pisos, fue tan
difícil de alquilar que le dieron el sobrenombre
de Empty (vacío) State Building. Solo la
popularidad de los miradores lo salvó de
la bancarrota. Se ven toques *art déco* por todas
partes, como en el vestíbulo de la entrada por
la Quinta Avenida, en el que hay una imagen
en relieve del edificio sobre un mapa del
estado de Nueva York. El rascacielos es
un pararrayos y recibe impactos hasta
cien veces al año.

↑ El observatorio del piso 86 ofrece vistas
fabulosas desde las galerías interiores
y la plataforma exterior. El del piso 102
requiere una entrada extra (se paga
en la web o en el centro de visitantes).

El pináculo, de 62 m de altura, transmite señales de radio y televisión a la ciudad y a cuatro estados.

Los ascensores de alta velocidad recorren hasta 305 m en un minuto.

El Run-Up anual es una carrera de 1.576 escalones desde el vestíbulo hasta la planta 86.

La estructura se hizo con 60.000 toneladas de acero.

Se emplearon diez millones de ladrillos para revestir todo el edificio.

SUCESOS EN LAS ALTURAS

El Empire State ha aparecido en muchas películas. Sin embargo, la escena más famosa es el final de *King Kong* (1933), en la que el gigante, a horcajadas sobre el edificio, lucha contra aviones del ejército. En 1945 un bombardero B-25 chocó contra el edificio justo encima del piso 78. Una joven operadora de los ascensores se salvó milagrosamente, pese a que la cabina se precipitó desde el piso 79 hasta la planta baja; los frenos de emergencia le salvaron la vida.

Con frecuencia, a medida que el edificio tomaba forma, los obreros mostraban gran valentía. ↑

Cerca de 200 pilares de hormigón y acero sostienen las 365.000 toneladas del edificio.

←

El Empire State Building, icono y obra de arte

Disfrutando de los espacios verdes elevados y de las vistas de la ciudad en la High Line ↑

② Ⓜ️ 🖥️ 🛍️

HIGH LINE

📍 B6 🚇 Desde Gansevoort St (Meatpacking District) hasta West 34th St (entre las avenidas 10 y 12) 🚇 14 St (A, C, E, L), 34 Street-Hudson Yards (7) 🕐 Jun-sep: 7.00-23.00 diario; abr-may y oct-nov: 7.00-22.00 diario; dic-mar: 7.00-19.00 diario 🌐 thehighline.org

La High Line se ha convertido en uno de los lugares más emblemáticos de Nueva York. En otro tiempo línea férrea elevada y ahora parque urbano, esta aportación a la ciudad cruza manzanas y calles, y ofrece espacios verdes y perspectivas exclusivas.

La High Line serpentea entre los edificios en la parte oeste de Manhattan. ↑

La vía verde elevada de Nueva York

La innovadora High Line, un ambicioso proyecto de renovación urbana que une el Midtown, Chelsea y el Meatpacking District, ha transformado una línea de ferrocarril abandonada en un parque ajardinado de 2,33 km de longitud. Esta línea llevaba años abandonada cuando, en 1999, dos residentes de la zona crearon la asociación de Amigos de la High Line para evitar su demolición. El parque, que va desde la calle Gansevoort a la 34, ha desempeñado desde entonces un papel importante en la gentrificación del lado oeste de Manhattan. Obra de grandes arquitectos, esta mezcla de paseo y parque público elevado discurre a 9 m sobre el nivel de las calles y forma un pasillo entre los edificios. A intervalos hay instalaciones artísticas y vendedores de comida, además de elementos acuáticos, áreas para sentarse y muchos y alegres macizos de flores.

MEJORES VISTAS
Miradores en la High Line

A lo largo de la High Line abundan las vistas asombrosas, y son muchas las que no hay que perderse. Entre ellas la que da a Gansevoort Street, 15th Street Bridge (desde donde se ve el puente de 1930 que cruza West 15th Street), 10th Avenue Overlook, 23rd Street Bridge (desde aquí se ven los London Terrace Gardens de 1931), 26th Street Viewing Spur, y el último tramo por la 12th Avenue (con vistas de Hudson Yards y el río Hudson).

Cronología

1980
▽ Circula el último tren de la línea; se abandonan las vías.

2004
James Corner Field Operations, Diller Scofidio + Renfro y Piet Oudolf, seleccionados para dirigir la reforma.

2014
▽ Abre el tercer y último tramo.

1934
△ La High Line se abre a los trenes.

2009
Abre el tramo 1.

2011
Abre el tramo 2.

←

La Marble Church y el Empire State Building tocando el cielo en la Quinta Avenida

Chelsea Flea Market

Mercadillo abierto todo el año; hasta 135 puestos de antigüedades, arte y artesanía, juguetes, muebles, ropa *vintage*, joyería y toda clase de cosas antiguas que suelen venderse solo al contado. Entrada 1 $.

🚇 D6 🏛 West 25th St, entre Broadway y Sixth Av
🕐 6.30–18.00 sá-do
🌐 annexmarkets.com

Flower District

En esta zona hay almacenes y tiendas que ofrecen una inmensa variedad de hermosas plantas en maceta, arbolitos y flor cortada.

🚇 D6 🏛 West 28th St, entre Sixth Av y Seventh Av 🕐 5.30–17.00 (generalmente)

LUGARES DE INTERÉS

❸ Marble Collegiate Reformed Church

🚇 D6 🏛 1 West 29th St
🚇 28 St (N, R, W) 🕐 8.30–20.30 lu-vi, 9.00–16.00 sá, 8.00–15.00 do 🔒 Festivos
🌐 marblechurch.org

Esta iglesia adquirió fama gracias al que fuera su pastor, Norman Vincent Peale, autor de *La fuerza del pensamiento positivista*. Otro pensador positivista, el expresidente Richard Nixon, asistía a los servicios de esta iglesia cuando era tan solo un abogado.

El templo fue construido en 1854 con los bloques de mármol (*marble*) que le dieron su nombre. En aquella época, la Quinta Avenida era una polvorienta carretera y la verja de hierro colado que rodea a la iglesia evitaba la entrada del ganado.

Las paredes originales, en blanco y oro, se redecoraron con flores de lis doradas sobre un fondo rojizo pálido. En 1900 y 1901 se añadieron dos vidrieras de Tiffany con escenas del Antiguo Testamento.

❹ Herald Square

🚇 D5 🏛 Sixth Av en W 32nd St 🚇 34 St-Herald Sq (B, D, F, N, Q, R, W)

Esta plaza toma su nombre del periódico *New York Herald*, que ocupó un elegante edificio de gusto italianizante de Stanford White entre 1893 y 1921. La explanada fue el centro del bullicioso distrito de Tenderloin durante las décadas de 1870 y 1880. Teatros –como la Manhattan Opera House–, salones de baile, hoteles y res-

taurantes tuvieron una gran actividad hasta que una serie de reformas acotaron la zona en la década de 1890. El reloj ornamental –que recibe su nombre de James G. Bennett Jr., editor del *Herald*– es todo lo que queda del edificio.

La Opera House fue demolida en 1901 para dejar espacio a Macy's; poco después le siguieron otros grandes almacenes que convirtieron la plaza en la meca de los compradores. Uno de estos almacenes fue el desaparecido Gimbel Brothers, cuya competencia con Macy's fue retratada en la película navideña

↑ Fachada de Macy's con su conocido logo de la estrella roja

Milagro en la calle 34. En 1988 el establecimiento fue transformado en un centro comercial y fue rematado por una fachada de neón. Herald Square todavía es un lugar clave para compras. Tiene grandes almacenes y una plaza peatonal.

Macy's

D5 **151 West 34th St** **34 St-Penn Station (1, 2, 3), 34 St-Herald Sq (B, D, F, N, Q, R, W) 10.00-22.00 lu-sá, 11.00-21.00 do** **macys.com**

Los "almacenes más grandes del mundo" ocupan una manzana entera; en su interior se vende todo lo que se pueda imaginar y a todos los precios. Tal vez lo más conocido de estos grandes almacenes es que patrocinan el célebre desfile neoyorquino del Día de Acción de Gracias *(p. 55)* en el que se sueltan globos y pasan carrozas espectaculares por las calles de Manhattan, y los fuegos artificiales del 4 de Julio. El popular Spring Flower Show atrae a miles de visitantes.

Macy's fue fundado por un antiguo ballenero, Rowland Hussey Macy, que en 1858 abrió una tiendecita en la calle 14 Oeste. La estrella roja, logotipo de los almacenes, tiene su origen en un tatuaje de Macy, recuerdo de sus días de marinero.

Cuando murió en 1877, la pequeña tienda con la que empezó se había convertido en 11 edificios y a principios del siglo XX se le había quedado pequeño su local en la calle 14.

En 1902 se trasladó a su sede actual, que cuenta con una superficie de 186.000 m². La fachada oriental posee una entrada moderna pero aún luce las ventanas estilo mirador y las columnas del diseño de 1902.

En la fachada de la calle 34 las cariátides originales custodian la entrada, junto con el reloj, el toldo y el letrero. En el interior aún están en pleno funcionamiento muchas de las escaleras mecánicas originales de madera. No sorprende que se haya declarado a Macy's Emblema Histórico Nacional.

Madison Square Garden

C5 **4 Pennsylvania Plaza** **34 St-Penn Station (1, 2, 3, A, C, E)** **Diario (para juegos, espectáculos y visitas guiadas)** **msg.com**

Es la sede, con un aforo de 20.000 personas, de los equipos de la NBA New York Knicks (baloncesto) y New York Rangers (hockey). También tiene un apretado calendario de conciertos de rock, campeonatos de tenis y boxeo, lucha libre exageradamente escenificada, y el Westminster Kennel Club Dog Show. También tiene un teatro para 5.600 espectadores. Hay visitas guiadas todos los días, excepto durante los partidos y espectáculos.

Solo hay una cosa buena que se puede decir de la demolición del adorable edificio de la estación de Pennsylvania, obra de McKim, Mead & White, en favor de este insulso complejo: crispó de tal manera a los protectores del patrimonio de la ciudad que formaron una alianza para asegurarse de que no volviera a ocurrir algo semejante.

 CURIOSIDADES
Tiempo eclipsado

Hay que ver la escultura futurista de Maya Lin en el techo de la zona de taquillas de Long Island Railroad en la Penn Station. Es de vidrio, acero y aluminio, y pretende hacer que los apresurados viajeros se detengan y piensen en el tiempo como parte de la naturaleza.

BALONCESTO DE LOS KNICKS EN EL MADISON SQUARE GARDEN

El Madison Square Garden es la sede de los Knicks, el equipo de baloncesto de Nueva York apoyado con gran entusiasmo. La última vez que ganaron un campeonato fue en 1973, a pesar de contar con estrellas como Carmelo Anthony y Jeremy Lin. Sus seguidores esperan que las cosas cambien con Latvian Kristaps Porziņģis. Pero es muy difícil conseguir entradas y suelen ser tremendamente caras debido al fervor de sus fans, entre los que hay muchos famosos, como Tom Hanks y Katie Holmes.

Museo at the FIT

📍D6 🏠227 West 27th St
🚇28 St (1) 🕐12.00–20.00
ma-vi, 10.00–17.00 sá
🌐fitnyc.edu/museum

El Fashion Institute of
Technology (FIT) es una de las
mejores escuelas de moda del
mundo y depende de la
Universidad del Estado de
Nueva York; Norma Kamali,
Calvin Klein y Michael Kors están
entre sus graduados. En el
Shirley Goodman Resource
Center de esta institución, el
museo acoge exposiciones

El Gourmet Chelsea
Market ofrece
especias en
abundancia *(derecha)*

temporales. En la planta
principal, la Fashion and Textile
History Gallery rota selecciones
de su coleccion de más de
50.000 prendas de vestir y
complementos y 30.000 tejidos.
Están representados todos los
diseñadores más relevantes,
entre ellos Balenciaga, Coco
Chanel, Christian Dior, Yves Saint
Laurent, Vivienne Westwood y
Manolo Blahnik. En la Gallery FIT
exponen alumnos y profesores.

Chelsea Market

📍B8 🏠75 Ninth Av entre 15th
St y 16th St 🚇14 St (A, C, E)
🕐7.00–21.00 lu-sá, 8.00–20.00
do 🌐chelseamarket.com

Imprescindible para comidistas,
incorpora una plaza de comidas
y un centro comercial, y las
instalaciones de la productora
de televisión Food Network.
Ofrece una gran variedad de
ingredientes *gourmet*, alimentos
exóticos y regalos bonitos. Entre
las opciones de venta al por
menor están Li-lac Chocolates
(fundada en 1923 en el West
Village); Chelsea Wine Vault, con
una selección internacional de
vinos; y Bowery Kitchen Supply,
de utensilios profesionales.
Algunos proveedores de alta
gama elaboran y hornean aquí,

HOTEL CHELSEA

El Hotel Chelsea (222 West 23rd St), quizá el edificio más
famoso de Chelsea, se convirtió parcialmente en hotel
en 1903. Se hizo famoso por acoger a famosos músicos
y escritores. Se dice que Jack Kerouac escribió aquí *On the
Road* en 1951, y Dylan Thomas residía aquí cuando murió
de repente en 1953. Andy Warhol y sus protegidos Nico
y Brigid Berlin se escondían aquí durante el rodaje
de *Chelsea Girls* en 1966, y en 1978 Sid Vicious apuñaló
a Nancy Spungen en una de sus habitaciones. Se proyecta
reabrirlo como hotel de lujo durante 2019.

> **Atraídas por los alquileres bajos, las numerosas galerías que se establecieron en Chelsea en la década de 1990 fueron una fuerza motriz en el resurgimiento de la zona.**

y solo preparan los productos más tentadores y frescos. Google compró el Chelsea Market por más de 2.400 millones de dólares en 2018.

9

Rubin Museum of Art

📍 D7 🏛 150 West 17th St
🚇 14 St (1, 2, 3), 18 St (1)
🕐 11.00-17.00 lu y ju, 11.00-21.00 mi, 11.00-22.00 vi, 11.00-18.00 sá-do
🌐 rubinmuseum.org

Este museo es una joya poco conocida que alberga una colección de 2.000 cuadros, esculturas y confecciones, del Himalaya, el Tíbet, la India y regiones vecinas. En la Tibetan Buddhist Shrine Room se recrea un auténtico santuario con luces que parpadean y una exposición que varía cada dos años para mostrar las cuatro tradiciones religiosas tibetanas.

El museo también acoge fascinantes exposiciones y programas itinerantes, con conciertos, debates y películas. Hay visitas todos los días a las 13.00 y 15.00. En la planta baja, el Café Serai sirve comida del Himalaya.

10

St. John the Baptist Church

📍 D6 🏛 210 West 31st St
☎ (212) 564-9070 🚇 34 St-Penn Station (1, 2, 3, A, C, E),
🕐 6.15-18.00 diario

Fundada en 1840 para servir a una congregación de inmigrantes, hoy esta pequeña iglesia católica permanece casi olvidada en el corazón del Fur District (distrito de las pieles). El exterior tiene una única aguja. Aunque la fachada de piedra, en la calle 30, se ha oscurecido con la contaminación, todavía pueden apreciar-

se muchos tesoros en ella. Se entra por la parte del convento moderno, en la calle 31.

El santuario de Napoleon Le Brun es una maravilla de arcos góticos y brillante mármol blanco coronados por capiteles dorados. Los relieves pintados de escenas religiosas se alinean en las paredes y la luz del sol penetra por sus vidrieras. En el exterior destaca el Prayer Garden, un pequeño remanso de paz con imágenes religiosas, una fuente y bancos de piedra.

11

Chelsea Art Galleries

📍 B6 🏛 Between West 19th St y West 27th St, en torno a 10th Av y 11th Av 🚇 23 St (C, E) 🕐 Generalmente 10.00-18.00 ma-sá
🌐 nygallerytours.com

Atraídas por los alquileres bajos, las numerosas galerías que se establecieron en Chelsea en la década de 1990 fueron una fuerza motriz en el resurgimiento de la zona. Entre 150 y 200 locales exponen obras de artistas emergentes en toda suerte de campos. Destacan P.P.O.W. y David Zwirner, famosos por su trabajo provocador. Conviene evitar los sábados, ya que suele haber mucha gente.

↑ Bella vidriera de St. John the Baptist Church

BCD Tofu House
Especialistas en tofu casero -servido solo-, platos de carne y sopas.

📍 D5 🏛 5 West 32nd St
🌐 bcdtofu.com

$$$

Cho Dang Gol
Este sitio es más conocido por el tofu y el *jjigae*, los *hotpots* picantes coreanos y las sopas.

📍 D5 🏛 55 West 35th St
🌐 chodanggol nyc.com

$$$

Mandoo Bar
Exquisitos *dumplings* "mandoo" al estilo coreano recién hechos durante todo el día en la ventana de la tienda.

📍 D6 🏛 2 West 32nd St ☎ (212) 279-3075

$$$

New Wonjo
Su especialidad es la barbacoa coreana, y tienen parrillas de carbón debajo de cada mesa.

📍 D5 🏛 23 West 32nd St 🌐 new wonjo.com

$$$

Woorijip Authentic Korean Food
Esta cafetería es muy popular por sus económicos bufés de mediodía y *bibimbop*.

📍 D6 🏛 12 West 32nd St ☎ (212) 244-1115

$$$

MIDTOWN WEST Y THEATER DISTRICT

En el corazón de Midtown se encuentra Times Square, donde el público se mueve bajo las inmensas luces de neón. Theater District se encuentra al norte de la calle 42 y concentra toda la actividad teatral. El traslado de la Metropolitan Opera House a la calle 40 de Broadway en 1883 atrajo a esta zona los teatros y restaurantes. En la década de 1920, los grandes cines le añadieron el glamur de las luces de neón, cuyos letreros fueron volviéndose más grandes hasta que, finalmente, la calle acabó por conocerse como Great White Way. Tras la Segunda Guerra Mundial, el tirón del cine disminuyó y los destellos fueron sustituidos por suciedad. Por suerte, desde la década de 1990 las remodelaciones han devuelto a Broadway las luces y el público.

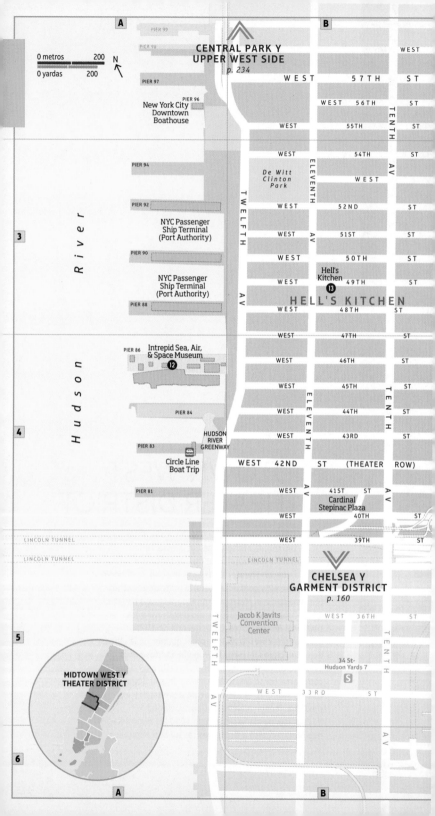

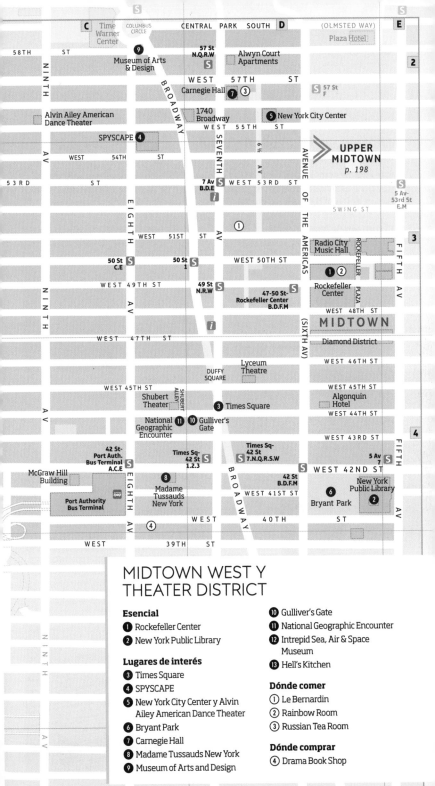

MIDTOWN WEST Y THEATER DISTRICT

Esencial
1 Rockefeller Center
2 New York Public Library

Lugares de interés
3 Times Square
4 SPYSCAPE
5 New York City Center y Alvin Ailey American Dance Theater
6 Bryant Park
7 Carnegie Hall
8 Madame Tussauds New York
9 Museum of Arts and Design
10 Gulliver's Gate
11 National Geographic Encounter
12 Intrepid Sea, Air & Space Museum
13 Hell's Kitchen

Dónde comer
① Le Bernardin
② Rainbow Room
③ Russian Tea Room

Dónde comprar
④ Drama Book Shop

1 🖥 🛍

ROCKEFELLER CENTER

🔵 **D3** 🏠 30 Rockefeller Plaza 🟥 47-50 St-Rockefeller Ctr (B, D, F, M) 🕐 Top of the Rock: 8.00-24.00 diario 🌐 rockefellercenter.com

Este enorme complejo *art déco* ha sido el corazón del Midtown desde los años treinta. Hoy tiene estudios de televisión, restaurantes y uno de los miradores más altos de la ciudad, el Top of the Rock, sin olvidar la famosa pista de hielo durante el invierno.

El corazón de Nueva York

El complejo *art déco* fue encargado por el magnate John D. Rockefeller Jr. y proyectado por el equipo dirigido por Raymond Hood. Rockefeller lo había alquilado en 1928 para que fuera la sede nueva de la Met Opera, pero el crac del 29 arruinó sus planes. En la actualidad, el centro engloba el Radio City Music Hall, el 30 Rockefeller Plaza (o 30 Rock) de 259 m de altura, un centro comercial subterráneo, la Rainbow Room y la Lower Plaza. Rockefeller siguió

↑ El paisaje urbano iluminado, tal y como se ve desde el Top of the Rock

¿Lo sabías?

El árbol de Navidad del Rockefeller Center se ilumina con 30.000 bombillas ecológicas.

← El famoso árbol de Navidad del Rockefeller junto a la pista de patinaje sobre hielo

con su proyecto. Los 14 edificios levantados entre 1931 y 1940 dieron trabajo a 225.000 personas durante la Depresión; en 1973 ya había 19 edificios.

La pista del Rockefeller Center

Cada invierno, desde 1936, la Lower Plaza del Rockefeller Center se transforma en una pista de hielo para patinar. Se va entrando a la pista según se llega, así que hay que hacerlo temprano para no esperar mucho (abre todos los días de 8.30 a 24.00; www.therinkatrockcenter. com). De finales de noviembre a principios de enero, el árbol de Navidad, conocido por haber aparecido en muchos espectáculos y películas, preside la pista por encima de la escultura de *Prometeo* de Paul Manship.

30 ROCK

El 30 Rockefeller Plaza es desde hace mucho tiempo la sede de la cadena de televisión NBC. Se puede ver dónde se graban *Saturday Night Live, The Tonight Show Starring Jimmy Fallon* y *The Today Show* con el NBC Studio Tour (www.thetouratnbcstudios.com). Es posible formar parte de la audiencia al aire libre de *The Today Show* con solo presentarse antes de las 7.00 cualquier día laborable.

Fuentes y estanques ↑
en el complejo *art déco*
del Rockefeller Center

NEW YORK PUBLIC LIBRARY

 D4 476 Fifth Av 42 St-Bryant Park (B, D, F, M) 10.00-20.00 ma y mi, 10.00-18.00 ju-sá, 13.00-17.00 do nypl.org

La Biblioteca Pública de Nueva York es uno de los edificios más queridos de la ciudad. Atrae tanto por la suntuosidad de su arquitectura y decoración como por sus amplísimas colecciones de libros, exposiciones temporales y actividades culturales.

Joya del academicismo francés

En 1897, el codiciado trabajo de diseñar la sede principal de la Biblioteca de Nueva York (hoy edificio Stephen A. Schwarzman) se encargó a los arquitectos Carrère & Hastings. El primer director pensó en un espacio luminoso, tranquilo y aireado para estudiar, donde pudieran almacenarse millones de libros y que a la vez llegaran a los lectores lo antes posible. En manos de Carrère & Hastings, su visión se hizo realidad en lo que se considera el epítome del periodo academicista francés de Nueva York. La biblioteca abrió en 1911 y fue aclamada inmediatamente. La grandiosa Sala Principal de Lectura Rose tiene la longitud de dos bloques completos y está bañada de luz natural procedente de dos patios interiores. Debajo de esta sala hay 142 km de estanterías con más de siete millones de volúmenes. La Sala de

Publicaciones Periódicas DeWitt Wallace está decorada con 13 murales de Richard Haas en honor a las magníficas editoriales neoyorquinas. La Sala de Cartografía, igual de opulenta, alberga una de las mayores colecciones del mundo de planos y mapas. También hay exposiciones sobre una amplia variedad de temas en diversas galerías. Las visitas guiadas gratuitas (11.00 y 14.00 lu-sá) constituyen una buena ayuda para entender estos espacios.

→ Fachada de la New York Public Library, diseñada por los arquitectos Carrère & Hastings

EL VERDADERO OSO POOH

En el Children's Center se pueden ver los verdaderos animales de peluche que inspiraron a A. A. Milne los entrañables cuentos de Winnie-the-Pooh. Pooh, Ígor, Piglet, Cangu y Tigger pertenecieron a Christopher Robin Milne en la década de 1920, y fueron adquiridos por la Biblioteca en 1987.

La Sala de Cartografía

Además de esta impresionante sala, la sección de cartografía de la biblioteca alberga 433.000 mapas y unos 20.000 libros y atlas, de los siglos XVI al XXI. El personal de la biblioteca está a disposición de los usuarios para hacer cualquier impresión cartográfica, desde mapas utilizados en la Segunda Guerra Mundial hasta planos históricos de la propia Nueva York.

→ La Sala de Cartografía, donde se pueden consultar mapas y planos históricos

↓ La magnífica Sala Principal de Lectura Rose

LUGARES DE INTERÉS

3

Times Square

📍 D4 🚇 Times Sq-42 St
(N, R, 1, 2, 3, 7) ℹ️ Broadway
Plaza, entre 43rd St y 44th St;
9.00-18.00 diario
🌐 timessquarenyc.org

Aquí, las tradiciones de Broadway conviven con las innovaciones actuales y, gracias a una transformación de los años noventa, este emblemático lugar de Nueva York es ahora un centro lleno de actividad. Edificios como el 1540 Broadway (antes llamado Bertelsmann), y las oficinas minimalistas Condé Nast están junto a los teatros de Broadway.

Aunque *The New York Times* se trasladó de su sede original en el extremo sur de la plaza a un lugar frente a la Autoridad Portuaria, su famosa bola brillante (de cristal de Waterford) aún se desliza la medianoche de cada fin de año con gran alboroto, como lo ha hecho desde que se inauguró el edificio en 1906.

La fortuna de Broadway también ha revivido. Se han renovado muchos teatros y ahora acogen producciones contemporáneas. Los amantes del teatro llenan cada noche los bares y restaurantes de la zona.

Uno de los hitos es el Westin Hotel, un rascacielos de 57 pisos diseñado por Arquitectonica, arquitectos de Miami, sobre

---

 CONSEJO DK
Entradas baratas

La taquilla Times Square TKTS (www.tdf.org), situada bajo las escaleras rojas en Broadway y West 47th Street, sigue siendo el mejor sitio para adquirir entradas con descuento para los espectáculos más solicitados de Broadway. Las colas son largas, pero el descuento vale la pena.

---

el complejo comercial y de ocio E-Walk en el cruce de la calle 42 y la Octava Avenida. Entre otros puntos de interés están el Tussauds at 42nd Street *(p. 182)*, una enorme Disney Store, una plaza peatonal y un M&M World en 1600 Broadway.

4

SPYSCAPE

📍 C2 🏛 928 Eighth Ave
🚇 50th St (A, C, E) 🕐 10.00-21.00 lu-vi, 9.00-21.00 sá-do
🌐 spyscape.com

Esta divertida experiencia –parte museo de espías y parte aventura interactiva– es para adultos y adolescentes. Entre los objetos expuestos hay una copia de la famosa máquina Enigma (se pueden codificar y descodificar mensajes), detectores de mentiras (para probar a engañarla) y un sitio de piratas informáticos. También hay un túnel de láser (el Special Ops Challenge) y da la oportunidad de desarrollar el perfil personal de espía con la ayuda de un ex jefe de entrenamiento de los servicios de inteligencia británicos.

5

New York City Center y Alvin Ailey American Dance Theater

📍 D2 🏛 131 West 55th St
🚇 57 St (N, O, R, W)
🕐 Solo para actuaciones
🌐 nycitycenter.org

Esta estructura decorada en estilo morisco, con una cúpula de azulejos, fue construida en 1924 como templo masónico. Se salvó de la especulación inmobiliaria gracias al alcalde LaGuardia, quien lo convirtió en la sede de la New York City Opera (1944-1964) and Ballet

---

¿Lo sabías?

Drama Book Shop ha cerrado en 2019, pero Lin-Manuel Miranda y sus amigos están buscando otro local.

(1948-1966). Cuando la compañía se trasladó al Lincoln Center, el centro siguió siendo un escenario para la danza. Hoy tienen sede aquí el Manhattan Theatre Club y el respetadísimo Alvin Alley American Dance Theater, especializado en danza moderna.

6

Bryant Park

📍 D4 🚇 5 Av (7), 42 St-Bryant Pk (B, D, F, M) 🕐 Diario; los horarios varían, consultar la web para más información
🌐 bryantpark.org

Este parque es un oasis de calma encajado entre los rascacie-

↑ Cena al aire libre en verano en el bonito Bryant Park

los del Midtown. Acoge una serie de actividades durante todo el año en sus exuberantes jardines, entre ellas clases de *fitness*, actos literarios y de danza contemporánea, proyección al aire libre de películas clásicas en verano, y una pista de hielo gratuita para patinar en invierno. También hay quioscos de comidas y restaurantes repartidos por todo el parque, así que es el lugar perfecto para pasar el rato por la tarde o parar para descansar. Mucha gente no sabe que la Biblioteca Pública (*p. 178*) mantiene más de un millón de libros de sus colecciones almacenados a temperatura controlada bajo del parque.

En 1853, Bryant Park (llamado entonces Reservoir Park) albergó un deslumbrante palacio de cristal construido para la feria mundial de ese año. Fue el desencadenante de uno de los primeros *booms* turísticos vistos en Nueva York: atrajo a más de un millón de visitantes. Lamentablemente, el palacio se incendió en 1858.

En 1989, el parque se renovó y se recuperó para disfrute de trabajadores y visitantes.

Carnegie Hall

🅾️ D2 🏛️ 154 West 57th St 🆂 57 St-7 Av (N, Q, R) 🎫 Para conciertos 🌐 carnegiehall.org

Financiado por el millonario y filántropo Andrew Carnegie, el primer gran auditorio de conciertos de Nueva York abrió en 1891, con Tchaikovsky como director invitado. Durante muchos años, fue sede de la Orquesta Filarmónica de Nueva York, bajo la batuta de directores como Arturo Toscanini, Bruno Walter y Leonard Bernstein. Pronto, actuar en él se convirtió en símbolo de éxito internacional para los músicos, y en la actualidad los pasillos están llenos de recuerdos de artistas que han actuado aquí.

Una campaña llevada a cabo por el violinista Isaac Stern en la década de 1950 lo salvó de los promotores inmobiliarios, y en 1964 se convirtió en un emblema nacional, instalándose en la conciencia de la ciudad como un lugar cultural importante.

Si no es posible asistir a un concierto, también existe la posibilidad de hacer una visita guiada. Consultar la web para más información.

TEATROS DE BROADWAY

Muchos de los teatros originales de Broadway han desaparecido, pero 25 de los que quedan han sido catalogados como *Historic Landmarks*. El Lyceum (149 West 45th St) de 1903, que fue el primero en recibir la designación, es el teatro en activo más antiguo de la ciudad. Cuando abrió en 1903, el New Amsterdam (214 West 42nd St) era el más lujoso de Estados Unidos. Fue el primero con un interior *art nouveau* y pertenecía a Florenz Ziegfeld, del famoso Ziegfeld Follies. El Helen Hayes (240 West 44th St) de 1912 es el más pequeño de Broadway, y el celebrado Shubert (225 West 44th St) tiene un magnífico interior que contrasta con la sencillez de su exterior.

Madame Tussauds New York

📍 C4 📍 234 West 42nd St
🚇 Times Sq-42 St (N, Q, R, S, 1, 2, 3, 7) 🕐 10.00-22.00 vi-sá, 10.00-20.00 do-ju
🌐 madame tussauds.com/new-york

Esta franquicia turística internacional tiene un espacio junto a Times Square, con los modelos de cera habituales de actores, celebridades, realeza y políticos. Entre los extras (hay que hacer un pago extra también) está "Ghostbusters: Dimension Virtual Reality Experience": los visitantes pueden vestirse como los personajes de la película y cazar un fantasma. En "Marvel 4D Cinema Experience", los superhéroes, entre ellos Hulk, toman vida en figuras de cera y películas 4D.

Museum of Arts and Design

📍 C2 📍 2 Columbus Circle
🚇 59 St-Columbus Circle (A, B, C, D, 1) 🕐 10.00-18.00 ma-do (hasta 21.00 ju) 🚫 Festivos
🌐 madmuseum.org

Este museo, la principal institución cultural estadounidense de su clase, ubicado en un llamativo edificio moderno, está dedicado a objetos contemporáneos de diversas materias,

↑ Figura de cera de la actriz de *Cazafantasmas* Leslie Jones en el Madame Tussauds

EL DIAMOND DISTRICT

En el Distrito de los Diamantes de Nueva York (calle 47, entre las avenidas Quinta y Sexta) hay escaparates con oro y diamantes relucientes; los edificios están llenos de joyerías y talleres en los que los joyeros compiten para captar clientes. Este distrito surgió en la década de 1930, cuando los talladores de diamantes judíos salieron de Europa huyendo del nazismo. Comercian sobre todo al por mayor, pero también al por menor. Hay que llevar dinero en efectivo, comparar precios y regatear (pero solo si se sabe algo sobre el valor de los diamantes).

desde arcilla y madera hasta metal y fibra. La colección permanente consta de más de dos mil piezas de artesanos y diseñadores. Unas cuatro exposiciones al año se complementan con piezas seleccionadas de la Tiffany & Co. Foundation Jewelry Gallery. En la tienda del MAD se venden obras de los mejores artesanos estadounidenses.

Gulliver's Gate

📍 D4 📍 216 West 44th St
🚇 Times Sq-42 St (N, Q, R, W, S, 1, 2, 3, 7) 🕐 10.00-20.00 diario (última admisión: 1 hora antes de cerrar)
🌐 gulliversgate.com

Se trata de un mundo interactivo para familias, de 6.645 m², con ciudades en miniatura de cuatro continentes. Hay 102 puentes, 967 edificios y 233 coches que imitan lugares reales. La primera exposición, naturalmente, es la ciudad de Nueva York, con sus edificios e hitos más emblemáticos; entre ellos, el puente de Brooklyn, el Empire State Building, Central Park, Staten Island Ferry Building y la Grand Central Station. Tiene algunos toques realistas diminutos en las calles, como firmas de grafiteros, gente re-

frescándose en las bocas de incendios, policías investigando delitos y palomas revoloteando por los tejados.

De América Latina se pueden ver el Canal de Panamá, las cataratas del Iguazú, el Machu Picchu y Chichen Itza; de Asia, el Taj Mahal, Angkor Wat, la Gran Muralla, y la Ciudad Prohibida. París y Venecia están en la sección de Europa y hay una impresionante maqueta de la ciudad vieja de Jerusalén. Es mejor comprar por Internet entradas programadas para ahorrar tiempo (y dinero).

National Geographic Encounter

📍 C4 📍 226 44th St 🚇 Times Sq-42 St (N, Q, R, S, W, 1, 2, 3, 7) 🕐 10.00-21.00 do-ju, 10.00-22.00 vi-sá
🌐 natgeoencounter.com

Inaugurado en 2017, el espectacular National Geographic Encounter: Ocean Odyssey es un inmenso complejo que emplea tecnología avanzada para simular un paseo a través del

→

El lujoso Russian Tea Room transmite una sensación de opulencia océano; los visitantes pueden "caminar" desde el Pacífico Sur hasta las costas de California. Sonidos de inmersión, pantallas táctiles y hologramas crean una interacción virtual con lobos marinos, delfines y ballenas jorobadas de 15 m. Incluso hay una pelea entre dos calamares gigantes.

Esta visita requiere al menos dos horas. También es recomendable comprar por Internet, con anticipación, entradas programadas.

 12

Intrepid Sea, Air & Space Museum

A4 **Pier 86, West 46th St** **Times Sq-42 St (N, Q, R, S, W, 1, 2, 3, 7)** **M42, M50** **Abr-oct: 10.00-17.00 lu-vi, 10.00-18.00 sá-do y festivos; nov-mar: 10.00-17.00 diario** **intrepidmuseum.org**

En las exposiciones a bordo de este portaaviones de la Segunda Guerra Mundial pueden verse: cazas de los años cuarenta; el A-12 Blackbird, el avión espía más veloz del mundo; un Concorde original; y el *USS*

Growler, un submarino de misiles dirigidos.

El Exploreum Hall del museo tiene dos simuladores de vuelo G-Force, una sala de cine dinámico 4D, un helicóptero Bell 47 y un submarino interactivo. Además, el pabellón del Space Shuttle alberga la histórica nave espacial *Enterprise*.

13

Hell's Kitchen

B3 **50 St (C, E)**

Al oeste de Times Square, más o menos entre las calles 30 y 59, está Clinton, más conocido como Hell's Kitchen. Famoso en la actualidad por su prestigio gastronómico, a finales del siglo XIX era un enclave irlandés pobre, uno de los barrios más violentos de Nueva York, cuando los griegos, puertorriqueños y afroamericanos se mudaron y surgieron las tensiones. Esta rivalidad parecía

¿Lo sabías?

Madonna trabajó en el guardarropa del Russian Tea Room en 1982.

más atractiva en el musical *West Side Story*, del que se hizo una película en Nueva York y se lanzó en 1957. La zona se ha saneado al dispararse los alquileres y, sobre todo en la Novena Avenida, llenarse de restaurantes, bares y *delis*. También hay una sólida comunidad gay y tantos bares de ambiente como en Chelsea o el West Village. Estos se trasladaron aquí por la gentrificación de Chelsea y el West Village, que provocó su encarecimiento.

Le Bernardin

Este venerado y bonito restaurante francés ha obtenido tres estrellas Michelin y sirve el mejor marisco de Estados Unidos.

D3 **155 West 51st St** **Do** **le-bernardin.com**

$$$

Rainbow Room

En el piso 65 del Rockefeller Center. No es tan exclusivo como en otro tiempo, pero las vistas son magníficas. Es obligatorio que los hombres lleven chaqueta.

D3 **30 Rockefeller Plaza** **Do** **rainbowroom.com**

$$$

Russian Tea Room

Abierto en 1927 por exmiembros del *ballet* imperial ruso, este local sirve platos rusos clásicos en un lujoso entorno.

D2 **150 West 57th St** **russiantea roomnyc.com**

$$$

LOWER MIDTOWN

En esta zona se puede ver elegante arquitectura, desde el estilo *beaux arts* al *art déco, boutiques* de moda y rascacielos imponentes, dispersos por las avenidas Quinta, Madison y Park. El tranquilo barrio residencial de Murray Hill, entre las calles 34 y 40 este, tomó su nombre de una antigua finca de campo. A principios del siglo XX se convirtió en residencia de familias adineradas, como la del banquero J. P. Morgan, cuya biblioteca, ahora museo, muestra el esplendor de aquella época. A partir de la calle 42, cerca de la estación Grand Central, el Lower Midtown se convierte en zona comercial llena de altos edificios de oficinas. Sin embargo, pocos de los modernos rascacielos han igualado la belleza *beaux arts* de dicha estación de tren o la elegancia *art déco* del Chrysler Building o el complejo modernista de Naciones Unidas que se asoma al East River.

FIFTH AV

EAST 49TH ST

AV

LOWER MIDTOWN

PARK ST

EAST 48TH ST

AV

MIDTOWN

EAST 47TH ST

EAST 46TH ST

Helmsley **9** Building

Fred F. French Building

MADISON AV

VANDERBILT AV

MetLife Building **6**

MIDTOWN WEST Y THEATER DISTRICT *p. 172*

WEST 44TH ST

AV

Grand Central Terminal **1** **2** **3**

WEST 43RD ST

4

5 Av 7 **S**

FIFTH AV

Bowery Savings Bank Building **5**

EAST 42ND ST

Grand Central- 42 St S.4.5.6.7 **S**

42 St B.D.F.M **S**

Bryant Park

New York Public Library

AV

4

EAST 41ST ST

PERSHING SQUARE

WEST 40TH ST

EAST 40TH ST

PARK AV

LOWER MIDTOWN

EAST 39TH ST

AV

Esencial

1 Grand Central Terminal

2 Naciones Unidas

EAST 38TH ST

EAST 37TH ST

Morgan Library & Museum

Lugares de interés

3 Chrysler Building

13 EAST 36TH ST

4 Chanin Building

5 Bowery Savings Bank Building

Church of the Incarnation

6 MetLife Building

11 EAST 35TH ST

7 Daily News Building

8 Ford Foundation Center for Social Justice

EAST 34TH ST

9 Helmsley Building

10 Japan Society

MADISON AV

5

11 Church of the Incarnation

12 Sniffen Court

33 St 6 **S**

13 Morgan Library & Museum

PARK

Dónde comer

① Grand Central Oyster Bar

AV

② Great Northern Food Hall

③ The Campbell

AV

Dónde dormir

6

④ Library Hotel

EAST 31ST ST

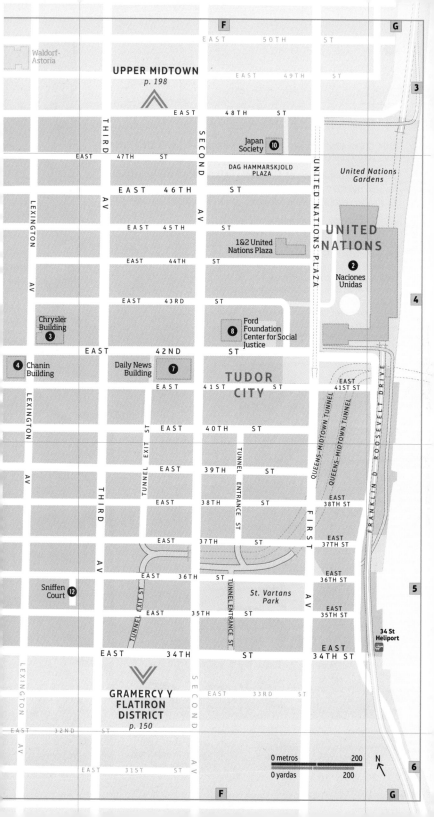

❶ ⓜ 🍴 🖥 🏛

GRAND CENTRAL TERMINAL

📍 E4 🏠 East 42nd St en Park Av 🚇 Grand Central (S, 4, 5, 6, 7) 🚌 M1-5, M42, M50, M101-103, Q32 🕐 5.30-2.00 diario 🌐 grandcentralterminal.com

Desde su inauguración en 1913, esta joya del academicismo francés ha sido puerta y símbolo de la ciudad. El orgullo de la terminal es su alto vestíbulo principal, junto con su fabuloso Oyster Bar.

En 1871 Cornelius Vanderbilt (1794-1877) abrió una estación de tren en la calle 42. A pesar de que se realizaron sucesivas ampliaciones, nunca alcanzaba la capacidad suficiente y finalmente fue demolida. La actual se inauguró en 1913. La estructura del edificio es de acero enlucido y revestido de mármol. Reed & Stern se encargaron de la planificación logística; Warren & Wetmore, del diseño global. La restauración de los arquitectos Beyer Blinder Belle es extraordinaria: transporta a los viajeros y turistas a una época pasada.

← Rayos de sol entrando en el vestíbulo principal de la terminal, c. 1930

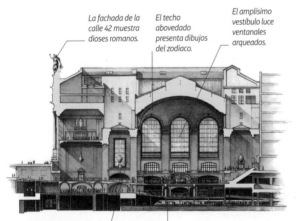

La fachada de la calle 42 muestra dioses romanos.

El techo abovedado presenta dibujos del zodiaco.

El amplísimo vestíbulo luce ventanales arqueados.

El Vanderbilt Hall es un ejemplo de arquitectura beaux arts.

La Gran Escalinata se basa en la de la ópera de París.

↑ Sección transversal del interior de la Grand Central Terminal

↑ El impresionante vestíbulo principal de la terminal y el exterior *(arriba)*

Grand Central Oyster Bar

Hay que probar las ostras frescas en este palacio del marisco situado bajo la estación Gran Central. Abrió en 1913 y está coronado por magníficos techos abovedados. Los chefs optan por una preparación sencilla –un chorrito de limón o una ramita para decorar– para que el pescado fresco, la sopa de almejas, la langosta de Maine al vapor y las ostras dulces de Kumamoto brillen por méritos propios.

📍 E4 🏠 Nivel inferior, Grand Central Terminal ⏰ Do 🌐 oysterbarny.com

⑤⑤⑤

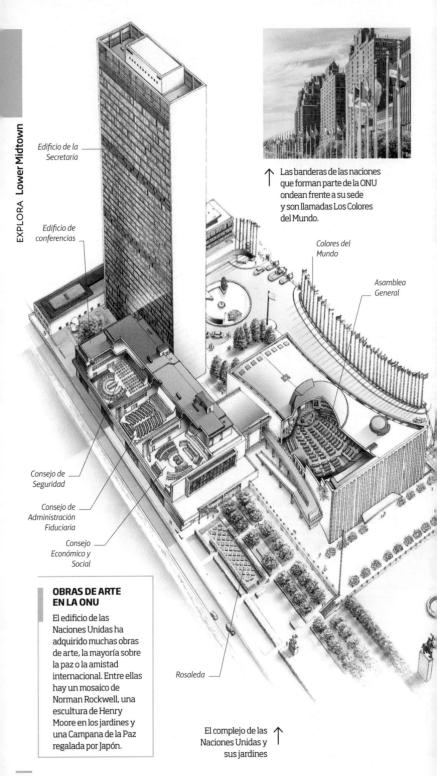

Edificio de la
Secretaría

Edificio de
conferencias

Las banderas de las naciones
que forman parte de la ONU
ondean frente a su sede
y son llamadas Los Colores
del Mundo.

Colores del
Mundo

Asamblea
General

Consejo de
Seguridad

Consejo de
Administración
Fiduciaria

Consejo
Económico y
Social

OBRAS DE ARTE
EN LA ONU

El edificio de las
Naciones Unidas ha
adquirido muchas obras
de arte, la mayoría sobre
la paz o la amistad
internacional. Entre ellas
hay un mosaico de
Norman Rockwell, una
escultura de Henry
Moore en los jardines y
una Campana de la Paz
regalada por Japón.

Rosaleda

El complejo de las
Naciones Unidas y
sus jardines

↑ La Asamblea General en
una sesión, con los
murales de Fernand Leger

2 Ⓜ️ 🖥️ 🛍️

NACIONES UNIDAS

📍 F4 🏠 First Av con 46th St Ⓢ 42 St-Grand Central (S, 4, 5, 6, 7)
🚌 M15, M42, M50 🕐 9.00-16.45 diario 🚫 Festivos, Eid 🌐 visit.un.org

Muchos de los visitantes de Nueva York no saben que la ciudad
es la sede internacional de la Organización de las Naciones Unidas.
El objetivo de las 193 naciones miembro es mantener la paz mundial
y ayudar al bienestar económico y social en todo el mundo.

*Entrada de
visitantes*

La ONU se fundó en 1945 con solo 51 miembros. John D. Rockefeller Jr. donó 8,5 millones de dólares para la compra de los terrenos. Hoy, la ONU consta de cinco foros. La Asamblea General mantiene sesiones periódicas de septiembre a diciembre para tratar problemas internacionales, y todos los Estados miembros están representados con un voto igualitario. No puede promulgar leyes, pero sus recomendaciones tienen una fuerte influencia en la opinión mundial. El órgano con más poder es el Consejo de Seguridad, que trabaja para conseguir paz y seguridad con su intervención en crisis internacionales y conflictos. Es el único cuerpo cuyas decisiones deben obedecer los Estados miembros, así como el único en sesión continua. China, Francia, la Federación Rusa, el Reino Unido y Estados Unidos son miembros permanentes del Consejo; la Asamblea General elige diez miembros no permanentes para periodos de dos años.

Los 54 miembros del Consejo Económico y Social trabajan para mejorar los niveles de vida y bienestar social en todo el mundo, incluyendo asuntos económicos y violaciones de los derechos humanos. La Secretaría tiene unos 16.000 trabajadores internacionales y realiza el trabajo cotidiano de la ONU. Lo dirige el secretario General, que es portavoz en los esfuerzos de la organización por mantener la paz. La Corte Internacional de Justicia resuelve con sentencias las disputas entre los Estados miembros.

Las visitas a la ONU son de lunes a viernes y es necesario reservar.

↑ El Consejo de Seguridad,
donde se reúnen los delegados
bajo los murales del artista Per Krohg

❸

Chrysler Building

📍 E4 🏛 405 Lexington Av
☎ (212) 682-3070 🚇 42 St-
Grand Central (S, 4, 5, 6, 7)
🕐 Vestíbulo: 7.00-18.00

El edificio Chrysler, obra de William van Alen, con 77 pisos y rematado por su brillante corona, es uno de los más conocidos de Nueva York y el más querido. Fue construido para Walter P. Chrysler, exmaquinista de la Union Pacific Railroad, cuya pasión por el automóvil le ayudó a ascender rápidamente hasta la cima de esta industria, y a fundar en 1925 la corporación que lleva su nombre. El deseo de tener una sede en Nueva York que fuera símbolo de la compañía, le condujo a un edificio que siempre estará unido a la edad de oro del automóvil. La aguja *art déco* de acero inoxidable recuerda la parrilla del radiador de un coche. Los sucesivos retranqueos se adornaron con tapas de radiador aladas, ruedas y elegantes vehículos; y las gárgolas se basan en el capó del Chrysler Plymouth de 1929.

La aguja que lo corona, mantenida en secreto hasta el último momento, se hizo en el pozo de acceso para bomberos y luego se elevó hasta su sitio a través de la cubierta, para que el edificio, con 320 m, fuera más alto que el recién terminado Bank of Manhattan, realizado por el gran rival de Van Alen, H. Craig Severance. Tan solo unos meses después, fue superado por el Empire State Building.

Van Alen tuvo una pobre recompensa. Chrysler le acusó de aceptar sobornos de los constructores y se negó a pagarle. La carrera de Van Alen nunca se recuperó de aquella mancha.

El lujoso vestíbulo, que se utilizó en otro tiempo para mostrar los vehículos, está decorado con mármol veteado y granito y adornos de acero cromado. En el enorme techo, pintado por Edward Trumball, se ven escenas de medios de transporte de los años veinte. Aunque nunca fue sede de la Chrysler Corporation, su nombre permanece.

---

❹

Chanin Building

📍 E4 🏛 122 East 42nd St
🚇 42 St- Grand Central (S, 4, 5, 6, 7) 🕐 Horario de oficina

Inicialmente sede de la inmobiliaria de Irwin S. Chanin, uno de los promotores inmobiliarios más importantes de Nueva York,

El característico edificio
Chrysler, un monumento
a los primeros tiempos
del automovilismo

↑ El edificio Chanin, un magnífico ejemplo de estilo *art déco*

y un hombre hecho a sí mismo, el rascacielos de 1929 de 56 pisos, obra de Sloan & Robertson, fue el primero de la zona de Gran Central, y es uno de los mejores ejemplos del periodo *art déco*. Una amplia franja de bronce, con motivos de aves y peces, recorre la fachada, y la base de terracota se ha decorado con una maraña de vida vegetal. En el interior, el escultor René Chambellan realizó bajorrelieves que ilustran la trayectoria profesional de Chanin.

---

❺ 🍽

Bowery Savings Bank Building

📍 E4 🏛 110 East 42nd St
🚇 42 St-Grand Central (S, 4, 5, 6, 7) 🕐 Solo con cita
🌐 cipriani.com

Muchos consideran que este edificio de 1923, construido al estilo de una basílica románica para el Bowery Savings Bank (ahora perteneciente a Capital One Bank), fue el mejor proyecto de los arquitectos de bancos York & Sawyer. Una entrada con arcos conduce a un enorme salón de altos techos, suelo de mosaicos y columnas de mármol que soportan arcos de piedra.

Entre las columnas hay mosaicos de mármol italiano y francés. El edificio, hoy un espacio para actos, alberga el restaurante Cipriani, de opulenta decoración, al que acuden los grandes inversores para sus celebraciones.

6 🍴 MetLife Building

📍 E4 🏢 200 Park Av 🚇 42 St-Grand Central (S, 4, 5, 6, 7) 🕐 Horario de oficina

Cuando, en 1963, se construyó este coloso como edificio Pan Am, su estatus de edificio comercial más grande del mundo se vio ensombrecido porque tapaba las vistas, desde Park Avenue, de las esculturas que coro-

Great Northern Food Hall

Platos de inspiración nórdica dentro de la Grand Central, con menús de temporada que muestran los mejores productos de la zona de Nueva York. Entre los puestos: la panadería ecológica Meyers Bageri, la tienda de café Brownsville Roasters, los perritos calientes *gourmet* de Danish Dogs, y menús de verduras en Almanak.

📍 E4 🏢 Vanderbilt Hall West, Grand Central Terminal 🌐 great northernfood.com

💲💲💲

The Campbell

Es una de las coctelerías más elegantes de Nueva York, al estilo de un palacio florentino. Sirve buena comida, pero el verdadero atractivo está en las bebidas y el local. Campbell Palm Court, que está al lado, tiene vistas a la terminal. No se acepta ropa informal después de las 16.00.

📍 E4 🏢 15 Vanderbilt Av (junto a 43rd St), Grand Central Terminal 🌐 thecampbellnyc.com

💲💲💲

naban la Grand Central Terminal. Diseñado en estilo modernista por Walter Gropius, Emery Roth and Sons y Pietro Belluschi, empequeñeció a la estación y provocó un descontento generalizado. El helipuerto que había en el tejado se cerró en 1977, tras un extraño accidente que hizo caer materiales a las calles aledañas. En 1981 se vendió el edificio a la organización Metropolitan Life y, después, a Tishman Speyer Properties.

Es irónico que los cielos de Nueva York fueran parcialmente tapados por Pan Am, una empresa que los había abierto como medio de transporte. Cuando esta compañía inició sus vuelos en 1927, Charles Lindbergh –poco después de su vuelo transatlántico en solitario– era piloto y consejero sobre nuevas rutas. En 1936, Pan Am inauguró la primera línea que cruzaba el océano Pacífico, y en 1947 fue la primera en dar la vuelta al mundo, aunque cerró en 1991.

---

7 Daily News Building

📍 F4 🏢 220 East 42nd St 🚇 42 St-Grand Central (S, 4, 5, 6, 7) 🕐 8.00-18.00 lu-vi

El *Daily News* se fundó en 1919, y en 1925 ya vendía un millón de ejemplares; se le conocía, de forma bastante mordaz, como "la biblia de las criadas" porque se centraba en escándalos, famosos y asesinatos, por su

> **El edificio Chrysler, obra de William van Alen, con 77 pisos y rematado por su brillante corona, es uno de los más conocidos de Nueva York y el más querido.**

estilo entretenido y porque llevaba muchas imágenes. Con el paso de los años se ha quedado en lo que mejor hace, y su fórmula le ha dado buenos frutos. Ha revelado historias como el romance entre Eduardo VIII y la Sra. Simpson, y ha alcanzado fama por sus impactantes titulares. Sus cifras de ventas siguen entre las más altas de Estados Unidos.

Su sede anterior (ahora está en 4 New York Plaza), diseñada por Raymond Hood en 1930, tiene franjas verticales de ladrillo negro y rojizo que alternan con ventanas. El vestíbulo de Hood resulta familiar para muchos por ser el del Daily Planet de las películas de Superman de la década de 1980. Tienen el globo terráqueo interior más grande del mundo, y las líneas de bronce del suelo indican la dirección de ciudades del mundo y la posición de los planetas. De noche, el complicado diseño que hay sobre la entrada principal del edificio se ilumina con neones desde el interior. Este edificio ha sido designado Hito Histórico Nacional.

Globo terráqueo gigante en el vestíbulo del Daily News Building ↑

❽ Ford Foundation Center for Social Justice

📍 F4 🏠 320 East 43rd St
🚇 42nd St-Grand Central (S, 4, 5, 6, 7) 🕐 8.00-18.00 lu-vi

Construido en 1968, fue diseñado por el arquitecto Kevin Roche y albergaba el primero de los atrios hoy día comunes por todo Manhattan. El atrio recuerda a un inmenso invernadero sustentado por columnas de granito. A modo de jardín tropical, se transforma con el paso de las estaciones: fue una de las primeras tentativas de incorporar la naturaleza en el interior de un edificio. Está flanqueado por dos muros de oficinas visibles a través de los cristales y, sin embargo, es un entorno increíblemente tranquilo. El estruendo del exterior desaparece y lo único que se oye es el eco de las voces, el murmullo de las fuentes y el ruido de las pisadas sobre los suelos de ladrillo.

El Centro de la Fundación Ford emprendió una importante rehabilitación que terminó a finales de 2018. Se ha ganado un jardín atrio (con 39 especies vegetales) y un nuevo auditorio.

❾ Helmsley Building

📍 E4 🏠 230 Park Av 🚇 42 St-Grand Central (S, 4, 5, 6, 7) 🕐 Horario de oficina

Una de las mejores vistas de Nueva York, mirando desde Park Avenue hacia el sur, es la del edificio Helmsley, que sobresale en medio del denso tráfico. Solo hay un inconveniente: el monolítico MetLife Building *(p. 193)* que se eleva tras él, reemplazando al anterior fondo sobre el que se recortaba el Helmsley, el cielo.

El Helmsley Building, construido por Warren & Wetmore en 1929, fue sede de la New York Central Railroad Company. La persona que le dio su nombre, el difunto Harry Helmsley, fue un millonario que comenzó su carrera como botones en una oficina de Nueva York con un sueldo de 12 dólares a la semana. Su esposa, Leona, aparecía en todos los anuncios de su cadena de hoteles hasta que en 1989 fue encarcelada por evasión fiscal a gran escala. Muchos opinan que la extravagante iluminación del edificio fue fruto del gusto por la exageración de Leona.

¿Lo sabías?

Cuando Leona Helmsley falleció en 2007, dejó en su testamento 12 millones de dólares a su perro maltés Trouble.

❿ Japan Society

📍 F3 🏠 333 East 47th St
🚇 42 St-Grand Central (S, 4, 5, 6, 7) 🚌 M15, M50
🌐 japansociety.org

La Japan Society, fundada en 1907 con el objeto de fomentar el entendimiento e intercambio cultural entre Japón y Estados Unidos, se estableció con la ayuda de John D. Rockefeller III. El impresionante edificio negro, con sus delicadas rejillas, diseñado por Junzo Yoshimura y George Shimamoto en 1971, cuenta con una galería museo (abierta de martes a domingo, de octubre a junio) un auditorio, un centro de idiomas, una biblioteca para investigadores y jardines orientales tradicionales.

MIDTOWN MANHATTAN

El perfil urbano de esta zona cuenta con las torres y agujas más espectaculares de la ciudad, desde la belleza del pináculo *art déco* del Empire State Building hasta la cima inclinada de la moderna sede del Citibank. A medida que se va de la costa hacia el norte, la arquitectura se torna más variada. El complejo de las Naciones Unidas domina una larga franja antes de que Beekman Place empiece una fila de enclaves residenciales exclusivos que ofrecen a ricos y famosos un poco de aislamiento en esta ajetreada parte de la ciudad.

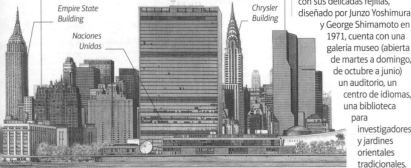

Empire State Building

Naciones Unidas

Chrysler Building

Agradable y frondoso entorno de las cocheras de John Sniffen

Library Hotel

Cada planta de este hotel, uno de los más caprichosos de Nueva York, está dedicada a una de las diez principales clases del Sistema de Clasificación Decimal Dewey (el usado en las bibliotecas). Las lujosas pero reducidas habitaciones de "tamaño pequeño" se han decorado en tonos marrones y crema, y las habitaciones "de lujo" ofrecen algo más de espacio. Hay vino y queso gratis todas las noches.

♀ E4 🏠 299 Madison Av
🌐 libraryhotel.com

Ⓢ Ⓢ Ⓢ

Se celebran exposiciones temporales de arte japonés, de contenido muy variable, que muestran desde espadas y kimonos hasta rollos manuscritos. La Japan Society ofrece también lecciones de interpretación teatral japonesa, conferencias, clases de japonés y muchos talleres para ejecutivos tanto nipones como estadounidenses.

---

⑪

Church of the Incarnation

♀ E5 🏠 209 Madison Av
Ⓢ 42 St-Grand Central (S, 4, 5, 6, 7), 33rd Street (6)
🕐 11.30-14.00 lu-vi, 8.00-13.00 do 🌐 churchof theincarnation.org

Esta iglesia episcopal data de 1864, cuando la élite neoyorquina vivía en Madison Avenue. Su exterior en piedra arenisca y ladrillo rojizo es representativo de su época. En el interior hay unos reclinatorios de roble de Daniel Chester French, un mural en el presbiterio de John La Farge, y ventanas con vidrieras de La Farge, Tiffany, William Morris y Edward Burne-Jones.

⑫

Sniffen Court

♀ E5 🏠 150-158 East 36th St
Ⓢ 33 St (6)

Delicioso y tranquilo patio, rodeado por 10 casas de ladrillo de estilo neorrománico, construidas por John Sniffen en la década de 1850. Las casas están perfectas y milagrosamente aisladas del bullicioso entorno del Nueva York actual. La del extremo sur fue el estudio de la escultora Malvina Hoffman. Unas placas con jinetes griegos, obra suya, decoran el muro exterior.

⑬

Morgan Library & Museum

♀ E5 🏠 225 Madison Av
Ⓢ 33 St (6) 🕐 10.30-17.00 ma-ju, 10.00-21.00 vi, 10.00-18.00 sá, 11.00-18.00 do 🌐 themorgan.org

Aquí puede verse una de las mejores colecciones del mundo de manuscritos raros, dibujos, grabados y encuadernaciones antiguas, acumulados por el legendario banquero J. P. Morgan (1837-1913). Un asombroso atrio central al estilo de una plaza italiana, creación de Renzo Piano, enlaza diversas propiedades de Morgan. El magnífico edificio, de estilo palacio italiano, en el que Morgan guardaba en un principio su colección, terminó de construirse en 1906 y alberga su estudio y biblioteca personal mantenidos de un modo impecable. El anexo de 1928 fue diseñado de forma similar (reemplazó la antigua casa de Morgan) y en la actualidad acoge las galerías Morgan Stanley. La vivienda de J. P. Morgan Jr., de ladrillo rojizo y estilo italiano, en la que vivió de 1905 a 1943, alberga hoy el Dining Room y la Morgan Shop. Una reforma de 2006 duplicó el espacio para exposiciones. La colección cuenta con más de 10.000 dibujos y grabados de artistas como Da Vinci y Durero, raros manuscritos literarios de Austen y Dickens, y ejemplares de valor incalculable de la Biblia de Gutenberg (tres de las once que existen).

UN PASEO
LOWER MIDTOWN

Distancia 2 km **Metro** Grand Central-42 St
Tiempo 25 minutos

Un paseo por el Lower Midtown es una forma estupenda de apreciar la mezcla de estilos arquitectónicos de Nueva York. Se puede observar el contorno que dibujan en el horizonte los rascacielos más altos y visitar los elegantes interiores; desde los modernos atrios, como el del Ford Foundation Center for Social Justice, hasta la decoración del Bowery Savings Bank Building o los amplios espacios de la Grand Central Terminal.

El MetLife Building, construido por Pan Am en 1963, domina Park Avenue (p. 193).

El inmenso interior abovedado de la Grand Central Terminal es una espléndida muestra de la época dorada del ferrocarril. También acoge tiendas especializadas y restaurantes gastronómicos (p. 188).

INICIO

LLEGADA

*Grand Central/42 St.
(líneas S, 4, 5, 6, 7)*

PARK AVENUE

E 41ST ST

LEXINGTON AVENUE

3.862
—
ventanas hay en el edificio Chrysler.

El edificio Chanin, construido en la década de 1920 para el magnate inmobiliario Irwin S. Chanin, tiene un bello vestíbulo art déco (p. 192).

Fue la sede del Bowery Savings Bank y es uno de los mejores edificios bancarios de Nueva York. Los arquitectos York & Sawyer lo diseñaron para que pareciera un palacio románico (p. 192).

El Mobil Building tiene una fachada autolimpiable de acero inoxidable que incorporó relieves geométricos para evitar que se arqueara. Fue construido en 1955.

← El soberbio interior de la Grand Central Terminal

Plano de situación
Para más detalles, ver p. 186

A caballo entre Park Avenue y las calles 45 y 46, el Edificio Helmsley tiene una entrada con adornos que simbolizan la riqueza de su primer ocupante: la New York Central Railroad (p. 194).

El edificio Chrysler, decorado con motivos relacionados con el automóvil, es una delicia art déco. Fue construido en 1930 por la empresa automovilística Chrysler (p. 192).

→
El edificio de viviendas Tudor City, Lower Midtown

El Ford Foundation Center for Social Justice es sede de la institución filantrópica Ford Foundation. Dispone de un encantador jardín interior rodeado por un edificio cúbico de granito gris rosado, cristal y acero (p. 194).

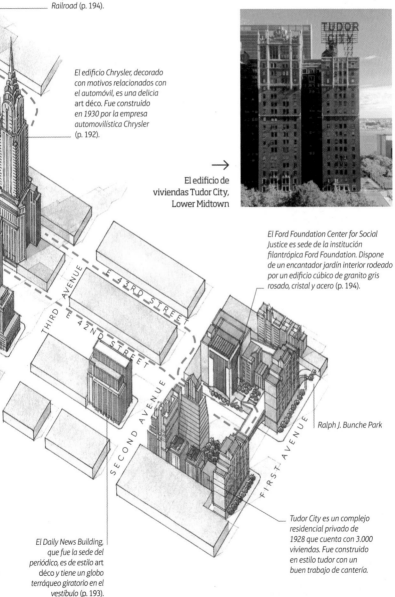

Ralph J. Bunche Park

Tudor City es un complejo residencial privado de 1928 que cuenta con 3.000 viviendas. Fue construido en estilo tudor con un buen trabajo de cantería.

El Daily News Building, que fue la sede del periódico, es de estilo art déco y tiene un globo terráqueo giratorio en el vestíbulo (p. 193).

UPPER MIDTOWN

El Nueva York más acomodado está representado
en esta zona de iglesias, sinagogas, clubes,
museos, hoteles de lujo y tiendas famosas, así
como de imponentes rascacielos. En este barrio
residieron familias de renombre, como los Astor y
los Vanderbilt. El hotel Waldorf Astoria, concluido
en 1931, es donde se inventó la ensalada Waldorf
y, en 1934, se sirvió el primer Bloody Mary en el
King Cole Bar de St. Regis Hotel. En la década de
1950 la arquitectura se convirtió en la gran
protagonista: se construyeron los edificios Lever
y Seagram. Sin embargo, lo más destacado del
Upper Midtown es, sin discusión, el Museum
of Modern Art (MoMA), uno de los más
importantes del mundo.

UPPER MIDTOWN

Esencial
1. Museum of Modern Art (MoMA)
2. St. Patrick's Cathedral

Lugares de interés
3. Fifth Avenue
4. Waldorf Astoria
5. Tiffany & Co
6. Paley Center for Media
7. Central Synagogue
8. General Electric Building
9. St. Bartholomew's Church
10. Seagram Building
11. Citigroup Center
12. Lever House
13. Roosevelt Island
14. Franklin D. Roosevelt Four Freedoms Park

Dónde comer
1. The Modern at MoMA
2. Palm Court
3. The Pool
4. 21 Club

Dónde beber
5. King Cole Bar
6. P.J. Clarke's

Central Park Zoo

Lexington Av-63 St
F

Bird Sanctuary

DORIS C FREEDMAN PLAZA

Christ Church United Methodist

EAST 61ST

Lexington Av-59 St N.R.W

EAST 60TH

5 Av-59 St N.W.R

Bloomingdale's

WEST 59TH ST

Plaza Hotel

Grand Army Plaza

MADISON

PARK AV

EAST 59TH ST

59 St 4.5.6

WEST 58TH ST

EAST 58TH ST

AVENUE OF THE AMERICAS (SIXTH AV)

WEST 57TH ST

FIFTH AV

IBM Building

Fuller Building

EAST 57TH ST

57 St F

WEST 56TH ST

5 Tiffany & Co

EAST 56TH ST

WEST 55TH ST

5

EAST 55TH ST

Central Synagogue 7

Museum of Modern Art (MoMA) 1 1

Fifth Avenue 3

Lever House 12

Citigroup Center 11

EAST 54TH ST

WEST 53RD ST

5 Av-53 St E.M

Seagram Building

Lexington Av-53 St E.M

EAST

6 4
Paley Center for Media

SWING ST

Villard Houses

10 3

51 St 6

THIRD AV

EAST

General Electric Building 8

EAST

WEST 51ST ST

St. Patrick's Cathedral 2

MADISON AV

PARK AV

St. Bartholomew's Church 9

EAST

FIFTH AV

EAST

MIDTOWN WEST Y THEATER DISTRICT
p. 172

AV

AV

Waldorf Astoria 4

EAST 49TH

EAST 48TH

MIDTOWN

Helmsley Building

LOWER MIDTOWN
p. 184

D

E

EAST 45TH ST

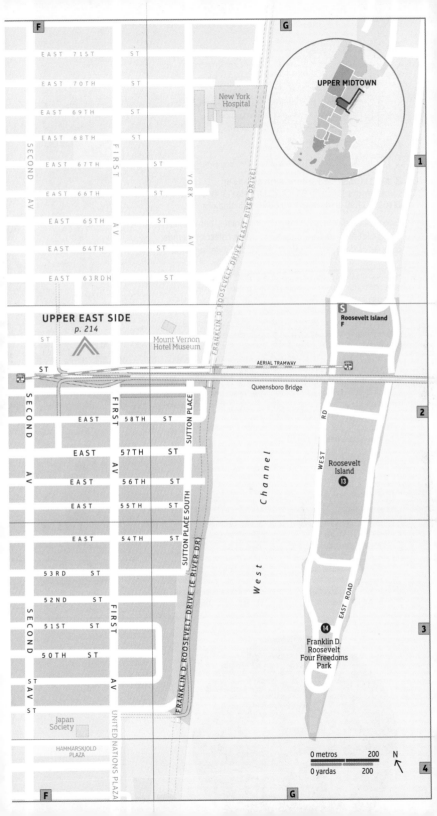

F

G

EAST 71ST   ST

EAST 70TH   ST

EAST 69TH   ST

New York
Hospital

EAST 68TH   ST

SECOND

EAST 67TH   ST

FIRST

AV

EAST 66TH   ST

YORK

EAST 65TH   ST

AV

EAST 64TH   ST

AV

EAST 63RDH   ST

UPPER MIDTOWN

1

UPPER EAST SIDE
p. 214

ST

Mount Vernon
Hotel Museum

S

Roosevelt Island
F

ST

AERIAL TRAMWAY

Queensboro Bridge

WEST

2

SECOND

FIRST

EAST   58TH   ST

SUTTON PLACE

RD

EAST   57TH   ST

AV

C   h   a   n   n   e   l

AV

EAST   56TH   ST

Roosevelt
Island
13

EAST   55TH   ST

EAST   54TH   ST

53RD   ST

SUTTON PLACE SOUTH

West

52ND   ST

SECOND

FIRST

51ST   ST

EAST ROAD

3

50TH   ST

FRANKLIN D. ROOSEVELT DRIVE (E RIVER DR)

AV

ST

AV

14

ST

Japan
Society

Franklin D.
Roosevelt
Four Freedoms
Park

HAMMARSKJOLD
PLAZA

UNITED NATIONS PLAZA

0 metros   200

N

0 yardas   200

4

F

G

❶ 🛷 🎨 🍴 🖥 📷 🛍

MUSEUM OF MODERN ART (MOMA)

📍 **D3** 🏠 **11 West 53rd St entre Fifth Av y Av of the Americas** Ⓢ **5th Av-53rd St (E,M)** 🚌 **M1-5, M50, Q32** 🕐 **10.30-17.30 diario (hasta 20.00 vi)** Ⓦ **moma.org**

Este moderno centro neurálgico de las artes, llamado de modo afectivo MoMA, alberga una de las colecciones más completas de arte de finales del siglo XIX y del siglo XX.

Fundado en 1929, el Museo de Arte Moderno ha marcado la pauta de todos los de su clase. El primer museo dedicado únicamente al arte moderno se trasladó en 1939 desde unos pequeños locales de la Quinta Avenida a su ubicación actual y desde entonces no ha dejado de ganar espacio. Las ampliaciones más recientes corresponden a un programa de expansión finalizado en 2004 y a otro en 2019. Por todo el museo hay partes acristaladas que permiten la entrada de mucha luz natural al edificio y al Abby Aldrich Rockefeller Sculpture Garden. El MoMA alberga casi 200.000 obras de arte de más de 18.000 artistas que abarcan desde clásicos posimpresionistas hasta una colección inigualable de arte moderno y contemporáneo, así como buenos ejemplos de diseño y de obras maestras de los primeros tiempos de la fotografía y el cine. Se puede visitar en grupo; consultar la página web para más información.

Galerías del museo

Primera planta

▽ Por la entrada de la calle 53 se encuentra el vestíbulo, la tienda, el restaurante y el Jardín de Esculturas, en el que hay obras de Picasso, Matisse y Calder. Este jardín puede visitarse sin entrada de 9.00 a 10.15, pero cierra cuando hace mal tiempo.

Segunda planta

Además de una tienda y una cafetería, en esta planta están las galerías de arte contemporáneo, grabados y libros ilustrados, medios audiovisuales y exposiciones especiales. También se puede ver aquí el Education Center.

Tercera planta

En estas galerías puede verse arquitectura, diseño, dibujos y fotografía. También hay exposiciones especiales.

↑ Las líneas puras del exterior del MoMA *(arriba)* y *Las señoritas de Aviñón* (1907) de Pablo Picasso *(izquierda)*

Cuarta planta

Lo esencial de la colección está en la cuarta planta. Sus galerías, llamadas Pintura y Escultura II, van de la número 15 a la 26 y abarcan desde la década de 1940 hasta 1980.

Sexta planta

En la sexta planta se instalan exposiciones especiales. Aquí hay otra tienda.

Quinta planta

◁ En esta planta, la sección Pintura y Escultura I expone las obras realizadas desde la década de 1880 a la de 1940 en las galerías que van de la número 1 a la 14. Se pueden ver obras maestras como *La danza (1)* de Henri Matisse (1909, *izquierda).* Hay también una cafetería.

LAS DAMAS EMPRENDEDORAS

El MoMa fue concebido principalmente por tres mujeres notables. Abby Aldrich Rockefeller (esposa de John D. Rockefeller Jr.), Lillie P. Bliss y Mary Quinn se hicieron amigas a través de su entusiasmo por el arte moderno; pero en los años veinte el Met se negó a exponer obras contemporáneas. Sin la ayuda de John D. (detestaba el arte moderno), las tres mujeres consiguieron recoger fondos y contratar personal para el primer y modesto museo del 730 de la Quinta Avenida en 1929.

NIVELES SUPERIORES DEL MUSEO

La colección más importante del MoMA se encuentra en las galerías de Pintura y Escultura de los niveles superiores.

Pintura y Escultura I abarca desde la década de 1880 hasta la de 1940, y se encuentra en la quinta planta. *El bañista*, de Paul Cézanne, y el *Retrato de Joseph Roulin*, de Vincent van Gogh, son dos de las joyas de la colección de pintura de finales del siglo XIX. El fovismo y el expresionismo están bien representados con obras de Matisse, Derain, Kirchner y otros, y *Las señoritas de Aviñón*, de Picasso, marca la transición al cubismo.

Hay también una nutrida serie de lienzos cubistas que nos dan una visión de conjunto del movimiento que cambió radicalmente nuestra percepción del mundo. Entre ellos destacan *Mujer con mandolina*, de Picasso; *Hombre con guitarra* y *Soda*, de Georges Braque; y *Guitarra y vaso*, de Juan Gris. En cuanto al futurismo, que

introdujo el color y el movimiento en el cubismo para descubrir el dinámico mundo moderno, se encuentran: *Dinamismo de un futbolista*, de Umberto Boccioni, y obras de Balla, Carrà y Jacques Villon. El arte geométrico y abstracto de los constructivistas incluye trabajos de El Lissitzky, Malevich y Rodchenko. Hay muchas obras de Matisse, como *La danza (I)* y *Estudio en rojo*. Entre los lienzos surrealistas, destacan pintores como Dalí, Miró y Max Ernst.

En la cuarta planta, Pintura y Escultura II abarca desde la década de 1940 hasta 1980. Del arte de postguerra destacan obras de Bacon y Dubuffet, pero también están ampliamente representados otros artistas estadounidenses. Entre las obras del expresionismo abstracto sobresalen *Uno (número 31, 1950)*, de Jackson Pollock; *Women, I*, de Willem de Kooning; *Agonía*, de Arshile Gorky, y *Rojo, marrón y negro*, de Mark Rothko. Entre otras obras destacables están *Flag*, de Jasper Johns; *First Landing Jump*, con materiales de desecho, y *Bed*, de Robert Rauschenberg. En el pop-art, pueden verse

Girl with Ball y *Drowning Girl*, de Roy Lichtenstein; la famosa *Gold Marilyn Monroe*, de Andy Warhol; y *Giant Soft Fan*, de Claes Oldenburg. Entre las obras posteriores a 1965 hay lienzos de Judd, Flavin, Serra y Beuys.

¿Lo sabías?
La reforma de 2004 a cargo del arquitecto japonés Yoshio Taniguchi duplicó el espacio para exposiciones.

DEPARTAMENTO DE CINE

Con más de 22.000 películas y cuatro millones de fotos fijas, las colección cuenta con una amplia variedad de programas y exposiciones. La conservación de las películas es fundamental para el trabajo del departamento y muchos directores han donado copias de sus películas para ayudar a financiarlo.

↑ *El sueño* (1910), fruto de
la imaginación de
Henri Rousseau

NIVELES INFERIORES DEL MUSEO

En las plantas primera, segunda y tercera hay muchas galerías. En la segunda hay una maravillosa colección de grabados y libros ilustrados. Todos los movimientos artísticos significativos que han surgido desde la década de 1880 hasta la actualidad están representados en esta amplia colección, que traza una magnífica panorámica del arte impreso. Con unos fondos de más de 50.000 piezas, atesora una gran variedad de trabajos históricos y contemporáneos. En particular, hay algunos bellas creaciones de Andy Warhol, considerado el maestro del

grabado del siglo XX. También hay muchas ilustraciones y grabados de otros artistas, entre ellos Munch, Matisse, Dubuffet, Johns, Lichtenstein, Freud y Picasso.

En la tercera planta se encuentran las galerías de arquitectura y diseño. El MoMA fue el primer museo que incorporó objetos cotidianos a su colección, desde electrodomésticos –como equipos de música–, muebles, lámparas, tejidos y cristalería, hasta rodamientos industriales y microchips. La arquitectura está representada con fotografías, maquetas y dibujos de edificios construidos o no.

Las galerías de fotografía se remontan al momento en que nació este medio, alrededor de 1840, e incluye obras de artistas, periodistas y fotógrafos aficionados. Entre las obras maestras de la colección hay algunos de los mejores trabajos de fotógrafos estadounidenses y europeos, entre ellos Atget, Stieglitz, Lange, Arbus, Steichen, Cartier-Bresson y Kertesz. En las galerías de dibujo hay más de

←

Nubes reflejadas en el estanque de los nenúfares (c. 1920), de Claude Monet

7.000 piezas de tamaños que van desde bocetos diminutos hasta murales. En muchos dibujos se han utilizado materiales convencionales; sin embargo, hay también *collages* y técnicas mixtas. La colección ofrece una panorámica del modernismo y presenta dibujos de artistas como Picasso, Miró y Johns, junto a artistas emergentes.

The Modern
Desde el restaurante de alta cocina contemporánea de Danny Meyer se ve el jardín de esculturas Aldrich Rockefeller. Su menú estadounidense incluye langosta de Maine, filete de ternera con costra de queso comté curado, y coliflor asada en mantequilla de cangrejo.

🚇 D3 🏛 Primera planta
🍴 do

$ $ $

ST. PATRICK'S CATHEDRAL

📍E3 🏠Fifth Av y 50th St 🚇51 St (6), Lexington Av/ 53 St (E, M) 🚌M1-5, M50, Q32 🕐6.30-20.45 diario 🌐saintpatrickscathedral.org

Este espléndido templo gótico, una de las mayores catedrales católicas de Estados Unidos, fue construido durante la guerra de Secesión. Su magnificencia se aprecia mejor en el interior, donde aguarda la belleza de sus detalles.

La intención original de la Iglesia católica era destinar este solar, entonces fuera de los límites de la ciudad, a cementerio; pero en 1850 el arzobispo John Hughes se empeñó en construir una catedral, contra la opinión de quienes consideraban absurdo alzar una iglesia a las afueras de la ciudad. El resultado fue el edificio neogótico más bello de Nueva York y una de las catedrales católicas más grandes de EE UU, con cabida para 2.500 fieles sentados. Se terminó en 1878 y las agujas se añadieron entre 1885 y 1888. Costó nada menos que 2 millones de dólares.

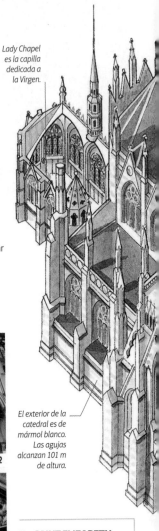

Lady Chapel es la capilla dedicada a la Virgen.

El exterior de la catedral es de mármol blanco. Las agujas alcanzan 101 m de altura.

2

1

3

① Fachada de la catedral de San Patricio

② El baldaquino, realizado en bronce, se alza sobre el altar. Los pilares que sostienen el dosel aparecen adornados con estatuas de santos y profetas.

③ Las puertas de bronce llevan esculturas religiosas y pesan nueve toneladas.

SAINT ELIZABETH ANN SETON

Elizabeth Ann Seton (1774-1821) fue la primera estadounidense canonizada por la Iglesia católica. Nacida en Nueva York, vivió en Lower Manhattan de 1801 a 1803 y fundó las Hermanas de la Caridad de Estados Unidos. En San Patricio hay una estatua que la representa y una pantalla que cuenta su vida.

En la Lady Chapel puede verse La Piedad (1906), obra del escultor O. Partridge.

El baldaquino

La catedral neogótica de San Patricio, en el Midtown

Los relieves de las Estaciones de la Pasión obtuvieron el primer premio en la Feria Mundial de Chicago de 1893.

El rosetón mide 8 m de diámetro y resplandece por encima del gran órgano.

Las magníficas puertas de bronce

LUGARES DE INTERÉS

3

Fifth Avenue

E3 5 Av-53 St (E, M), 5 Av-59 St (N, R, W)

En 1883, William Henry Vanderbilt construyó su mansión en la confluencia de la Quinta Avenida y la calle 51, iniciando así una tendencia que desembocó en la construcción de residencias palaciegas que se extendían hasta Central Park. Una de las pocas que quedan, en el nº 651 de la avenida, fue la casa de Morton F. Plant, millonario y presidente del New York Yatch Club, y ahora la ocupa la firma Cartier. A medida que los comerciantes se fueron estableciendo en la parte norte de la avenida –una tendencia que se inició en 1906–, las grandes familias se fueron trasladando a la parte alta de la ciudad. En 1917 Plant vendió su casa a Pierre Cartier a cambio de un collar de perlas perfectamente uniformes. La Quinta Avenida es desde hace mucho tiempo sinónimo de lujo: de Cartier y Henry Bendel a Tiffany y Bergdorf Goodman, hay muchas marcas emblemáticas de cierto nivel económico y social, como Astor y Vanderbilt en otro tiempo.

4

Waldorf Astoria

E3 301 Park Av Lexington Av, 53 St (E, M) Por reforma waldorfastoria3.hilton.com

Este clásico *art déco*, que sigue siendo por derecho uno de los hoteles con más prestigio de Nueva York, ocupa toda una manzana y hace recordar tiempos de mayor elegancia y fascinación en la historia de la ciudad. En las torres gemelas de 190 m diseñadas por Schultze & Weaver en 1931 han vivido Cole Porter, Frank Sinatra y Marilyn Monroe, así como muchas otras celebridades, incluyendo a todos los presidentes de Estados Unidos desde 1931. En la actualidad está en marcha un gran proyecto de reforma y conversión parcial en viviendas, por lo que el hotel estará cerrado probablemente hasta 2021.

5

Tiffany & Co

E2 727 Fifth Av 5 Av-53 St (E, M), 5 Av-59 St (N, R, W) 10.00-19.00 lu-sá, 12.00-18.00 do tiffany.com

Inmortalizada por Truman Capote en su célebre novela de 1958 *Desayuno con diamantes*, esta prestigiosa joyería fue fundada en 1837 y sigue siendo un lugar obligatorio tanto para admiradores del libro como para aficionados al cine. El famoso Diamante Tiffany suele estar expuesto; se trata de un dia-

LOS GRANDES ALMACENES CLÁSICOS DE NY

Bloomingdale's, fundado en 1872, sigue siendo sinónimo de alto nivel, si bien hasta la década de 1960 tenía imagen de tienda de rebajas. Bergdorf Goodman, lujoso, elegante y discreto desde 1928, vende moda de diseñadores europeos contemporáneos a precios elevados y son los reyes de los escaparates navideños. Saks Fifth Avenue se conoce por su estilo y elegancia desde 1924, y Lord & Taylor es el sitio a donde ir si se busca ropa clásica y conservadora.

←

El Waldorf Astoria, frecuentado por celebridades y dignatarios desde la década de 1930

de la radio y la televisión hasta nuestros días. Los aficionados a la música pop podrán admirar a los Beatles en el Ed Sullivan Show de 1964 o al joven Elvis Presley debutando en televisión. Quienes gusten de la comedia pueden disfrutar de programas como los de la estrella de la televisión Lucille Ball en los años sesenta, y los entusiastas del deporte disfrutarán con las competiciones de los primeros momentos de los Juegos Olímpicos. Los estudiantes de historia pueden seleccionar filmaciones de la Segunda Guerra Mundial. Se pueden elegir seis opciones a la vez de un catálogo informático que contiene una biblioteca de más de 50.000 elementos, y luego ver el material en pequeñas zonas privadas. Hay zonas con pantallas más grandes, así como un teatro con capacidad para 200 personas, donde se muestran exposiciones retrospectivas de artistas, directores y temas diversos. También hay exposiciones de fotografía y recuerdos.

Este museo, idea del exgerente de la red de comunicaciones CBS TV William S. Paley, abrió en 1975 como Museum of Broadcasting, en la calle 53 Este, pero se hizo tan popular que en 1991 se trasladó a esta sede de alta tecnología y 50 millones de dólares.

7

Central Synagogue

📍 E2 🏠 652 Lexington Av Ⓢ Lexington Av-53 St (E, M) 🕐 12.00-14.00 ma-mi 🌐 central synagogue.org

Es el edificio más antiguo de Nueva York que aún se utiliza como sinagoga. Fue diseñado por Henry Fernbach, nacido en Silesia y primer arquitecto judío notable de Estados Unidos, que también proyectó los edificios de hierro más elegantes del

Palm Court

Sus grandes palmeras bajo una elegante cúpula de vidrio policromado lo convierten en un lugar icónico para el té de media tarde.

📍 D2 🏠 Fifth Ave en Central Park South (The Plaza) 🌐 theplazany.com

$$$

The Pool

Este sofisticado local, que en 2017 reemplazó al legendario Four Seasons, sirve mariscos de calidad. Las mesas se sitúan en torno a una pequeña piscina de mármol decorada con plantas que varían con la temporada.

📍 E3 🏠 99 East 52nd St 🕐 do 🌐 thepool newyork.com

$$$

21 Club

Toda una institución desde 1929. Sobrevivió a la prohibición gracias a que sus empleados contaban con unas palancas camufladas que hacían aparecer las botellas a través de un conducto secreto.

Cocina estadounidense clásica y contemporánea. No se permiten los pantalones vaqueros y es obligatorio el uso de americana.

📍 D3 🏠 21 West 52nd St 🕐 Do 🌐 21club.com

$$$

SoHo *(p. 121).* Esta sinagoga, restaurada tras un incendio ocurrido en 1999, se considera el mejor ejemplo de arquitectura neoárabe de la ciudad. Fueron 18 emigrantes, en su mayoría procedentes de Bohemia, los que fundaron la congregación en 1846, con el nombre de Ahawath Chesed (Amor de Misericordia), en la calle Ludlow, en el Lower East Side.

mante amarillo de 128,54 kilates descubierto en Sudáfrica en 1877 y adquirido un año después por el fundador, Charles Tiffany. Este comercio *art déco,* con su interior de madera avejentada y mármol verde, queda aún mejor descrito por el personaje de Capote Holly Goliglhtly: "Me serena por completo [...] nada muy malo te puede suceder ahí". Desayunar con diamantes es ahora realidad en el Blue Box Café, en la cuarta planta (se recomienda reservar).

6

Paley Center for Media

📍 D3 🏠 25 West 52nd St Ⓢ 5 Av-53 St (E, M) 🕐 12.00-18.00 mi-do (hasta 20.00 ju) 🕐 Festivos 🌐 paleycenter.org

En este peculiar museo, los visitantes pueden ver y escuchar espectáculos, deportes y documentales, desde los orígenes

8 General Electric Building

📍 E3 🏠 570 Lexington Av
🚇 51 St (6) 🕐 Cerrado
al público

En 1931 se encargó a los arquitectos Cross & Cross la construcción de un rascacielos que no desentonara con la vecina iglesia de San Bartolomé. No era tarea fácil, pero el resultado obtuvo la aprobación. Los colores fueron cuidadosamente elegidos y el diseño de la torre sirvió de complemento a la cúpula policromada de la iglesia. Hay que observar ambos edificios desde la esquina de Park Avenue y la calle 50 para apreciar lo bien que se complementan. La General Electric no es un mero telón de fondo para la iglesia, sino una auténtica obra de arte que se dibuja en el perfil de la ciudad. Es toda una joya del *art déco*, desde su vestíbulo de mármol hasta su cúspide con antenas de radio.

Una manzana hacia el norte por Lexington Avenue se encuentra el lugar en que a Marilyn Monroe se le levantaba la falda por la corriente de aire del respiradero de la estación de metro de Lexington Avenue, en la película *La tentación vive arriba*.

↑ La iglesia de St. Bart flanqueada por los rascacielos del Midtown

9   St. Bartholomew's Church

📍 E3 🏠 325 Park Av 🚇 51
St (6) 🕐 9.00-18.00 diario
(hasta 19.30 ju, 20.30 do)
🌐 stbarts.org

Conocida cariñosamente por los neoyorquinos como St. Bart's, esta estructura bizantina con detalles decorativos, ladrillo rosáceo, terraza abierta y cúpula dorada y policromada, puso una nota de color en Park Avenue en el año 1919.

El arquitecto Bertram Goodhue incorporó al proyecto el pórtico neorrománico de la entrada, realizado por Stanford White para la primera iglesia de San Bartolomé (1903), emplazada entonces en Madison Avenue, y las columnas de mármol de esa misma iglesia se utilizaron para la capilla.

La programación musical es bien conocida, así como su grupo de teatro que organiza en la iglesia tres producciones al año.

10 Seagram Building

📍 E3 🏠 375 Park Av 🚇 5 Av-
53 St (E, M) 🕐 9.00-17.00 lu-vi

Samuel Bronfman, el último presidente de las destilerías

← El edificio General Electric coronado con agujas góticas y tallas fantásticas

Seagram, estaba decidido a construir un edificio comercial al uso hasta que su hija, la arquitecta Phyllis Lambert, le convenció para que recurriera al mejor arquitecto, Mies van der Rohe. El resultado fue considerado el mejor de los edificios modernos de la década de 1950: dos rectángulos de bronce y cristal que permiten la entrada de la luz a raudales.

11   Citigroup Center

📍 E3 🏠 601 Lexington Av
🚇 5 Av-53 St (E, M) 🕐 7.00-
23.00 diario. St. Peter's
Lutheran Church: 619
Lexington Ave 🕐 8.30-20.00
diario 🌐 saintpeters.org

Con una aguja revestida de aluminio y un original tejado con 45 grados de inclinación, el Citigroup Center causó sensación cuando se terminó en 1978. El tejado inclinado del Citigroup nunca ha funcionado como panel de energía solar, pese a que ese era su fin original.

King Cole Bar

Se dice que aquí nació el Bloody Mary, y tiene un gran mural de Maxfield Parrish. Entre sus clientes famosos se cuentan Marilyn Monroe y Joe DiMaggio.

📍 E2 🏠 St Regis Hotel,
2 East 55th St
☎ (212) 753-4500

P. J. Clarke's

Abierto desde 1884, este *pub* informal está repleto de historia. Por ejemplo, aquí fue donde, en 1958, Buddy Holly propuso matrimonio a la que sería su mujer, a las cinco horas de conocerla.

📍 F2 🏠 915 Third Av
🌐 pjclarkes.com

← Teleférico cruzando el río hasta Roosevelt Island

La inusual forma de la base se debe a que tuvo que incorporar a la iglesia luterana de San Pedro, que se encuentra bajo la esquina noroeste del edificio. Vale la pena contemplar su precioso interior moderno y la capilla Erol Beker, de la escultora Louise Nevelson. La iglesia es muy conocida por sus presentaciones teatrales, conciertos de jazz y de órgano (generalmente los miércoles a las 12.00).

12

Lever House

E3 **390 Park Av** **5 Av-53 St (E, M)** **Cerrado al público**

Pararse a contemplar Park Avenue con sus majestuosos edificios permite imaginar la sensación que produjo su reflejo en la pared de cristal de este edificio, uno de los primeros rascacielos de la ciudad. El proyecto, de Skidmore, Owings & Merrill, consiste en dos bloques rectangulares de acero y cristal, uno colocado horizontalmente y el otro dispuesto sobre éste de forma vertical, con la luz entrando por todos los lados. El diseño decidido y brillante pretende simbolizar los productos de Lever Brothers; se hicieron famosos por la producción de jabón, y en 1930 se fusionó para conformar Unilever.

Pese a lo revolucionario de sus formas allá por 1952, el edificio se ha visto empequeñecido por muchas imitaciones. No obstante, su importancia como precedente arquitectónico no ha disminuido. La Casa Lever alberga un restaurante de lujo.

13

Roosevelt Island

G2 **59 St Tram; Roosevelt Island (F)** **rioc.ny.gov**

Este rincón de Nueva York, a menudo pasado por alto, se encuentra en mitad del East River y tiene unos 13.000 habitantes. Los indios norteamericanos lo llamaban Minnahannock hasta que la propiedad pasó al agricultor inglés Robert Blackwell en 1686.

Aunque en 1921 se le conoció como Welfare Island, buena parte de ella quedó abandonada y olvidada en la década de 1950. Se remodeló en la década de 1970 y, finalmente, se convirtió en un barrio residencial muy popular. Hoy presume de tener una avenida aireada con unas vistas fabulosas de Midtown. Desde 1976, un teleférico que sale de la Segunda Avenida a la altura de la calle 60 ofrece un emocionante paseo por el río, y la línea F de metro llega a la isla.

14

Franklin D. Roosevelt Four Freedoms Park

G3 **1 FDR Four Freedoms Park, Roosevelt Island** **Roosevelt Island (F)** **Abr-sep: 9.00-19.00 lu, mi-do; oct-mar: 9.00-17.00 lu, mi-do** **fdrfourfreedomspark.org**

En el extremo meridional de Roosevelt Island está el Franklin D. Roosevelt Four Freedoms Park, diseñado por el arquitecto Louis Kahn en la década de 1970, pero concluido en 2012. Con los 120 tilos que flanquean el parque, la extensión triangular termina con un retrato de bronce del 32º presidente. Cerca, hay un grabado con sus "cuatro libertades" en losas de granito. En un discurso pronunciado en 1941, esos cuatro principios fueron denominados libertad de expresión, libertad de culto, libertad ante la necesidad y libertad ante el miedo.

UN PASEO
UPPER MIDTOWN

Distancia 1,5 km **Metro** 5 Av, 51 St
Tiempo 20 minutos

Las lujosas tiendas con las que se asocia a la Quinta Avenida comenzaron a aparecer cuando la alta sociedad se trasladó al norte de la ciudad. En 1917 Cartier adquirió la casa del banquero Morton F. Plant a cambio, supuestamente, de un collar de perlas, y marcó el camino que otros comerciantes siguieron. En este tramo del Midtown no sólo hay lugar para las compras, también se asientan importantes museos y una variada muestra de estilos arquitectónicos.

Hace ya tiempo que los rickshaws y los icónicos taxis amarillos han sustituido a los carruajes en la Quinta Avenida, y los turistas pueden disfrutar sin prisas de algunas de las principales vistas (p. 208).

El University Club, construido en 1899, era un club elitista para caballeros.

El Museo de Arte Moderno (MoMA) posee una de las mejores colecciones del mundo de arte moderno (p. 202).

El escultor Lee Lawrie realizó la mayoría de las tallas del interior de la iglesia de Santo Tomás.

En el Paley Center for Media (p. 209) hay exposiciones, proyecciones especiales, actos en directo y una inmensa biblioteca de programas grabados.

Metro 5 Av (líneas E, M)

Saks Fifth Avenue ha puesto al alcance de generaciones de neoyorquinos artículos de un gusto exquisito.

AVENUE

FIFTH

San Patricio es una de las mayores catedrales católicas de Estados Unidos y un magnífico edificio neogótico (p. 206).

En la Torre Olímpica hay oficinas y viviendas, además de un atrio con cubierta acristalada entre sus elegantes paredes.

Villard Houses son cinco hermosas casas de ladrillo rojizo que forman parte del Lotte New York Palace Hotel.

↑ La catedral de San Patricio parece fuera de lugar en el ajetreado Upper Midtown

0 metros   100
0 yardas   100

N ↑

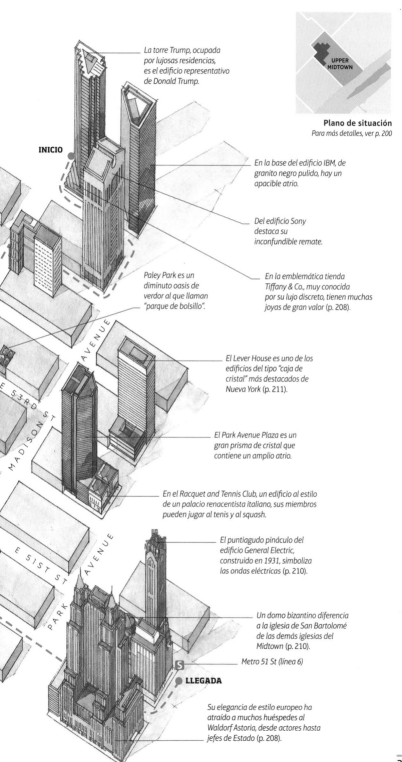

La torre Trump, ocupada por lujosas residencias, es el edificio representativo de Donald Trump.

Plano de situación
Para más detalles, ver p. 200

UPPER MIDTOWN

INICIO

En la base del edificio IBM, de granito negro pulido, hay un apacible atrio.

Del edificio Sony destaca su inconfundible remate.

Paley Park es un diminuto oasis de verdor al que llaman "parque de bolsillo".

En la emblemática tienda Tiffany & Co., muy conocida por su lujo discreto, tienen muchas joyas de gran valor (p. 208).

AVENUE

MADISON AVENUE

E 53RD ST

El Lever House es uno de los edificios del tipo "caja de cristal" más destacados de Nueva York (p. 211).

El Park Avenue Plaza es un gran prisma de cristal que contiene un amplio atrio.

En el Racquet and Tennis Club, un edificio al estilo de un palacio renacentista italiano, sus miembros pueden jugar al tenis y al squash.

E 51ST ST

PARK AVENUE

El puntiagudo pináculo del edificio General Electric, construido en 1931, simboliza las ondas eléctricas (p. 210).

Un domo bizantino diferencia a la iglesia de San Bartolomé de las demás iglesias del Midtown (p. 210).

Metro 51 St (línea 6)

LLEGADA

Su elegancia de estilo europeo ha atraído a muchos huéspedes al Waldorf Astoria, desde actores hasta jefes de Estado (p. 208).

UPPER EAST SIDE

Esta zona, que acogió a dinastías como las de los Astor, los Rockefeller o los Whitney, ha sido un enclave de la alta sociedad desde la década de 1890. Muchas de aquellas mansiones de estilo *beaux arts* son ahora museos y embajadas, como el Met o los edificios de la Museum Mile, pero los más afortunados ocupan todavía grandes edificios de apartamentos en Park Avenue y la Quinta Avenida. Las tiendas de moda y las galerías se alinean en Madison. Más al este, se encuentra lo que queda de la Yorkville alemana y húngara, y la pequeña Bohemia con su población checa por debajo de la calle 78. Muchos residentes de estas nacionalidades han dejado la zona, pero sus iglesias y algunos comercios permanecen.

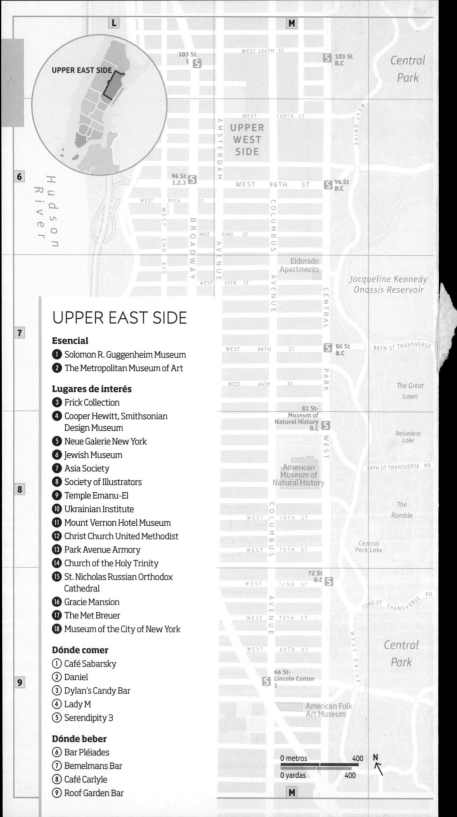

UPPER EAST SIDE

Esencial
❶ Solomon R. Guggenheim Museum
❷ The Metropolitan Museum of Art

Lugares de interés
❸ Frick Collection
❹ Cooper Hewitt, Smithsonian Design Museum
❺ Neue Galerie New York
❻ Jewish Museum
❼ Asia Society
❽ Society of Illustrators
❾ Temple Emanu-El
❿ Ukrainian Institute
⓫ Mount Vernon Hotel Museum
⓬ Christ Church United Methodist
⓭ Park Avenue Armory
⓮ Church of the Holy Trinity
⓯ St. Nicholas Russian Orthodox Cathedral
⓰ Gracie Mansion
⓱ The Met Breuer
⓲ Museum of the City of New York

Dónde comer
① Café Sabarsky
② Daniel
③ Dylan's Candy Bar
④ Lady M
⑤ Serendipity 3

Dónde beber
⑥ Bar Pléiades
⑦ Bemelmans Bar
⑧ Café Carlyle
⑨ Roof Garden Bar

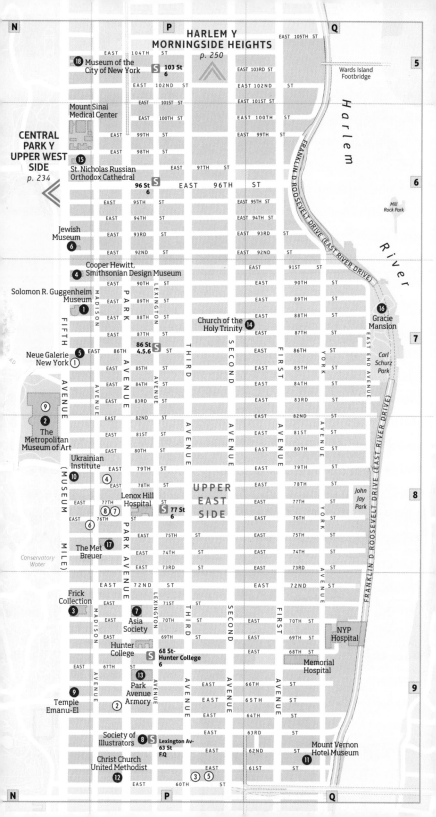

Interior, diseñado por →
Frank Lloyd Wright

❶ ⊗ ⊗ ⊙ ⊕

SOLOMON R. GUGGENHEIM MUSEUM

📍N7 🏠1071 Fifth Ave con 89th St Ⓢ86 St (Q, 4, 5, 6) 🚌M1-4 🕙10.00-17.45 vi-mi (hasta 19:45 sá) 🌐guggenheim.org

Además de alojar una de las mejores colecciones de arte moderno y contemporáneo, el propio edificio de Frank Lloyd Wright es quizá la obra de arte más importante del Guggenheim. En el interior, una rampa desciende en espiral desde la cúpula y en su recorrido nos presenta obras de los más importantes artistas de los siglos XIX, XX y XXI.

¿Lo sabías?

El moderno diseño del museo fue motivo de polémica cuando se inauguró, en 1959, en el refinado Upper East Side.

Este influyente museo recibe el nombre de su fundador, Solomon R. Guggenheim, magnate de la minería y coleccionista de arte abstracto. La Fundación Guggenheim inició su andadura en 1937 exhibiendo su colección en locales alquilados hasta que, en 1942, encargó a Frank Lloyd Wright el diseño de una sede permanente. Aunque Wright era reconocido como el gran innovador de la arquitectura estadounidense, esta fue su única obra en Nueva York, y se acabó de construir en 1959, después de la muerte tanto de Wright como de Guggenheim. El museo no ha parado de crecer y en la actualidad alberga obras de artistas como Kandinsky, Calder, Picasso, Pollock, Degas, Cézanne, Van Gogh y Manet.

↑ La famosa fachada en forma de concha del museo es todo un hito en Nueva York

←

La *Mujer planchando* (1904), del periodo azul de Picasso, expresa a la vez el cansancio y la dureza del trabajo

Líneas negras (1913), de Kandinsky, forma parte de la colección del Guggenheim

GUÍA DEL MUSEO

La Gran Rotonda cuenta con exposiciones especiales. La Pequeña Rotonda muestra obras impresionistas y posimpresionistas del museo. Las galerías de la torre (conocidas como The Annex) acogen exposiciones de piezas de la colección permanente y obras contemporáneas. La colección permanente se muestra en régimen de rotación y solo se ven al mismo tiempo partes de ella.

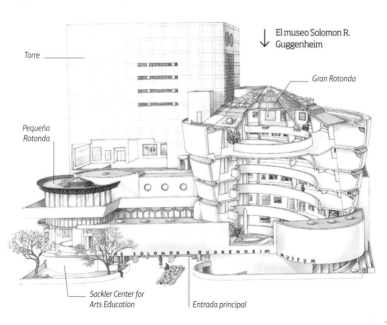

El museo Solomon R. Guggenheim

Torre

Gran Rotonda

Pequeña Rotonda

THE SOLOMON R. GUGGENHEIM MUSEUM

Sackler Center for Arts Education

Entrada principal

El imponente exterior
del Met ↑

2 (🖌)(🎭)(🍴)(☕)(🛍)

THE METROPOLITAN MUSEUM OF ART

📍 N8 🏛 1000 Fifth Av 🚇 86 St (Q, 4, 5, 6) 🚌 M1-4 🕐 10.00-17.30 do-ju,
10.00-21.00 vi-sá 🚫 Acción de Gracias 🌐 metmuseum.org

El Met, la joya de la corona de Nueva York, es uno de los museos de mayor prestigio
del mundo y en sus colecciones hay más de dos millones de tesoros.

La amplia colección de este museo, llamado
generalmente "el Met", la inició en 1870 un grupo
de artistas y filántropos que soñaban con una
institución en Estados Unidos que rivalizara con
las de Europa. El museo abrió aquí en 1880 y hoy
exhibe en sus inmensas galerías una asombrosa
variedad de objetos y piezas que abarcan desde
la prehistoria hasta la actualidad. Se podrían
pasar días dentro, en particular porque el museo
también tiene muchas opciones excelentes para
comer. Una buena forma de asimilar toda su
oferta artística es con una visita guiada, que va
incluida en la entrada; para más información,
consultar la página web.

¿Lo sabías?

El Met cuenta con un florista interno que hace los arreglos de los impresionantes ramos del Great Hall.

Galerías del museo

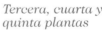

Primera planta

▽ Desde el imponente Great Hall ya se puede ver arte egipcio, griego y romano, medieval, moderno y contemporáneo, así como la American Wing.

Tercera, cuarta y quinta plantas

▽ El arte asiático y la American Wing continúan en la tercera planta. En la cuarta está el Dining Room y en la quinta el Cantor Roof Garden.

Segunda planta

△ El arte moderno y contemporáneo y la American Wing continúan en la segunda planta. Aquí se encuentran también las galerías dedicadas a la pintura europea (1250-1800), los instrumentos musicales, el arte asiático y mucho más.

17.000

dibujos de artistas como Miguel Ángel y Da Vinci forman parte de la colección del Met.

↑ Visitantes junto al templo de Dendur

The American Wing Café

Por un lado, vistas a Central Park y, por el otro, la hermosa Charles Engelhard Court y su colección de esculturas estadounidenses. Este es el mejor sitio del Met para tomar algo ligero.

◻N8 ◻ **The Charles Engelhard Court, primera planta**

The Dining Room

Sin duda la opción más elegante para comer que ofrece el Met, con vistas a Central Park. Tiene un menú de precio fijo entre semana y un menú diario de degustación, más caro, creativo y de temátca variada, como "primavera en Italia", todos los días de la semana.

◻N8 ◻ Cuarta planta ◻ Domingos tarde

$$$

NIVELES INFERIORES

El Great Hall, una espectacular entrada acorde al museo, es el centro neurálgico al que están conectadas todas las alas y galerías.

Este vestíbulo da a una de las zonas más populares del museo, el ala de arte egipcio, que tiene en exposición todas y cada una de sus piezas, desde el periodo prehistórico hasta el siglo VIII de nuestra era. Entre ellas se cuentan desde los labios de jaspe rotos de una reina del siglo XV a. C. hasta el enorme templo de Dendur.

Un sarcófago romano de Tarso, donado en 1870, fue la primera obra en las colecciones del Met. Todavía se pueden ver en las galerías griega y romana, junto con una villa que quedó sepultada por la lava del Vesuvio en el año 79 de nuestra era, retratos de busto romanos y cerámica griega.

En la colección de arte medieval del Met hay obras de los siglos IV a XVI, es decir, desde la caída de Roma hasta el comienzo del Renacimiento, aproximadamente.

La colección está repartida entre esta sede y la subsede de Los Claustros *(p. 290)*. En el Met puede verse el cáliz que se pensó que era el Santo Grial.

La que había sido una de las mejores colecciones privadas de arte del mundo, la del banquero de inversiones Robert Lehman, fue donada al museo en 1969. El Ala Lehman es una llamativa pirámide de vidrio que atraviesa las plantas baja y primera y alberga una colección muy variada en la que abundan grandes maestros, dibujos y postimpresionistas.

→ Estatua de mármol de una anciana en el mercado

NIVELES SUPERIORES

La enorme colección del Met continúa en las plantas superiores. La American Wing abarca las plantas primera a tercera. En ella se encuentra una de las mejores colecciones del mundo de pintura y escultura estadounidenses, además de artes decorativas desde la época colonial hasta el comienzo del siglo XX. Hay salas ambientadas en distintas épocas con muebles y decoración en madera; entre ellas se encuentra el salón de fiestas en el que George Washington celebró su último cumpleaños.

En las plantas primera y segunda también hay galerías de arte moderno y contemporáneo. Desde su fundación, el museo no ha dejado de adquirir arte contemporáneo, pero hasta 1987 no se construyó una sede permanente para el arte del siglo XX, el ala Lila Acheson Wallace. Hay museos con una mejor colección de arte contemporáneo, pero esta sede se encuentra entre las mejores del mundo, con obras europeas y estadounidenses, a partir de 1900, de autores como Picasso y Kandinsky. Cada año, la terraza jardín Cantor presenta una nueva instalación de escultura contemporánea, realzada por el fondo de Central Park y la ciudad de Nueva York.

En la segunda planta también hay arte asiático: obras maestras chinas, japonesas, coreanas, indias, y del sureste asiático, fechadas entre el segundo milenio antes de Cristo y el siglo XX de nuestra era. El museo también cuenta con una de las mejores colecciones de pintura de las dinastías Song y Yuan, esculturas monumentales budistas de China, cerámica y jade chinos, y piezas importantes de las artes de la China antigua.

GUÍA DEL MUSEO

En la información de estas páginas se han reunido la planta baja y la primera bajo el título "Niveles inferiores", y de la segunda a la quinta bajo "Niveles superiores". La mayoría de las obras se encuentran en las plantas primera y segunda, y algunas colecciones adicionales están en la planta baja, la tercera y la quinta. En la cuarta planta no se exponen obras de arte.

↑ *La última comunión de San Jerónimo* (c. 1490), de Botticelli

↑ *Washington cruzando el Delaware* (1851), de Emanuel Leutze

TOP 5 OBRAS QUE HAY QUE VER

Madonna con el Niño
Duccio (c. 1290-1300). Delicada obra del Renacimiento temprano.

La cosecha
Pieter Brueghel el Viejo (1565). Representa una escena agrícola.

Washington cruzando el Delaware
Emanuel Leutze (1851). Muestra un ataque sorpresa de Washington en 1776.

Puente sobre el estanque de los nenúfares
Claude Monet (1899). La pintura impresionista más visitada del Met.

Bandera blanca
Jasper Johns (1955). Se inspiró en un sueño.

3

Frick Collection

📍 N9 🏛 1 East 70th St
🚇 68 St (6) 🕐 10.00-18.00
ma-sá, 11.00-17.00 do
🌐 frick.org

La colección del magnate del acero Henry Clay Frick (1894-1919) se halla expuesta en un lujoso entorno residencial, con muebles apropiados para tan opulenta mansión, y es indicativa del modo de vida de las clases adineradas en la era dorada de Nueva York. Frick pretendía que la colección fuera un tributo a su memoria, y a su muerte legó la casa con todos sus bienes al Estado.

La colección contiene antiguas joyas pictóricas, destacadas esculturas, mobiliario francés, esmaltes de Limoges y alfombras orientales. Sobresalen *El oficial y la chica que ríe*, de Vermeer (*c.* 1657), y la habitación Boucher, que François Boucher llenó de paneles floridos estilo rococó en el siglo XVIII. El Living Hall contiene una auténtica obra maestra: *San Francisco en el desierto*, de Giovanni Bellini, asombrosamente bien conservada, que narra la visión de San Francisco. También hay dos obras conocidas de Hans Holbein el Joven, los retratos de dos viejos adversarios, Thomas Cromwell y *sir* Thomas More. Ambos están separados por un recatado *San Jerónimo* del Greco.

En la West Gallery, se desconoce la identidad del personaje de *El Jinete Polaco*, de Rembrandt (*c.* 1655). El sombrío paisaje rocoso crea un ambiente inquietante ante un peligro desconocido.

4

Cooper Hewitt, Smithsonian Design Museum

📍 N7 🏛 2 East 91st St
🚇 86 St (Q, 4, 5, 6), 96 St
(Q, 6) 🚌 M1-4 🕐 10.00-
18.00 (hasta 21.00 sá)
🌐 cooper hewitt.org

Ubicado en la antigua mansión del industrial Andrew Carnegie, este museo fue objeto de un monumental proyecto de remodelación concluido en 2014. Las galerías actuales están repartidas en torno a la escalera original, mientras el interior de madera y los suelos de parqué siguen intactos. En la segunda planta está la Carnegie Library y sus intrincados grabados en teca.

El museo ofrece gran diversidad de exposiciones, desde fruta impresa digital hasta lazos de acero, sillas de caucho o juegos de ajedrez de porcelana. También cuenta con la recopilación más amplia de cuadros de los artistas estadounidenses Frederic Edwin Church y Winslow Horner. Aparte de la colección permanente, el museo organiza exposiciones temporales todos los años.

← Obra de Mathias Bengtsson en el Cooper Hewitt, Smithsonian Design Museum

¿Lo sabías?

La Neue adquirió en 2006 el *Retrato de Adele Bloch-Bauer I* por una cantidad récord de 135 millones de dólares.

5

Neue Galerie New York

📍 N7 🏛 1048 Fifth Av con
East 86th St 🚇 86 St (Q, 4,
5, 6) 🚌 M1-4 🕐 11.00-18.00
ju-lu 🌐 neue galerie.org

El objetivo de este museo, fundado por el marchante de arte Serge Sabarsky y el filántropo Ronald Lauder, es coleccionar, investigar y exponer las diversas piezas de las artes decorativas de Austria y Alemania desde principios del siglo XX.

La estructura, de estilo Luis XIII *beaux arts*, fue completada en 1914 por Carrère & Hastings, quienes también diseñaron la Biblioteca Pública de Nueva York (*p. 178*). Antes ocupada por la señora de Cornelius Vanderbilt III, la mansión fue adquirida por Lauder y Sabarsky en 1994. La planta principal alberga una tienda y un café, la segunda planta está dedicada a artistas como Klimt y Schiele, y a objetos vieneses. Las plantas superiores albergan obras del grupo Der Blauer Reiter (con artistas como Klee y Kandinsky), de la Bauhaus (Feininger y Schlemmer) y de Die Brücke (Mies van der Rohe y Breuer). El *Retrato de Adele Bloch-Bauer I* (1907) es la estrella del museo. De su "etapa dorada", representa a Adele Bloch-Bauer, perteneciente a una de las familias judías más ricas de Viena. La historia de este cuadro, robado por los nazis en 1938, se narra en la película de 2015 *La dama de oro*, protagonizada por Helen Mirren.

Bar Pléiades

Este elegante hotel bar y local de jazz *art déco* es un homenaje a Chanel.

⦿ N8 ⌂ The Surrey, 20 East 76th St
🌐 bar pleiades.com

Bemelmans Bar

Conocido sobre todo por los alegres murales de Ludwig Bermelman y los techos dorados.

⦿ P8 ⌂ Carlyle Hotel, 35 East 76th St
🌐 rosewoodhotels.com

Café Carlyle

Woody Allen al clarinete y su banda de jazz tocan casi todos los lunes por la noche. El resto de la semana tocan otros músicos.

⦿ P8 ⌂ Carlyle Hotel, 35 East 76th St
🕐 Do, jul-dic
🌐 rosewoodhotels.com

Roof Garden Bar

Un sitio romántico en primavera y verano, con las mejores vistas de Central Park y la ciudad.

⦿ N7 ⌂ The Met, 1000 Fifth Av
🕐 Med oct-med abr
🌐 metmuseum.org

---

6 (icons)
Jewish Museum

⦿ N6 ⌂ 1109 Fifth Av 🚇 86 St (Q, 4, 5, 6), 96 St (6, Q)
🕐 11.00-17.45 ju-ma (hasta 20.00 ju; mar-nov: hasta 16.00 vi) 🕐 Festivos federales y judíos
🌐 thejewish museum.org

C. P. H. Gilbert diseñó este exquisito palacete en 1908 para residencia de Felix M. Warburg, financiero y dirigente de la

↑ La librería de la Asia Society y su gran variedad de libros

comunidad judía. Actualmente es la sede de una de las mayores colecciones del mundo de bellas artes de origen judío, así como de arte ceremonial y otros objetos de la cultura judía. El trabajo de piedra de una de las ampliaciones fue realizado por los mismos canteros que construyeron la catedral de St. John the Divine (*p. 254*) en Harlem.

Los objetos de la colección han sido traídos desde todas las partes del mundo, a veces con un gran riesgo de represalias para los donantes. La colección abarca casi 4.000 años de historia judía y consta de casi 30.000 piezas, entre las que se encuentran coronas de la Torá, candelabros, copas y platos de Kiddush, rollos de pergamino y objetos ceremoniales de plata.

Hay un arca de la Torá procedente de la colección Benguiat y el exquisito muro de cerámica vidriada de la entrada de una sinagoga persa del siglo XVI, así como el potente conjunto escultórico *Holocausto*, de George Segal. Las exposiciones cambian periódicamente para reflejar la vida y experiencia judías en todo el mundo. El museo también organiza conferencias y proyecciones.

La entrada es gratuita los sábados, y se da la voluntad los jueves de 17.00 a 20.00.

7 (icons)
Asia Society

⦿ P9 ⌂ 725 Park Av 🚇 68 St (6) 🕐 11.00-18.00 ma-do (sep-jun: hasta 21.00 vi)
🌐 asiasociety.org

Fundada por John D. Rockefeller III en 1956 para aumentar el conocimiento de la cultura asiática, la sociedad muestra el arte de 30 países de la región Asia-Pacífico, desde Japón hasta Irán, pasando por Asia central y Australia.

El edificio de ocho plantas, diseñado por Edward Larrabee Barnes, se construyó en granito rojo en 1981. Tras una remodelación efectuada en 2001, el museo ganó espacio para galerías. Una está dedicada a la colección de esculturas asiáticas de Rockefeller, que él y su mujer recopilaron en sus frecuentes viajes a Asia. Hay también cerámica de los periodos Song y Ming y una estatua de Bodhisattva de cobre con incrustaciones de piedras preciosas, de Nepal.

Las exposiciones temporales muestran una amplia variedad de arte asiático. La Sociedad ofrece, además, programas de películas, bailes, conciertos y conferencias. También tiene una librería muy bien provista.

↑ En las exposiciones de la Society of Illustrators pueden verse las firmas de algunos de sus miembros más destacados *(izquierda)*

❾ Ⓜ 🏛

Temple Emanu-El

📍N9 🏠1 East 65th St 🚇68 St (6), Lexington Av-63 St (F, Q) 🕐10.00–16.30 do-ju 🌐emanuelnyc.org

Este impresionante edificio de piedra caliza de 1929 es una de las mayores sinagogas del mundo, con capacidad, solo en la sala principal, para 2.500 personas. Alberga la congregación reformista más antigua (y rica) de Nueva York.

Entre los muchos detalles destacan las puertas de la sala del arca en bronce, que representan una Tora abierta. La sala del arca también cuenta con vidrieras que recogen escenas bíblicas y los símbolos de las tribus de Israel. Estos símbolos se repiten en un gran arco que enmarca el magnífico rosetón que domina la fachada que da a la Quinta Avenida.

La sinagoga se levanta en el antiguo emplazamiento de la residencia palaciega de la señora de William Astor, afamado personaje de la alta sociedad. Lady Astor se mudó a Upper East Side después de discutir con su sobrino, que antes vivía en el edificio contiguo. Su bodega y las tres chimeneas de mármol todavía se conservan en la sinagoga.

---

❿ 🎨

Ukrainian Institute

📍N8 🏠2 East 79th St 🚇86 St (Q, 4, 5, 6) 🚌M1-4 🕐12.00–18.00 ma-sá 🌐ukrainianinstitute.org

Inevitablemente ensombrecido por el Met, calle arriba, este centro cultural con su inquietante colección de arte merece una visita. La exposiciones temporales de artistas ucranianos modernos se encuentran en la segunda planta, mientras que las superiores albergan obras abstractas de Alexander Archipenko, cuadros de Davir Burliuk, el padre del futurismo ruso, y grandes lienzos del realismo socialista soviético.

Construido por el banquero Isaac Fletcher en 1899, es famoso por haber sido propiedad en la década de 1920 de Harry Sinclair, el industrial y petrolero propenso a escándalos.

❽ Ⓜ 🏛

Society of Illustrators

📍P9 🏠128 East 63rd St 🚇Lexington Av-63 St (F, Q) 🕐10.00–20.00 ma y ju, 10.00–17.00 mi y vi, 11.00–17.00 sá 🌐societyillustrators.org

Esta sociedad se fundó en el año 1901 para promover el arte de la ilustración. Entre los artistas más destacados figuran Charles Dana Gibson, N. C. Wyeth y Howard Pyle. Al principio se ocupaba de temas de educación y servicio público en charlas mensuales que aún se mantienen hoy en día. En 1981 se inauguró el Museum of American Illustration, que ocupaba dos galerías con exposiciones temporales temáticas sobre la ilustración en libros y revistas, y una exposición anual con los mejores trabajos del año.

Mount Vernon Hotel Museum

Q9 **🏠** 421 East 61st St
S Lexington Av-59 St (N, R, W), 59 St (4, 5, 6) **🕐** 11.00-16.00 ma-do **w** mvhm.org

Construido en el año 1799, el Mount Vernon Hotel Museum fue un tranquilo hotel de estilo campestre frecuentado sobre todo por neoyorquinos que querían escapar del ajetreo de la ciudad, y para ello sólo tenían que ir al extremo sur de la isla. El edificio de piedra perteneció a Abigail Adams Smith, hija del presidente John Adams.

Fue adquirido en el año 1924 por Colonial Dames of America, una sociedad patriótica femenina, y convertido en una bella casa de estilo federal. Guías disfrazados enseñan las ocho salas, que muestran porcelana china, cómodas Sheraton y un sofá de Duncan Phyfe. Un dormitorio incluso cuenta con una cuna y juguetes. Alrededor de la casa se ha plantado un jardín de estilo siglo XVIII.

El Park Avenue Armory, ahora centro cultural ↓

Christ Church United Methodist

P9 **🏠** 524 Park Av **S** 5 Av-59 St (N, R, W) **🕐** 7.00-18.00 lu-vi, 8.30am-14.00 do **w** christchurchnyc.org

Con un exterior engañosamente sencillo, esta deslumbrante estructura románica fue diseñada en 1931 por el influyente arquitecto Ralph Adams Cram. Los mosaicos de pan de oro llenan el techo y el ábside, mientras que algunas zonas del coro datan de 1660 y fueron propiedad del zar Nicolás II de Rusia. El altar está tallado en mármol español y las columnas de la nave, de mármol rojo de Levanto.

Park Avenue Armory

P9 **🏠** 643 Park Av
S 68 St (6) **🕐** Para visitas guiadas; los días varían, consultar página web para más información **w** armoryonpark.org

Desde la guerra de 1812 hasta las dos guerras mundiales, el Séptimo Regimiento desempeñó un papel clave. Lo constituía un cuerpo de élite de "caballeros soldados" pertenecientes a familias notables; su armería no tiene parangón. En el interior del edificio, semejante a una fortaleza, hay salas con mobiliario de época victoriana, objetos de arte y recuerdos del regimiento.

El proyecto de Charles W. Clinton, veterano de este cuerpo, presentaba oficinas que daban a Park Avenue, con un vestíbulo hasta Lexington Avenue. Entre las salas para recepciones figuran la de los Veteranos y la biblioteca, de Louis Comfort Tiffany. La sala de prácticas hoy la ocupa el Winter Antiques Show y se usa para bailes benéficos. El Armory acoge gran número de representaciones de danza moderna y conciertos de la Orquesta Filarmónica de Nueva York.

Se puede ver el interior de este edificio con una visita guiada. Hay que consultar en la web las fechas concretas y es obligatorio reservar.

El original edificio del Guggenheim

⑭ Church of the Holy Trinity

Q7 🏠 316 East 88th St
🚇 86 St (Q, 4, 5, 6) 🕐 Horarios variables; consultar página web para más información
🌐 holy trinity-nyc.org

Esta iglesia, construida en 1899, tiene un adorable entorno ajardinado que transmite serenidad. El edificio, de ladrillo dorado y terracota, posee uno de los mejores campanarios de Nueva York, dotado de un hermoso reloj de hierro forjado. Los arcos de la entrada están profusamente labrados con imágenes de santos y profetas.

Serena Rhinelander (1830-1914) financió la construcción de la iglesia en memoria de su padre y su abuelo. La iglesia se construyó en una finca agrícola de la familia, y la mansión de los Rhinelander sigue en pie en el 867 de la avenida Madison (actualmente es propiedad de Ralph Lauren).

---

⑮ St. Nicholas Russian Orthodox Cathedral

N6 🏠 15 East 97th St
📞 (212) 726-4229 🚇 96 St (Q, 6) 🕐 Con cita

Un hallazgo insólito e inesperado en esta zona de Manhattan. Construida en 1902 en estilo

barroco moscovita, cuenta con cinco cúpulas de bulbo coronadas con cruces y, en la fachada, una decoración de azulejos amarillos y azules sobre ladrillo rojo y piedra blanca. En el interior, el santuario central está flanqueado por columnas de mármol y grecas en azul y blanco, y el altar está delimitado por retablos dorados.

Entre los primeros feligreses se contaban los rusos que habían huído de la revolución rusa y eran, en su mayoría, intelectuales y aristócratas que pronto se integraron en la sociedad neoyorquina. Después llegaron oleadas sucesivas de refugiados, disidentes y desertores.

Actualmente la catedral abarca una comunidad muy dispersa, y la asistencia es escasa. La misa se celebra en ruso, con gran pompa y dignidad.

⑯   Gracie Mansion

Q7 🏠 East End Av con 88th St 🚇 86 St (Q, 4, 5, 6) 🚌 M31, M79, M86 🕐 10.00, 11.00 y 17.00 lu 🌐 nyc.gov/gracie

Esta casa solariega de madera con balconada, de 1799, es la residencia oficial del alcalde. Construida por el próspero comerciante Archibald Gracie, constituye uno de los mejores edificios de estilo federal que quedan en Nueva York.

La ciudad la compró en 1896 y fue la primera sede del Museum of the City of New York. Cuando Fiorello La Guardia se mudó aquí tras nueve años en el cargo, dijo que incluso la modesta Gracie Mansion era demasiado elegante para él.

Esta mansión puede verse únicamente en visitas guiadas y con cita previa.

---

⑰   The Met Breuer

P8 🏠 945 Madison Av
🚇 77 St (6) 🕐 10.00-17.30 ma-ju y do, 10.00-21.00 vi-sá 🌐 metmuseum.org

Esta extensión del Metropolitan Museum of Art ocupa las

← El comedor de la Gracie Mansion, con empapelado de Zuber de la década de 1830

The Met Breuer alberga arte moderno y contemporáneo

Café Sabarsky

Cafetería vienesa clásica con cafés aromáticos y comida austriaca.

N7 Neue Galerie, 1048 Fifth Av
kurtguten brunner.com

$$$

Daniel

El opulento restaurante del chef Daniel Boulud.

P9 60 East 65th St Mediodía do
danielnyc.com

$$$

Dylan's Candy Bar

Emblemática tienda de dulces con una fuente de chocolate.

P9 1011 Third Av
dylanscandy bar.com

$$$

Lady M

Pastelería de lujo con una clientela de culto.

P8 41 East 78th St ladym.com

$$$

Serendipity 3

Café y heladería. Es famoso por su chocolate caliente "congelado".

P9 225 East 60th St
serendipity3.com

$$$

> Creado por el arquitecto Marcel Breuer, el diseño brutalista del edificio fue una polémica adición a las casas del Upper East Side en 1966.

antiguas instalaciones del Whitney Museum of American Art. Creado por el arquitecto Marcel Breuer, el diseño brutalista del edificio fue una polémica adición a las casas del Upper East Side en 1966. The Met Breuer proporciona más espacio para exposiciones de arte de los siglos XX y XXI, junto con programas de estancia, educativos y representaciones únicas.

Museum of the City of New York

N5 1220 Fifth Av con 103rd St 103 St (6)
10.00–18.00 diario
mcny.org

Fundado en 1923 y en un principio sito en Gracie Mansion, este museo está dedicado al desarrollo de la ciudad desde sus comienzos hasta el presente y el futuro.

Ubicado en un edificio georgiano colonial desde 1932, con el paso del tiempo ha ido ampliando su espacio público. Hay exposiciones especiales todo el año, que cubren materias como moda, arquitectura, teatro, historia social y política y fotografía. Además, cuenta con una fantástica colección de juguetes, entre ellos la famosa casa de muñecas Stettheimer, con obras de arte originales en miniatura pintadas por artistas como Marcel Duchamp y Albert Gleizes.

Una de las exposiciones centrales es la película *Timescapes: A Multimedia Portrait of New York* (cada 30 min 10.15-16.45). Usa imágenes de la colección del museo y mapas históricos para trazar el crecimiento de Nueva York, desde sus primeros días como un pequeño asentamiento hasta su estado actual como una de las mayores ciudades del mundo.

UN PASEO
MUSEUM MILE

Distancia 2 km **Metro** 96 St, 86 St-Lexington Av
Tiempo 25 minutos

Muchos de los museos de Nueva York se hallan en el
Upper East Side y ocupan espacios diversos, desde las
mansiones Frick y Carnegie hasta el moderno
Guggenheim. Vale la pena recorrer este barrio aunque
solo sea por la arquitectura palaciega de estos museos
mundialmente famosos. Si, además, los visita, verá que
lo que exponen es tan diverso como su arquitectura:
desde grandes maestros de la pintura hasta fotógrafos
y artes decorativas. Destaca el Metropolitan Museum
of Art, la respuesta de Nueva York al Louvre de París.

↑ El llamativo museo
Guggenheim, obra de
Frank Lloyd Wright

¿Lo sabías?

La Milla de los Museos
tiene ofertas en los
precios de las entradas,
y algunos días se paga la
voluntad.

La colección más extensa sobre
cultura judía se encuentra en el
Jewish Museum. Consta de
monedas, piezas
arqueológicas y objetos
ceremoniales y
religiosos (p. 225).

Cerámica, cristal, muebles
y tejidos están bien
representados en el
Cooper Hewitt,
Smithsonian Design
Museum (p. 224).

La Church of the Heavenly Rest,
de 1929, es de estilo neogótico.
La virgen del púlpito es obra de
la escultora Malvina Hoffman.

El Guggenheim, del arquitecto Frank Lloyd
Wright, tiene forma de espiral y se ilumina
al atardecer. Para apreciar mejor una de
las principales colecciones del mundo
de arte moderno y contemporáneo, hay
que tomar el ascensor hasta la última
planta e ir descendiendo por las
exposiciones (p. 218).

Graham House, construido en
1892, es un edificio de viviendas
con una espléndida entrada de
estilo academicista francés.

93RD ST
92ND ST
91ST ST
90TH ST
89TH ST
88TH ST

FIFTH AVENUE (MUSEUM MILE)
MADISON AVENUE

LLEGADA

INICIO

Lo único que queda del edificio original del Squadron A Armory es la fachada. En la actualidad es el muro occidental del patio de la Hunter College High School, que se construyó manteniendo el estilo del arsenal.

Cancha pública de baloncesto

La William G. Loew Mansion (1931), que en la actualidad forma parte de la Spence School, es de estilo adamesco estadounidense.

El sínodo de obispos ortodoxos rusos se celebra en una adorable mansión de 1918.

Night Presence IV (1972), es una escultura moderna de acero oxidado, obra de Louise Nevelson. Para algunos neoyorquinos está fuera de lugar en el vecindario de estilo antiguo y serio de Park Avenue.

PARK AVENUE

LEXINGTON AVENUE

En los números 120 y 122 de la calle 92 Este hay dos de los pocos edificios de madera que quedan en Manhattan. Son de 1859 y 1871 respectivamente y tienen un encantador aire italianizante.

Los Hermanos Marx pasaron su infancia en un piso de tres dormitorios de un modesto edificio, en el número 179 de la calle 93 Este.

Dos de los pocos edificios de madera que quedan en Manhattan, en la calle 92 Este

CENTRAL PARK Y UPPER WEST SIDE

Es difícil imaginar Nueva York sin este jardín urbano, inaugurado oficialmente en 1876. Central Park ha prosperado con el paso del tiempo: se ha llenado de zonas de juegos, pistas de patinaje, áreas para juegos de pelota y espacios para otras actividades, además de colinas, lagos y praderas.

En 1868, cuando el ferrocarril de la Novena Avenida llegó al Midtown, se allanaron y suavizaron las calles de la ciudad, y surgieron edificios en Central Park West y Broadway. En la actualidad, el Upper West Side es principalmente residencial, con una mezcla de edificios altos y otros adosados de piedra rojiza. El complejo del Lincoln Center ha convertido la zona en una especie de centro cultural, y el American Museum of Natural History es uno de los lugares de interés más visitados por la familias.

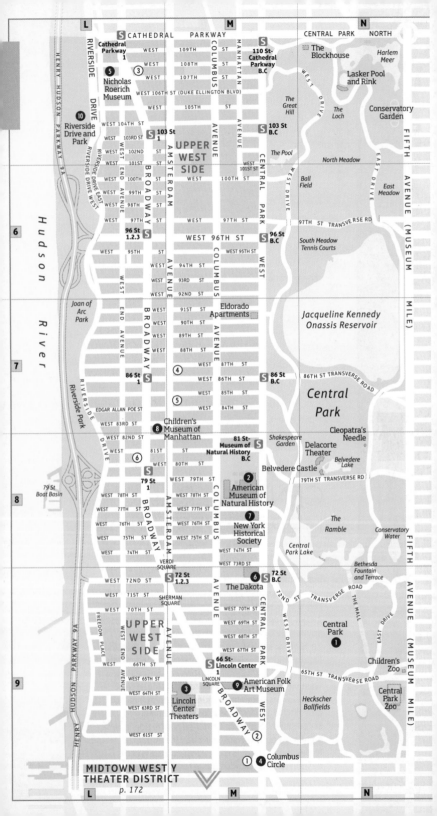

MIDTOWN WEST ∤ THEATER DISTRICT
p. 172

P

110 St S
6

HARLEM Y MORNINGSIDE HEIGHTS
p. 250

EAST 104TH ST
EAST 105TH ST

S 103 St
6

EAST 102ND ST

EAST 99TH ST
EAST 99TH ST

96 St S
6
EAST 96TH ST

Wards Island Footbridge

Mill Rock Park

Harlem River

EAST 91ST ST

Gracie Mansion

Q

CENTRAL PARK Y UPPER WEST SIDE

EAST 87TH ST

Carl Schurz Park

86 St S
4.5.6

EAST 83RD ST

| 0 metros | | 500 | N |
| 0 yardas | | 500 | |

UPPER EAST SIDE
p. 214

77 St S
6

UPPER EAST SIDE

EAST 72ND ST

68 St- S Hunter College
6

Park Avenue Armory

S

UPPER MIDTOWN
p. 198

P

MADISON AVENUE
PARK AVENUE
LEXINGTON AVENUE
THIRD AVENUE
SECOND AVENUE
FIRST AVENUE
YORK AVENUE
EAST END AVENUE

FRANKLIN D ROOSEVELT DRIVE (EAST RIVER DRIVE)

CENTRAL PARK Y UPPER WEST SIDE

Esencial
1. Central Park
2. American Museum of Natural History

Lugares de interés
3. Lincoln Center Theaters
4. Columbus Circle
5. Nicholas Roerich Museum
6. The Dakota
7. New York Historical Society
8. Children's Museum of Manhattan
9. American Folk Art Museum
10. Riverside Drive and Park

Dónde comer
1. Per Se
2. Jean-Georges
3. Absolute Bagels
4. Barney Greengrass
5. Jacob's Pickles
6. Zabar's Café

CENTRAL PARK

📍 N9 🅰 Entre 59th St, Fifth Av, 110th St y Eighth Av 🆂 59 St-Columbus
Circle (A, B, C, D, 1), 5 Av-59 St (N, Q, R, W), 72nd St (B, C) 🕐 6.00-1.00 diario
🌐 centralparknyc.org

EXPLORA Central Park y Upper West Side

Pocos neoyorquinos podrían imaginarse su ciudad sin este entrañable remanso de paz en pleno corazón de Nueva York. Un parque repleto de espacios verdes, con muchos rincones por explorar y actividades por disfrutar. Central Park ofrece algo para cada visitante, y cuenta una historia distinta en cada estación.

Central Park es un paraíso verde para neoyorkinos y visitantes. Atrae a los aficionados a la ornitología, a los amantes de la naturaleza, a los nadadores, a los patinadores, a los que disfrutan con un pícnic, a quienes les gusta tomar el sol, a los corredores, a los ciclistas y, en verano, a los asistentes a los festivales. Tras una feroz competición, Frederick Law Olmsted y Calvert Vaux fueron los elegidos para crear Central Park en la década de 1850. La zona que iba a ocupar era baldía pero tenía

campamentos de indigentes y granjas de cerdos, y la transformación iba a ser una tarea inmensa. Abrió al público en 1876 y, hoy en día, la zona sur es la que ofrece la mayoría de las actividades más populares, como el teatro Delacorte, con su Shakespeare in the Park y –durante las fiestas navideñas– la pista de patinaje Wollman. Pero merece mucho la pena visitar el sector norte (a partir de la calle 86) por su naturaleza más silvestre y su sorprendente tranquilidad.

El verdor y la frondosidad de Central Park en contraste con el perfil urbano ↑

En verano, Central Park tiende a ser más fresco que el resto de la ciudad, así que es recomendable refugiarse aquí entre los meses de junio y agosto. Además, es más frío en invierno, de modo que la nieve dura más aquí que en ninguna otra parte.

↑ El Sheap Meadow, en la parte sur de Central Park

Guía estacional

Primavera

El parque renace al final de marzo: los cerezos florecen en torno al estanque y el canto de los pájaros anuncia su migración. No hay que perderse las regatas de maquetas en el Boat Pond (10.00-13.00 sá).

Verano

El parque se convierte en un refugio sombreado, aunque siempre hay gente tomando el sol en el Sheep Meadow. Atentos a los festivales gratuitos: Shakespeare in the Park, SummerStage, los recitales de verano de la Met Opera y los conciertos de la Filarmónica de Nueva York.

Otoño

Cuando sus 20.000 árboles adquieren tonos en rojo y oro y las temperaturas se suavizan, Central Park alcanza su momento más bello. Las aves vuelven, y el mejor sitio para ver a los halcones es el castillo de Belvedere.

Invierno

La mayoría de los árboles pierden las hojas y el viento es helado, pero el invierno también puede ser un momento mágico en Central Park. La nieve suele seguir cubriendo los prados y bosques cuando ya ha desaparecido en las calles. No hay que perderse las pistas Wollman y Lasker de patinaje sobre hielo (nov-mar).

←

Ciclistas disfrutando de Central Park en los cálidos meses de verano

The Dairy
🕐 10.00–17.00 diario

Hay que empezar por el centro de visitantes de Central Park. Aquí dan planos e información sobre actividades, y también se pueden alquilar juegos de ajedrez.

Strawberry Fields

Es el homenaje de Yoko Ono a su marido, John Lennon. Para plantar este jardín llegaron regalos de todo el mundo.

↑ Unas personas cruzan el Bow Bridge mientras otras disfrutan del lago en barca

Belvedere Castle
🕐 10.00–17.00 diario

En la cima de Vista Rock, este castillo de piedra con torres y torretas ofrece una de las mejores vistas del parque. En el interior, el Henry Luce Nature Observatory tiene una estupenda exposición sobre la sorprendente diversidad de vida natural que puede encontrarse en el parque.

Bow Bridge

Es uno de los puentes originales de hierro forjado del parque, diseñado como un arco que unía las dos partes del lago. En el siglo XIX, cuando se podía patinar en el lago, se izaba una bola roja para indicar que el hielo era seguro. Las vistas desde el puente son muy bonitas.

TOP 3
ALQUILER DE BICICLETAS EN CENTRAL PARK

Bike and Roll
451 Columbus Av, con W 82nd St; www.bikeandroll.com

Master Bike Shop
265 W 72nd St; www.masterbike shop.com

Bike Rental Central Park
1391 Sixth Ave; y 9 W 60th St; bikerentalcentralpark.com

Esencial
☆

⑤
Bethesda Fountain and Terrace

La famosa entrada situada entre el lago y el Mall es el corazón arquitectónico del parque. La fuente se inauguró en 1873 y la estatua, el *Ángel de las aguas*, marcó la apertura del Croton Aqueduct en 1842, que llevó a la ciudad el primer suministro de agua potable; su nombre hace referencia a la narración bíblica sobre un ángel sanador del estanque de Bethesda, en Jerusalén.

⑥
Conservatory Water

Más conocido como Model Boat Pond, aquí se celebran los fines de semana carreras de yates de modelismo, y los observadores de aves se reúnen para ver al ratonero de cola roja más famoso de la ciudad, Pale Male, que anida en el tejado del número 927 de la Quinta Avenida. En el extremo norte del lago, una escultura de *Alicia en el país de las maravillas* hace las delicias de los niños. Fue encargada por George T. Delacorte, que está inmortalizado en la figura del Sombrerero Loco. Junto a la estatua de H. C. Andersen se celebran lecturas de cuentos gratuitas.

¿Lo sabías?
—
La secuencia de títulos de la serie *Friends* se grabó en Los Ángeles, no en una fuente de Central Park.

⑦
Central Park Zoo
🕐 Abr-oct: 10.00-17.00 lu-vi (hasta 17.30 sá, do y festivos estatales); nov-mar: 10.00-16.30 diario

Este parque zoológico ha sido aclamado por su uso creativo y humanitario de un espacio pequeño. Están representadas más de 150 especies en tres zonas climáticas.

⑧
Conservatory Garden
🕐 8.00-anochecer

Por la puerta Vanderbilt, en la Quinta Avenida, se tiene acceso a tres jardines de estilo paisajístico diferente: el Central Garden recrea uno de estilo italiano; el Sout Garden, inglés; y el North Garden, francés.

⑨
Wollman Rink
🕐 Oct-mar

Desde 1949, la pista Wollman ha tenido el mejor ambiente de la ciudad para patinar sobre hielo. Su emplazamiento es perfecto: tiene vistas increíbles del parque y de los rascacielos que bordean Central Park South. De junio a septiembre, esta pista se transforma en Victorian Gardens, un pequeño parque de atracciones.

⑩
Charles A. Dana Discovery Center y Harlem Meer

En este centro hay exposiciones sobre la ecología del parque, y tiene vistas a Harlem Meer, donde se puede practicar pesca de captura y suelta (se prestan cañas de pescar).

Tavern on the Green
El restaurante más famoso del parque sirve cocina moderna de temporada a neoyorquinos y visitantes adinerados.

🏠 Central Park West y 67th St 🔳 tavernonthe green.com

Ⓢ Ⓢ Ⓢ

Loeb Boathouse Restaurant
Este restaurante, situado junto al lago, fue fundado por el filántropo Carl M. Loeb y es un local popular para festejar bodas.

🏠 East 72nd St y Park Drive North 🕐 Noche dic-mar 🔳 thecentralpark boathouse.com

Ⓢ Ⓢ Ⓢ

→ Estatua cubierta de nieve en el Conservatory Garden de Central Park

2 🛝 Ⓜ 🖥 🏛

AMERICAN MUSEUM OF NATURAL HISTORY

📍 M8 🚇 Central Park West con 79th St Ⓢ 81 St (B, C)
🚌 M7, M10, M11, M79, M104 🕐 10.00-17.45 diario
🌐 amnh.org

Fósiles, animales disecados y un montón de esqueletos; esta colección enciclopédica de curiosidades pertenece a uno de los mayores museos de historia natural del mundo, que además es la sede del Rose Center for Earth and Space. Los niños, sobre todo, estarán encantados de explorar la enorme profusión de especímenes y de utilizar las exposiciones interactivas.

Desde que el edificio original se inauguró en 1877, el complejo ha crecido hasta abarcar cuatro manzanas y cuatro plantas, en las que hay más de 30 millones de especímenes y objetos. Las zonas más populares son la sala de dinosaurios –la mayor colección de dinosaurios del mundo– y el Milstein Hall of Ocean Life, que muestra la lucha por la supervivencia en el mundo subacuático. En el Rose Center for Earth and Space se encuentra el Hayden Planetarium, y en la sala de gemas y minerales hay una asombrosa cantidad de cristales. Pero esto no es más que rascar la superficie: hay reptiles, anfibios, mamíferos africanos y mucho más.

↑ Una manada de elefantes africanos

← Una réplica de una enorme ballena azul hembra de 1925 de América del Sur

---

→ Una joven observadora de estrellas

ROSE CENTER

Cuando se mira desde la calle por la noche, el Centro Rose es deslumbrante, y las exposiciones de su interior demuestran que, en palabras de Carl Sagan, "somos polvo de estrellas". Dentro de la esfera de 27 metros se encuentra el tecnológicamente avanzado planetario Hayden, la Senda Cósmica, una rampa espiral de 100 m –un recorrido de 13 mil millones de años de evolución–, y el teatro Big Bang, donde se explican los orígenes del universo.

El museo *(arriba)* es la sede
del Salón de la Biodiversidad ↑
y todas sus curiosidades

LUGARES DE INTERÉS

Lincoln Center Theaters

M9 10 Lincoln Center Plaza (Columbus Av) S 66 St (1) W lincolncenter.org

El Lincoln Center cuenta con una serie de salas de representación magníficas, empezando por la Metropolitan Opera House, diseñada por Wallace K. Harrison e inaugurada en 1966. Sus cinco enormes ventanales rematados por arcos permiten ver su opulento vestíbulo y sus dos murales de Marc Chagall. En el interior hay escalinatas de mármol blanco y unos exquisitos candelabros de cristal que se izan hasta el techo antes de cada representación.

En el otro lado de la plaza principal está el David H. Koch Theater, diseñado por los arquitectos Philip Johnson y John Burgee e inaugurado en 1964. En el gran vestíbulo de cuatro plantas hay unas enormes esculturas de mármol blanco realizadas por Elie Nadelman. Por los destellos diamantinos de sus lámparas y candelabros, tanto interiores como exteriores, algunos describen este teatro como "un pequeño joyero".

Cuando en 1962 se inauguró el David Geffen Hall, entonces llamado Philarmonic Hall, hubo críticos que se quejaron de su acústica, pero una serie de reformas estructurales lo han convertido en una maravilla de la acústica, comparable a otras grandes salas de concierto del mundo.

Hay otros tres teatros más reducidos que también forman parte del complejo del Lincoln Center, donde se representan obras de carácter ecléctico y a menudo experimental. Se trata de los teatros Vivian Beaumont

LAS COMPAÑÍAS LEGENDARIAS DEL LINCOLN CENTER

Lo que hace realmente especial al Lincoln Center es la calidad de sus compañías residentes. Yannick Nézet-Séguin dirige la mundialmente famosa Metropolitan Opera Company. El American Ballet Theatre cuenta con la conocida Misty Copeland como bailarina principal. El New York City Ballet, con sede en el David H. Koch Theater, representa todos los años el *Cascanueces* de Balanchine durante noviembre y diciembre. El David Geffen Hall es la sede de la Filarmónica de Nueva York y de su popular serie "Mostly Mozart". En el Alice Tully Hall se encuentra la Chamber Music Society.

El Lincoln Center es el centro de artes escénicas más prestigioso del mundo.

los pocos elementos originales que perduran de este círculo; se ha convertido en uno de los proyectos urbanísticos más grandes de la historia de Nueva York.

Varios rascacielos se han construido en este lugar, atrayendo a empresas nacionales y extranjeras. Time Warner tiene aquí sus oficinas centrales. Los 260.000 m^2 albergan comercios, espacios de ocio y restaurantes; hay tiendas como Hugo Boss, Williams-Sonoma y Whole Foods Market, restaurantes como Per Se y Masa; y un hotel Mandarin Oriental.

El Time Warner Center es también sede del Jazz at the Lincoln Center. Comprende tres salas, The Appel Room, The Rose Theater y el Dizzy's Club Coca-Cola, que sumadas a un salón de la fama del jazz y una escuela de música forman uno de los mayores centros dedicados al jazz en el mundo.

Otros edificios destacables del Columbus Circle son la Hearst House, obra del arquitecto británico Norman Foster, el Trump International Hotel, el Maine Monument y el Museum of Arts and Design *(p. 182)*, antes American Craft Museum.

(p. 182)

Per Se

El restaurante del chef Thomas Keller sigue siendo uno de los más celebrados de la ciudad. Ofrece dos menús de degustación de nueve platos (muy caros) que son la muestra de una soberbia cocina con influencia californiana, una estupenda carta de vinos, y unas vistas espectaculares de Central Park. Chaqueta obligatoria para los hombres.

📍 M9 🏢 Time Warner Center, 10 Columbus Circle 🕐 Mediodía lu-ju 🌐 thomaskeller.com/perseny

💲💲💲

Jean-Georges

La joya de la corona del afamado chef Jean-Georges Vongerichten. Cocina francesa contemporánea con ingredientes ecológicos. Para la cena, un menú de precio fijo de tres platos (o menús de degustación, más caros); a mediodía, un menú de dos platos. Es necesario reservar.

📍 M9 🏢 Trump International Hotel, 1 Central Park West 🌐 jean-georges restaurant.com

💲💲💲

¡Lo sabías?

West Side Story (1961) se filmó en el terreno del Lincoln Center antes de que se construyera.

(1.000 asientos), Mitzi E. Newhouse (280 asientos) y Claire Tow (112 asientos). En el Beaumont se han representado obras de algunos de los mejores dramaturgos contemporáneos de Nueva York; el tamaño del Newhouse es adecuado para obras de estilo *Off-Broadway*; y en el Claire Tow suelen representarse obras de dramaturgos, directores y diseñadores emergentes.

4

Columbus Circle

📍 M9 Ⓢ 59 St-Columbus Circle (A, B, C, D, 1) 🌐 jazz.org

Alzándose sobre esta plaza, en una esquina de Central Park, se encuentra una estatua de mármol de Cristóbal Colón, encaramada sobre una elevada columna de granito en el centro de una fuente y rodeada de plantas. La estatua es uno de

5

Nicholas Roerich Museum

📍 L5 🏢 319 West 107th St Ⓢ Cathedral Parkway-110 St (1) 🕐 12.00-16.00 ma-vi, 14.00-17.00 sá-do 🌐 roerich.org

El museo Nicholas Roerich, frecuentemente ignorado, ocupa una bonita casa de piedra cerca de Riverside Park. Contiene una colección pequeña y poco convencional de unos 150 cuadros de Nicholas Roerich (1874-1947), un artista nacido en San

Petersburgo (Rusia) que vivió en la India a partir de la década de 1920. Una buena parte de su obra se centra en la naturaleza del Himalaya y presenta una gran influencia del misticismo budista.

Sergei Diaghilev dio a conocer el arte de Roerich en Europa., y su relación con Nueva York empezó con una larga visita en 1920; en esta ciudad fundó la Agni Yoga Society y el Master Institute of United Arts.

The Dakota

📍M9 🏠1 West 72nd St Ⓢ72 St (1, 2, 3) Ⓛ Al público

Su nombre y su estilo reflejan el hecho de ser una construcción muy del estilo del Oeste. Se debe al proyecto del arquitecto Henry J. Hardenberg, autor del hotel Plaza, entre 1880 y 1884. Fue el primer edificio de apartamentos de lujo de Nueva York, y al principio estuvo rodeado por chabolas de inmigrantes y por animales domésticos. Encargado por Edward S. Clark, heredero del imperio Singer (conocidas

CURIOSIDADES
Boat Basin

Casi invisible detrás de Riverside Park, el puerto deportivo de la calle 79 es un refugio en el río Hudson que sorprende por su tranquilidad. El Boat Basin Café, de ambiente relajado, está abierto desde mediodía hasta la hora de la cena (abr-oct).

máquinas de coser), constituye una de las más prestigiosas residencias de Nueva York.

Los 65 lujosos apartamentos del Dakota han tenido muchos propietarios famosos: Judy Garland, Lauren Bacall, Leonard Berstein o Boris Karloff, cuyo espíritu, dicen, aún lo frecuenta. Fue el escenario de *La semilla del diablo* y lugar del asesinato del ex-Beatle John Lennon, cuya viuda, Yoko Ono, sigue viviendo aquí.

New York Historical Society

📍M8 🏠170 Central Park West Ⓢ81 St (B, C) Ⓖ Galerías: 10.00-18.00 ma-sá (hasta 20.00 vi), 11.00-17.00 do; biblioteca: 9.00-15.00 ma-vi, 10.00-16.45 sá (cambia según temporada) 🌐nyhistory.org

Fundada en el año 1804, esta sociedad atesora una destacada biblioteca y el museo más antiguo de la ciudad de Nueva York. Su colección incluye material histórico relacionado

con la esclavitud y la guerra civil, un magnífico fondo de periódicos del siglo XVIII, las 435 acuarelas de la serie titulada *Pájaros de América*, de Audubon, y la mayor colección del mundo de lámparas y piezas de cristal de Tiffany. También muestra bellos muebles y artículos de plata.

Children's Museum of Manhattan

📍L7 🏠212 West 83rd St Ⓢ79 St o 86 St (1), 81 St (B, C) Ⓖ10.00-17.00 diario (hasta 19.00 sá) 🌐cmom.org

Este museo imaginativo es fiel a la teoría según la cual los niños aprenden mejor jugando. La exposición llamada Eat, Sleep, Play une comida, el sistema digestivo y la vida sana, mientras que en Block Party los niños pueden construir castillos, ciudades y puentes con bloques de madera. A los niños también les encantan las exposiciones de dibujos animados como Jorge el Curioso o Dora la Exploradora y su primo Diego. Los niños aprenden curiosidades acerca de los viajes y culturas de todo el mundo. Los fines de semana y en vacaciones hay actuaciones de marionetas en su teatro de 150 asientos. Hay también una galería para actividades gratuitas como el "Día del pijama", así como un animado recorrido temático del museo.

←

El edificio residencial Dakota, exclusivo y caro

American Folk Art Museum

Q M9 **A** 2 Lincoln Sq
S 66 St (1) **O** 11.30-19.00
ma-ju y sá, 12.00-19.30 vi,
12.00-18.00 do
W folkartmuseum.org

La sede permanente del estudio del arte popular estadounidense está adecuadamente ubicado frente al complejo del Lincoln Center. Fundado en 1961, el museo contiene 7.000 piezas que datan desde el siglo XVIII hasta nuestros días.

Es una selección destacada de vistosos *quilts* (una especie de colcha), impresionantes retratos y obras importantes de artistas autodidactas contemporáneos. Vale la pena buscar sobre todo las acuarelas de Henry Darger y las increíbles crónicas urbanas de Ralph Fasinella. Las exposiciones suelen rotar, pero siempre se exhibe la colección permanente.

↑ Neoyorquinos en el frondoso parque Riverside del Upper West Side

↑ Tentadores productos horneados en el Zabar's Café

⑩ Riverside Drive and Park

Q L5 **S** 79 St or 86 St (1),
96 St (1, 2, 3)

Riverside Drive, una de las calles más atractivas de Nueva York, ancha y con hermosas vistas sobre el Hudson, es una calle muy deseada.

Está flanqueada por casas solariegas originales y por algunos edificios de apartamentos más modernos. Hay que buscar las proyectadas a finales del XIX por el arquitecto local Clarence F. True, n°s 40 al 46, 74 al 77, 81 al 89 y 105 al 107. Sus tejados curvos, vanos y ventanas en arco parecen adaptarse a las curvas de la calle y del río.

Cliff Dweller, en el n.° 243, (entre la calle 96 y la 97), es una construcción de 1914 con un friso en el que se ven antiguos pobladores de Arizona, máscaras, cráneos de búfalo, pumas y serpientes cascabel.

Riverside Park, que se extiende 2,5 km a lo largo del río Hudson, fue proyectado por Frederick Law Olmsted, autor también del emblemático Central Park *(p. 238)* y es uno de los ocho únicos "hitos escénicos" oficiales de la ciudad.

Absolute Bagels
Entre los *bagels* más frescos y consistentes de la ciudad.

Q L5 **A** 2788 Broadway
C (212) 932-2052

**$**$$

Barney Greengrass
El "rey del esturión", abierto desde 1908, sirve lox, pastrami y salmón excelentes y, por supuesto, esturión.

Q M7 **A** 541 Amsterdam
Av **O** Noche lu
W barneygreen
grass.com

**$$**$

Jacob's Pickles
Comida sureña, como tortitas y pollo frito, además de unos pepinillos muy sabrosos, aguardan en este clásico del Upper West Side.

Q M7 **A** 509 Amsterdam
Av **W** jacobs pickles.com

**$$**$

Zabar's Café
Excelente comida para llevar desde 1934: pescado ahumado, pepinillos y sándwiches de *bagel* con lox.

Q L8 **A** 2245 Broadway
W zabars.com

**$$**$

UN PASEO
LINCOLN CENTER

Distancia 1 km **Metro** 59 St, 72 St **Tiempo** 15 minutos

El Lincoln Center nació de la necesidad de crear una nueva sede para la Metropolitan Opera House y la Filarmónica de Nueva York, así como de la urgencia por reactivar parte del West Side de Manhattan. La idea de un centro donde pudieran convivir distintas artes parece hoy natural, pero en los años cincuenta se consideró atrevida y arriesgada. En la actualidad, el Lincoln Center atrae a una audiencia media de cinco millones de espectadores al año. Además, muchos artistas y amantes del arte han fijado su residencia en los alrededores.

El compositor Leonard Bernstein, que basó West Side Story en este barrio, más tarde contribuyó de forma decisiva en la configuración del gran complejo musical que conocemos en la actualidad.

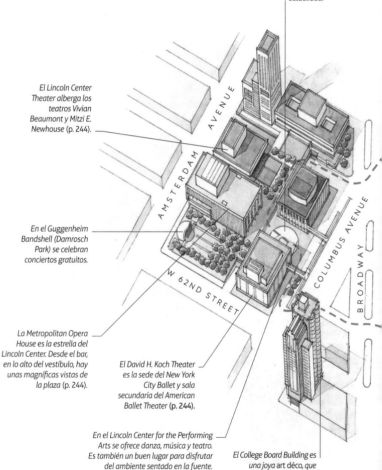

El Lincoln Center Theater alberga los teatros Vivian Beaumont y Mitzi E. Newhouse (p. 244).

En el Guggenheim Bandshell (Damrosch Park) se celebran conciertos gratuitos.

La Metropolitan Opera House es la estrella del Lincoln Center. Desde el bar, en lo alto del vestíbulo, hay unas magníficas vistas de la plaza (p. 244).

El David H. Koch Theater es la sede del New York City Ballet y sala secundaria del American Ballet Theater (p. 244).

En el Lincoln Center for the Performing Arts se ofrece danza, música y teatro. Es también un buen lugar para disfrutar del ambiente sentado en la fuente.

El College Board Building es una joya art déco, que ahora alberga pisos y oficinas administrativas del College Board, el tribunal de las pruebas de acceso a la universidad.

Fuentes en el exterior de la Metropolitan Opera House, Lincoln Center

Plano de situación
Para más detalles, ver p. 236

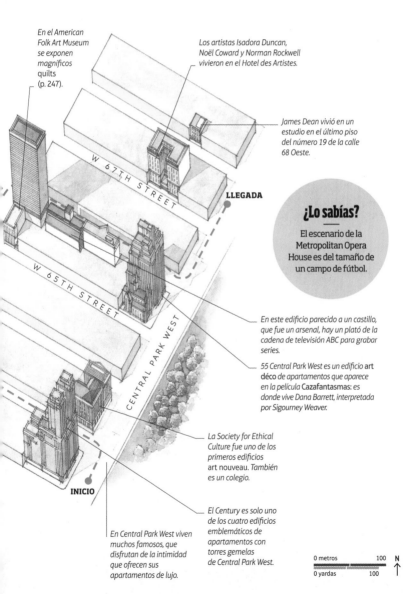

En el American Folk Art Museum se exponen magníficos quilts (p. 247).

Los artistas Isadora Duncan, Noël Coward y Norman Rockwell vivieron en el Hotel des Artistes.

James Dean vivió en un estudio en el último piso del número 19 de la calle 68 Oeste.

W 67TH STREET

LLEGADA

¿Lo sabías?

El escenario de la Metropolitan Opera House es del tamaño de un campo de fútbol.

W 65TH STREET

CENTRAL PARK WEST

En este edificio parecido a un castillo, que fue un arsenal, hay un plató de la cadena de televisión ABC para grabar series.

55 Central Park West es un edificio **art déco** de apartamentos que aparece en la película **Cazafantasmas**: es donde vive Dana Barrett, interpretada por Sigourney Weaver.

La Society for Ethical Culture fue uno de los primeros edificios art nouveau. *También es un colegio.*

INICIO

En Central Park West viven muchos famosos, que disfrutan de la intimidad que ofrecen sus apartamentos de lujo.

El Century es solo uno de los cuatro edificios emblemáticos de apartamentos con torres gemelas de Central Park West.

0 metros	100	N
0 yardas	100	↑

HARLEM Y MORNINGSIDE HEIGHTS

Harlem es el corazón de la cultura afroamericana desde la década de 1920, cuando poetas, activistas y músicos de jazz se dieron cita en el Renacimiento de Harlem. Hoy, el barrio acoge fabulosos restaurantes de África occidental, coros dominicales de *gospel,* un vibrante entorno de jazz y parte de los edificios más bonitos de la ciudad. Cerca del río Hudson, en Morningside Heights está la Universidad de Columbia y dos de las más bellas iglesias de la ciudad. Más allá está Hamilton Heights, una zona esencialmente residencial que también cuenta con una mansión histórica de estilo federal y el City College de Nueva York.

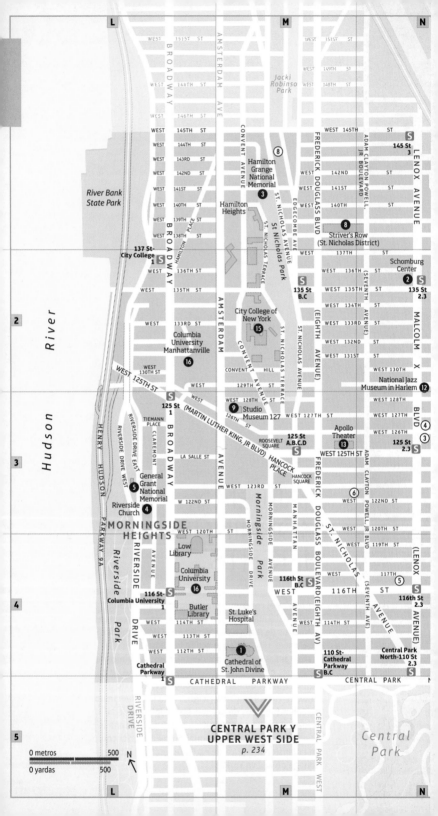

HARLEM Y MORNINGSIDE HEIGHTS

Esencial
1 Cathedral of St. John Divine
2 Schomburg Center

Lugares de interés
3 Hamilton Grange National Memorial
4 Riverside Church
5 General Grant National Memorial
6 Marcus Garvey Park
7 Langston Hughes House
8 Striver's Row (St. Nicholas District)
9 Studio Museum 127
10 Mount Morris Historic District
11 Museo del Barrio
12 National Jazz Museum in Harlem
13 Apollo Theater
14 Graffiti Wall of Fame
15 City College of New York
16 Columbia University

Dónde comer
① Patsy's Pizzeria
② Rao's
③ Red Rooster
④ Sylvia's Restaurant
⑤ Amy Ruth's

Dónde dormir
⑥ Harlem Flophouse
⑦ Mount Morris House
⑧ San Fermín Apartments

1 Ⓜ️ 🖥️

CATHEDRAL OF
ST. JOHN THE DIVINE

📍 M4 🏠 1047 Amsterdam Av con West 112th St 🚇 Cathedral Pkwy-110 St (1)
🚌 M4, M11, M60, M104 🕐 7.30-18.00 diario 🌐 stjohndivine.org

Esta catedral de estilo gótico es única en su estilo. Empezó a construirse hace más de 100 años y cuando se termine será la catedral más grande del mundo. Bajo su techo inacabado acoge actividades de música, teatro y arte de vanguardia.

En 1892 empezó la construcción de St. John the Divine, que será la catedral más grande del mundo –mayor que la basílica de San Pedro del Vaticano–, pero hasta ahora solo se han completado dos tercios de la obra. El interior mide más de 183 m de longitud y 45 m de anchura. El proyecto original de Heins & LaFarge era románico; pero cuando Ralph Adams Cram se hizo cargo en 1911 diseñó una nave y la fachada oeste neogóticas. Se continúa trabajando con métodos constructivos medievales, como contrafuertes a piedra seca. Esta catedral desempeña un importante papel en la comunidad, y en su interior se celebran diversos actos sociales y culturales.

↓ La catedral de
St. John the Divine

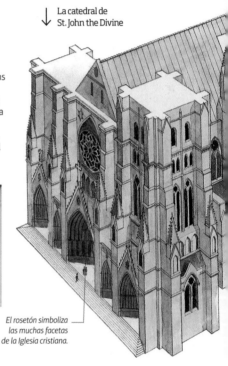

↑ Detalle de un pórtico realizado por el cantero Joe Kincannon que representa una Nueva York apocalíptica

El rosetón simboliza las muchas facetas de la Iglesia cristiana.

Cronología

1823
▽ Se planea la catedral en Washington Square.

1888
Heins y LaFarge ganan el concurso de proyectos de la catedral.

1891
◁ El lugar elegido es Cathedral Parkway.

1892
△ El 27 de diciembre, día de San Juan Evangelista, se coloca la primera piedra.

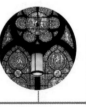

1941
▽ El trabajo se interrumpe por la Segunda Guerra Mundial y no se reanuda hasta 1978.

Los pilares de la nave, que miden más de 30 m, están rematados por airosos arcos de piedra.

Cada una de las columnas del coro mide 17 m y es de granito gris pulido.

EL PROYECTO TERMINADO

Todavía faltan por terminar los transeptos norte y sur, el crucero y las torres del oeste. Cuando se haya recolectado suficiente dinero para construirlos, el diseño propuesto necesitará al menos 50 años más para completarse.

La silla episcopal es una réplica de la que se halla en la capilla de Enrique VII en la abadía de Westminster (Londres).

El púlpito

Los vitrales del altar están dedicados al esfuerzo humano. El destinado a los deportes muestra escenas de destreza y fuerza.

↑ La bella nave, un espacio sereno y de reflexión para los fieles

1982

▽ El temerario funanbulista Philippe Petit cruza caminando sobre un cable la distancia entre la catedral y un edificio de la avenida Ámsterdam.

2001

Un importante incendio destruye el interior y la cubierta del transepto norte.

2017

▽ La catedral y sus jardines son designados Hito de la Ciudad de Nueva York.

1978-1989

Comienza la tercera fase. Se inaugura el taller de canteros y se levanta la torre sur.

2008

La catedral abre de nuevo tras siete años cerrada por renovación.

2 Ⓜ️ 🖼️ 🏛️

SCHOMBURG CENTER

📍 N2 🏠 515 Malcolm X Blvd con West 135th St 🚇 135 St (2, 3)
🕐 10.00-20.00 ma-mi, 10.00-18.00 ju-sá 🌐 nypl.org/locations/schomburg

Este centro de investigación pionero, el mayor de Estados Unidos dedicado a la cultura negra y africana, es uno de los principales puntos de interés cultural de Harlem.

El hogar de la historia afroamericana

El Schomburg Center, cuya sede es un elegante complejo de estilo contemporáneo, es un importante centro de investigación que forma parte de la red de la New York Public Library. El nombre oficial del centro, que abrió en 1991, es Schomburg Center for Research in Black Culture. Su inmensa colección fue reunida por Arturo Schomburg (1874-1938), un negro de origen puertorriqueño. Cuando era pequeño, un maestro le dijo que no existía una "historia de los negros" y esto le dio motivo para refutar a su maestro y dedicar su vida a documentar la historia afroamericana y sus héroes. En 1926, la Carnegie Foundation adquirió la colección y la donó a la biblioteca pública de Nueva York. Schomburg, que vivía en Harlem, fue nombrado comisario de la colección en 1932. En la actualidad, el Centro Schomburg cuenta con unos diez millones de piezas, desde registros de cine y grabaciones de música hasta literatura africana, caribeña y afroamericana, y organiza exposiciones temporales. El centro también acoge una serie de potentes murales de Aaron Douglas, un artista clave del Harlem Renaissance. Douglas llegó a Harlem cuando iba de Kansas City a París, pero se dejó convencer para quedarse más tiempo.

Una forma de aprender más sobre el centro Schomburg y su colección es mediante una de las visitas guiadas, de 10.00 a 15.00, de lunes a viernes. Se debe reservar con al menos 30 días de antelación; para información y reservas, consultar la web.

↓ Entre los murales de Aaron Douglas se encuentra *From Slavery Through Reconstruction*

💬 CONSEJO DK
Murales de Aaron Douglas

Desde la galería Latimer/
Edison se puede ver la
sala de lectura principal
y admirar los cuatro
impactantes murales
pintados en 1934 por
Aaron Douglas, figura im-
portante del movimiento
Harlem Renaissance.
Estas obras abstractas
reflejan la historia
y experiencias de
los afroamericanos.

① Exterior del Schomburg
Center for Research in Black
Culture.

② La reciente exposición
Black Power! ha recorrido los
diez años que siguieron al
Movimiento por los Derechos
Civiles. El Black Power, que
estalló con el asesinato del
activista Malcolm X en 1965,
exigió una acción física
inmediata en respuesta a la
supremacía blanca.

③ Visitantes estudiando los
documentos expuestos en el
Schomburg Center de Harlem.

LANGSTON HUGHES

El poeta Langston
Hughes nació en
Missouri en 1902,
y en 1929, se trasladó
a Harlem, donde se
convirtió en una voz
clave del Renacimiento
del Harlem. Escribió
poemas, obras de teatro
y relatos breves hasta
su muerte, en 1967.
Sus cenizas están
enterradas aquí, bajo
el suelo del atrio de la
entrada principal de
la biblioteca. En el
cosmograma que decora
el suelo, se ha escrito un
verso de su poema *The
Negro Speaks of Rivers*:
"Mi alma se ha hecho
profunda como los ríos".

LUGARES DE INTERÉS

↑ La salita familiar de la casa de Alexander Hamilton, The Grange

Hamilton Grange National Memorial

📍M1 🏛St. Nicholas Park, 414 West 141st St 🚇137 St-City College (1) 🕐9.00-17.00 mi-do 🌐nps.gov/hagr

Alexander Hamilton no solamente es el protagonista de un musical taquillero de Broadway y la cara del billete de diez dólares, también fue uno de los arquitectos del sistema federal, primer secretario del Tesoro y fundador del National Bank. Esta era su casa de campo, construida en 1802, donde vivió los últimos dos años de su vida, hasta que lo mató en un duelo su rival político Aaron Burr, en 1804.

En 1889 la St. Luke's Episcopal Church adquirió el lugar y el edificio se trasladó cuatro manzanas al oeste. Una segunda recolocación en 2008 movió el edificio a su ubicación actual en St. Nicholas Park.

Riverside Church

📍L3 🏛490 Riverside Dr con 122nd St 🚇116 St-Columbia University (1) 🕐7.00-22.00 diario 🌐trcnyc.org

El proyecto de la iglesia, una estructura de acero de 21 pisos con un exterior gótico, se inspiró en la catedral de Char-

tres, en Francia. Su construcción fue generosamente costeada por John D. Rockefeller Jr. en 1903. El Laura Spelman Rockefeller Memorial Carillon (en memoria de la madre de Rockefeller) es el mayor del mundo, con 74 campanas. La Bourdon, de 20 toneladas, es la mayor y más pesada campana de carillón jamás fabricada. El órgano, con sus 22.000 tubos, se cuenta entre los mayores del mundo.

Al fondo de la segunda galería hay una escultura de Jacob Epstein, *Cristo en majestad*, de yeso recubierto con pan de oro. Del mismo autor es una *Virgen con Niño* situada en el patio cercano al claustro. En el presbiterio se rinde honor a ocho hombres y mujeres cuyas vidas ejemplarizaron la enseñanza de Cristo: desde Sócrates y Miguel Ángel hasta Florence Nightingale y Booker T. Washington.

Para orar con recogimiento, se puede entrar en la pequeña e íntima Christ Chapel, réplica de una iglesia románica francesa del siglo XI. Merece

↑ Una vistosa vidriera sirve de fondo a la cruz del altar de la Riverside Church

la pena visitar la iglesia en época navideña, pues se invita al público a participar en actividades festivas, como un coro de villancicos iluminado por velas. La iglesia también ofrece visitas guiadas los domingos a las 12.15.

General Grant National Memorial

📍L3 🏛West 122nd St y Riverside Dr 🚇116 St-Columbia University (1) 🚌M5 🕐9.00-17.00 mi-do 🌐nps.gov/gegr

Este grandioso monumento rinde homenaje a la memoria de Ulysses S. Grant, decimoctavo presidente estadounidense y comandante en jefe de las fuerzas de la Unión durante la guerra de Secesión. En el mausoleo reposan los restos mortales del general Grant y su esposa, de acuerdo con la última voluntad del presidente. Tras la muerte de éste, en 1885, más de 90.000 estadounidenses donaron en total 600.000 dólares para construir el sepulcro, inspirado en el mausoleo de Halicarnaso (actual Bodrum), una de las siete maravillas de la Antigüedad.

La tumba fue consagrada el día del 75º cumpleaños de Grant, el 27 de abril de 1897. El desfile de 50.000 personas y la revista a la flotilla de diez buques de guerra estadounidenses y cinco europeos duraron en total más de siete horas.

MÚSICA GÓSPEL EN LA ABYSSINIAN CHURCH

La iglesia para los feligreses de raza negra más antigua de Nueva York se dio a conocer por su carismático pastor Adam Clayton Powell Jr. (1908-1972), que también fue congresista y líder del movimiento por los derechos civiles, y la convirtió en la iglesia de estas características más poderosa del país. El edificio de estilo neogótico (1923) es famoso por la música góspel de los domingos. Conviene llegar antes de las 11.00 a la entrada de la esquina de la calle 138 Oeste y Powell Boulevard.

←

La imponente tumba de Grant y su espectacular cúpula desde el interior *(izquierda)*

El interior se inspiró en la tumba de Napoleón, en Los Inválidos (París). Cada sarcófago pesa ocho toneladas y media. En dos estancias se muestran objetos sobre la vida y las carreras militar y presidencial de Grant. Rodeando las caras norte y este del edificio, hay 17 sinuosos bancos de mosaicos que desentonan un tanto con la solemne arquitectura del mausoleo. Fueron diseñados a principios de la década de 1970 por Pedro Silva, artista de Brooklyn nacido en Chile, y realizados por 1.200 voluntarios locales bajo su supervisión. Los bancos están inspirados en la obra del arquitecto Antoni Gaudí en Barcelona, y sus temas abarcan desde los esquimales hasta los taxis de Nueva York pasando por el pato Donald.

A pocos pasos al norte de la tumba de Grant se encuentra otro monumento: una sencilla urna sobre un pedestal señala el lugar donde reposa un niño

ahogado en el río. Su desconsolado padre colocó una placa en la que se lee: "Erigido en memoria de un afable muchacho, Claire Pollock, fallecido el 15 de julio de 1797 en el quinto año de su vida".

6

Marcus Garvey Park

📍 N3 🏠 120th st-124th st
🚇 125 St (2, 3, 4, 5, 6)
🌐 nycgovparks.org

Esta zona verde, ondulante y rocosa, de dos manzanas de extensión, posee la última torre de observación contra incendios de Nueva York. Es una estructura de hierro forjado con una escalera de caracol de 14 m que conduce a la plataforma de observación, bajo la cual se encuentra la campana de alarma. Esta torre se desmontó en 2015 para reconstruirla; fue un proyecto de 5,7 millones de dólares que incluía obras en la plaza que la rodea y terminó en 2019.

Antiguamente conocido como Mount Morris Park, su nombre fue cambiado por el actual en 1973, en honor de Marcus Garvey, quien llegó a Harlem procedente de Jamaica

en 1916 y fundó la Universal Negro Improvement Association, que fomentaba la autoayuda, el orgullo racial y un movimiento de regreso a África.

7

Langston Hughes House

📍 N3 🏠 20 East 127th St
🚇 125 St (4, 5, 6)
🕐 12.00-17.00 ma, ju, sá
🌐 itooarts.com

El célebre poeta afroamericano Langston Huges *(p. 257)* vivió en su casa de Harlem desde 1948 hasta su muerte en 1967. Aquí fue donde escribió clásicos como *Montage of a Dream Deferred*. Su casa de ladrillo rojizo, de 1869, estuvo prácticamente abandonada durante años, pero fue arrendada por la organización local I, Too, Arts Collective en 2016. Partes de la casa se han abierto al público y además se llevan a cabo sesiones de poesía y de conversaciones creativas. En el salón pueden verse la máquina de escribir y el piano de Hughes, y es posible que en el futuro se abran las plantas segunda y tercera.

Un colorido cruce de calles de Harlem

8 Striver's Row (St. Nicholas District)

M1 | 202-250 West 138th st y West 139th st | 135 St (2, 3)

Estas dos manzanas se construyeron en 1891, cuando Harlem intentaba promocionarse como barrio de gente pudiente. Su nombre oficial sigue siendo St. Nicholas Historic District, y es uno de los ejemplos más característicos de las antiguas casas adosadas de Nueva York. McKim, Mead & White diseñaron la fila del norte, formada por palacetes del Renacimiento del Harlem; y las edificaciones georgianas de Price y Luce son de ladrillo crema decoradas con piedra blanca. Los edificios de James Brown Lord tienen una extraordinaria fachada de ladrillo rojo con base de arenisca marrón. Al principio del siglo XX, estas casas se convirtieron en la residencia ideal para los profesionales ambiciosos que formaban parte de la pujante comunidad negra, de donde se deriva el mote de Striver's, el luchador que se esfuerza por prosperar.

9 Studio Museum 127

M3 | 429 West 127th St | 125 St (2, 3) | 12.00-18.00 ju-do | studiomuseum.org

El Studio Museum de Harlem se fundó en 1967 con la misión

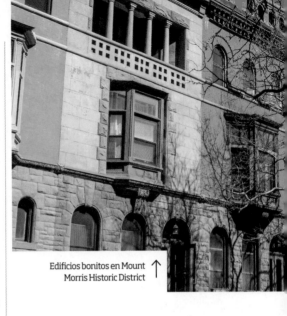
Edificios bonitos en Mount Morris Historic District ↑

de convertirse en el centro más importante del mundo para la colección y exposición de piezas artísticas e históricas de afroamericanos. La sede actual, en el 114 de la calle 125 Oeste, permanecerá cerrada al menos hasta 2021, cuando se habrá terminado un edificio totalmente nuevo, diseñado por Adjaye Associates.

Mientras tanto, Studio Museum 127 funcionará como un espacio de exposiciones temporales de los principales artistas negros. La colección permanente del museo representa a más de 400 artistas y más de 2.600 obras, entre pinturas, dibujos, esculturas, fotografías e instalaciones multimedia. Solo los archivos fotográficos ya constituyen uno de los registros más

completos del periodo de auge de Harlem. El programa InHarlem del museo también patrocina el arte en todo el barrio.

10 Mount Morris Historic District

N3 | West 119th st-West 124th st | 125 St (2, 3)

Pese a que muchos edificios requieren reforma, sigue patente la ya pasada grandiosidad de las casas de finales del XIX, cercanas a Marcus Garvey Park. Era la zona preferida de los emigrantes judíos acomodados, de origen alemán, del Lower East Side. Tras un largo periodo de descuido, la zona está siendo objeto de remodelación.

Se encuentran algunas preciosas iglesias, como la St Martin's Episcopal Church, e interesantes ejemplos de la mezcla de religiones: la Mount Olivet Baptis Church, en el nº 201 de Malcolm X Boulevard, antiguo Temple Israel y una de las sinagogas más importantes de la ciudad, o la Ethiopian Hebrew Congregation, en el nº 1 de la calle 123 Oeste, ubicada en una antigua mansión y con coros góspel que cantan en hebreo los domingos.

JAZZ EN DIRECTO EN HARLEM

El jazz sigue siendo un aspecto fundamental del atractivo de Harlem. Locales clásicos como Showman's y Minton's Playhouse mantienen una gran pujanza, y el saxofonista Bill Saxton continúa tocando los viernes y sábados en Bill's Place. Aunque no guarda conexión alguna con el original, el Cotton Club (www.cottonclub-newyork.com) ofrece *swing, blues* y jazz de calidad, y los domingos hay un brunch de gospel.

> Duke Ellington, Thelonious Monk, Charlie Parker, Count Basie, John Coltrane y Billie Holiday empezaron su carrera en los clubes y antros clandestinos de Harlem.

Museo del Barrio

📍 N5 🏠 1230 Fifth Av
🚇 103 St (6) 🕐 11.00-18.00 mi-sá, 12.00-17.00 do
🌐 elmuseo.org

Fundado en 1969, fue el primer museo estadounidense dedicado al arte y la cultura de Latinoamérica, sobre todo a la de Puerto Rico. Se encuentra al final de la Milla de los Museos y su objetivo es crear un puente entre el altivo Upper East Side y el Harlem hispano. En las exposiciones puede verse pintura y escultura contemporánea, arte popular y piezas antiguas, entre las que destacan unas 240 imágenes de santos y la reconstrucción de una bodega o tienda de conveniencia latina. Las exposiciones cambian, pero las imágenes de santos suelen estar expuestas. En la colección precolombina hay piezas poco comunes del Caribe. Tiene una tienda donde pueden adquirirse llamativos objetos de artistas de toda Latinoamérica.

National Jazz Museum in Harlem

📍 N2 🏠 58 West 129th St
🚇 125 St (2, 3) 🕐 11.00-17.00 ju-lu 🌐 jazzmuseumin harlem.org

En este pequeño museo se resalta el papel importante que jugó Harlem en la historia del jazz. Duke Ellington, Thelonious Monk, Charlie Parker, Count Basie, John Coltrane y Billie Holiday empezaron su carrera en los clubes y antros clandestinos de Harlem. La exposición contiene objetos emblemáticos de la historia del jazz, como el piano blanco que Duke Ellington tocaba en los años veinte, una bufanda que compró para su mujer y la colección de Ralph Ellison de grabaciones de jazz. El museo también organiza actos relacionados con el jazz, clases y música en directo.

Patsy's Pizzeria

Entre los escasos remanentes del Harlem italiano se encuentra este local donde se inventó la *pizza* por raciones. Solo pago en efectivo.

📍 Q4 🏠 2287 First Av
🌐 thepatsyspizza.com

$$⑤

Rao's

Restaurante auténticamente italiano con una gran demanda, ya que solo tiene diez mesas y sitio para nueve clientes de pie. Solo pago en efectivo.

📍 Q4 🏠 455 East 114th St
🕐 Mediodía
🌐 raosrestaurants.com

$$⑤

Red Rooster

Su comida casera de estilo sureño incluye filete con tomates verdes fritos, lomo de cerdo asado y pollo picante al estilo jamaicano.

📍 N3 🏠 310 Malcolm X Blvd
🌐 redrooster harlem.com

$$⑤

Sylvia's Restaurant

La mejor comida tradicional afroamericana, desde pollo frito con gofres hasta costillas a la barbacoa y ñames confitados. La tarta de melocotón es divina.

📍 N3 🏠 328 Malcolm X Blvd
🌐 sylvias restaurant.com

$$⑤

Amy Ruth's

Comida afroamericana tradicional casera. Los desayunos con gofres son irresistibles, al igual que los postres.

📍 N4 🏠 113 West 116th St
🌐 amyruths.com

$$⑤

← El Apollo Theater, un local con muchos años en Harlem

13

Apollo Theater

📍 M3 🏠 253 West 125th St
🚇 125 St (A, B, C, D)
🕐 Solo para representaciones
🌐 apollotheater.org

El Apolo abrió sus puertas en 1913 como teatro de la Ópera solo para blancos.

Se hizo famoso cuando el empresario de raza blanca Frank Schiffman lo compró en 1934: lo abrió para todo el mundo y lo convirtió en el más reputado de Harlem, con legendarios artistas negros como Bessie Smith, Billie Holiday, Duke Ellington o Dinah Washington. Eran conocidísimas sus veladas de los miércoles, las Amateur Nights, que comenzaron en 1935 con artistas aficionados que ganaban o perdían según los aplausos del público. Las listas de espera para presentarse eran muy largas; así comenzaron las carreras de Sarah Vaughan, Pearl Bailey, James Brown y Gladys Knight. El Apolo fue la meca durante la época de las bandas de swing. Tras la Segunda Guerra Mundial, la tradición fue retomada por una nueva generación de músicos, como Charlie "Bird" Parker, Dizzy Gillespie, Thelonious Monk y Aretha Franklin. Reformado en la década de 1980, el Apollo Theatre sigue presentando a artistas de renombre y aficionados.

14

Graffiti Wall of Fame

📍 P5 🏠 Park Av y East 106th St 🚇 103rd St (6)

El artista urbano Ray Rodríguez fundó el Muro de la Fama del Grafiti en 1980 como homenaje a este arte callejero que estuvo en auge en la década de 1970. La cara interior del muro de hormigón da al patio de la escuela secundaria Jackie Robinson, así que las rejas a veces están cerradas (en la escuela, en la calle 106, se puede pedir permiso para verlo más de cerca). En el muro hay obras de muchos de los grafiteros más conocidos de Nueva York, como Dez, Crash, Flight, Delta, Tats Cru y Skeme.

15

City College of New York

📍 M2 🏠 Entrada principal en West 138th St y Convent Av
🚇 137 St-City College (1)
🌐 ccny.cuny.edu

En lo alto de una colina junto a Hamilton Heights, el cuadrilátero neogótico original de este edificio, construido entre 1903 y 1907 resulta impresionante.

→

Estudiantes en las praderas del campus Morningside Heights de la Universidad de Columbia

---

EL RENACIMIENTO DE HARLEM

El movimiento Renacimiento de Harlem de la década de 1920 fue un movimiento que sirvió de inspiración para generaciones enteras de músicos, escritores y artistas escénicos. Músicos de jazz como Duke Ellington, Count Basie y Cab Calloway electrizaron locales como el Cotton Club, Savoy Ballroom, Apollo Theater y Smalls Paradise. Pero el Renacimiento de Harlem no se centraba solamente en la música. También generó un importante corpus de literatura con Langston Hughes, Jean Toomer y Zora Neal Hurston, entre muchos otros. Tras el fallecimiento de la afamada mujer de negocios y mecenas afroamericano A'Lelia Walker, Hughes declaró que este movimiento había terminado.

Se construyó con esquisto de Manhattan, un material obtenido al excavar para construir el metro de la IRT. Más tarde se añadieron edificios contemporáneos a los que acuden unos 15.000 estudiantes.

El City College, que en otros tiempos era gratuito para todos los residentes en Nueva York, sigue siendo el más económico de la ciudad. La mayoría de sus estudiantes procede de minorías y muchos de ellos son los primeros de su familia en ir a la universidad.

Columbia University

Q L4 **A** West 116th St y Broadway **S** 116 St-Columbia University (1) **i** Centro de visitantes: 213 Low Library, 535 West 116th St **O** 9.00-17.00 lu-vi **W** columbia.edu

Columbia es reconocida por sus facultades de Derecho, Medicina y Periodismo, así como por sus profesores y alumnos distinguidos, pasados y presentes, entre ellos más de 50 premios Nobel. Entre sus exalumnos famosos están J. D. Salinger, James Cagney y Joan Rivers. Cruzando la calle se encuentra otro de los centros afiliados a esta universidad, el Barnard College. El campus de Morningside Heights de Columbia es la tercera ubicación de una de las universidades más antiguas de Estados Unidos. Hay un centro de visitantes donde se puede solicitar información.

Cuando fue fundada en 1754 se llamaba King's College, y estaba cerca de lo que después sería el World Trade Center. En 1814 se propuso un traslado a

¿Lo sabías?

El famoso león que ruge de los estudios Metro-Goldwyn-Mayer está inspirado en el león mascota de la Universidad de Columbia.

la zona norte de la ciudad y la universidad solicitó ayuda financiera de las autoridades, pero le dieron unos terrenos valorados en 75.000 dólares para que construyera su nuevo campus. La universidad nunca lo hizo, sino que los arrendó y, de 1857 a 1897, utilizó edificios cercanos. Finalmente, en 1985 se los vendió al arrendatario, Rockefeller Center Inc., por 400 millones de dólares.

El campus actual nació en 1897 en lo que había sido el Bloomingdale Insane Asylum. El arquitecto Charles McKim proyectó la universidad en una terraza elevada por encima del nivel de la calle, creando una sensación de serenidad. Sus espaciosas praderas y plazas contrastan con el bullicio de la ciudad.

El bonito **campus de Manhattanville,** inaugurado en 2017 a menos de dos kilómetros de Morningside Heights, es obra del célebre arquitecto Renzo Piano. Las nueve plantas de cristal y acero del Jerome L. Greene Science Center lo convierten en el edificio más grande construido para la Universidad de Columbia. En él trabajan los investigadores en el campo de la neurociencia del Mortimer B. Zuckerman Mind Brain Behavior Institute. Piano también diseñó el Lenfest Center for the Arts, de ocho plantas y recubierto de paneles metálicos, que acoge la Wallach Art Gallery y espacios escénicos para teatro, música y danza.

El University Forum, un edificio multifuncional también de Piano, funciona como portal de entrada al campus. Todos los edificios nuevos están cubiertos de cristal y pueden verse desde la calle. El edificio Nash, que se construyó en un principio para exponer automóviles, alberga actualmente una exposición para interpretar la historia del campus.

Campus de Manhattanville

Q L2 **A** West 125th St a 133rd St, entre Broadway y 12th Av **S** 125 St (1)

Harlem Flophouse

Bonita *brownstone* de la década de 1890, propiedad de un artista.

Q M3 **A** 242 West 123rd St **W** harlemflophouse.com

Mount Morris House

Elegante *brownstone*, que da al Marcus Garvey Park, con cinco lujosas *suites*.

Q N3 **A** 12 Mt Morris Park West **W** mountmorrishousebandb.com

---

San Fermín Apartments

En una adorable *brownstone* de 1910, en Sugar Hill; tiene tres habitaciones dobles con baño.

Q M1 **A** 195 Edgecombe Av **W** sanferminapartmentsny.com

UN PASEO
COLUMBIA
UNIVERSITY

Distancia 2 km **Metro** 116 St-Columbia
University **Tiempo** 25 minutos

Merece la pena visitar este campus universitario.
Después de admirar su arquitectura, se puede pasear
un rato por el patio central de Columbia frente
a la Low Library, donde las futuras celebridades
de Estados Unidos charlan entre clase y clase.
En las avenidas Broadway y Amsterdam, al otro
lado del campus, hay numerosas cafeterías y bares
donde los estudiantes se enfrascan en interminables
discusiones filosóficas, comentan los temas del día
o simplemente descansan.

Metro de 116th
St-Columbia
University (línea 1)

INICIO

La Escuela de Periodismo es uno de los
muchos edificios de Columbia proyectados
por McKim, Mead y White. Fundada en 1912
por el editor Joseph Pulitzer, es la sede del
premio que lleva su nombre, que se concede a
los mejores en letras y música.

La escultura Alma Mater, esculpida
por Daniel Chester French en 1903,
sobrevivió a la explosión de una bomba
durante las manifestaciones de 1968.

La biblioteca Low Library, proyectada
por McKim, Mead & White entre
1895-1897, domina el patio central con
su gran fachada y su elevada cúpula.

La Butler Library
es la biblioteca
principal
de Columbia

Los primeros edificios de la
Universidad de Columbia
fueron proyectados por
McKim, Mead & White y se
construyeron en torno al
cuadrilátero central
(p. 265).

←
Día de graduación en el
campus Morningside
Heights de la
Universidad de Columbia

El Sherman Fairchild Center fue construido en 1977 para albergar los departamentos de ciencias de la vida.

Proyectada por Howells & Stokes en 1907, St. Paul's Chapel es famosa por sus tallas de madera y su magnífico interior abovedado. Dispone de mucha luz y posee una excelente acústica.

Plano de situación
Para más detalles, ver p. 252

HARLEM Y
MORNINGSIDE
HEIGHTS

0 metros — 100   N ↑
0 yardas — 100

LLEGADA

Las manifestaciones estudiantiles de 1968 colocaron a Columbia en las primeras páginas de los periódicos. El detonante fue el proyecto de construcción de un gimnasio en el Morningside Park, y las protestas obligaron a la universidad a edificarlo en otro lugar.

W 116TH ST

W 115TH ST

DRIVE

MORNINGSIDE

W 113TH ST

→
Fachada de la
Église de
Notre Dame

La iglesia de Notre Dame se construyó para una congregación francoparlante. Detrás del altar hay una reproducción de la gruta de Lourdes (Francia), ofrenda de una madre que creyó que su hijo se curó allí.

Si esta catedral neogótica de St. John the Divine se termina algún día, será la más grande del mundo. Aunque aún falta un tercio por construir, tiene capacidad para 10.000 fieles (p. 254).

¿Lo sabías?

Manhattanville, el segundo campus de la Universidad de Columbia, se inauguró en 2017.

BROOKLYN

Brooklyn se convirtió en un barrio de Nueva York en 1898 y en las décadas posteriores fue sobre todo una zona industrial y residencial. Es tres veces mayor que Manhattan y, desde principios del siglo XXI, ha cambiado radicalmente. Distritos como Fort Greene, Williamsburg, Bushwick y Cobble Hill están ahora de moda en la ciudad y son famosos por sus bares y mercadillos y por la cultura *hipster*. Brooklyn ofrece infinidad de experiencias. Sus casas de piedra rojiza y sus calles arboladas dan paso a museos, restaurantes llenos de imaginación y centros culturales innovadores.

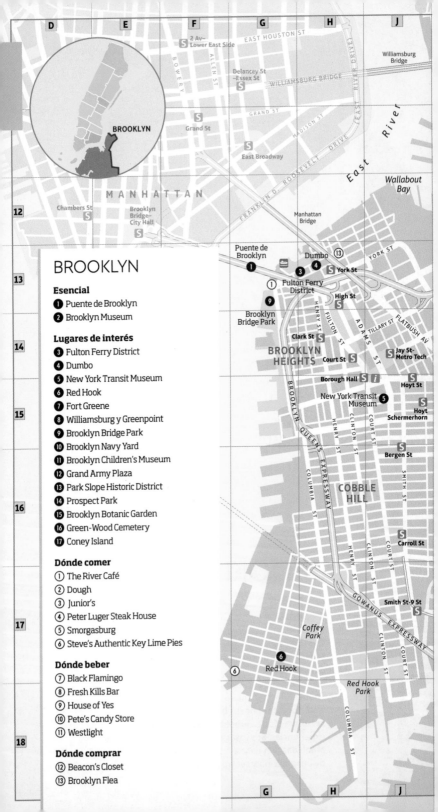

BROOKLYN

Esencial
1. Puente de Brooklyn
2. Brooklyn Museum

Lugares de interés
3. Fulton Ferry District
4. Dumbo
5. New York Transit Museum
6. Red Hook
7. Fort Greene
8. Williamsburg y Greenpoint
9. Brooklyn Bridge Park
10. Brooklyn Navy Yard
11. Brooklyn Children's Museum
12. Grand Army Plaza
13. Park Slope Historic District
14. Prospect Park
15. Brooklyn Botanic Garden
16. Green-Wood Cemetery
17. Coney Island

Dónde comer
1. The River Café
2. Dough
3. Junior's
4. Peter Luger Steak House
5. Smorgasburg
6. Steve's Authentic Key Lime Pies

Dónde beber
7. Black Flamingo
8. Fresh Kills Bar
9. House of Yes
10. Pete's Candy Store
11. Westlight

Dónde comprar
12. Beacon's Closet
13. Brooklyn Flea

K   **L**   **M**   **N**

SOUTH 2ND ST
SOUTH 4TH ST
⑦
Marcy Av
S
Broadway
Lorimer
St
S
BROADWAY ④
Hewes St
S
DIVISION
AVENUE
Flushing Av
S
⑧ Williamsburg
WILLIAMSBURG

10

MASPETH
MIDDLE
VILLAGE
Greenpoint
⑧
⑪
⑤ ⑫ ⑩
⑧
⑨
CYPRESS
HILLS
Plano ampliado

11

BEDFORD AVENUE
KENT AVENUE
LEE AV
PARK AVENUE
BEDFORD AV
ATLANTIC AVE
BROWNSVILLE
BROOKLYN
CANARSIE
BERGEN
BEACH

12

⑩
Brooklyn
Navy Yard
B R O O K L Y N
FLUSHING AVENUE
CARLTON AVENUE
MYRTLE AVENUE
GOWANUS EXPY
GREENWOOD
FLATLANDS
FLATBUSH AV
MARINE
PARK

13

BROOKLYN QUEENS EXPRESSWAY
NAVY ST
MYRTLE AVENUE
VANDERBILT AVENUE
WASHINGTON AVENUE
WILLOUGHBY AVENUE
DEKALB AVENUE
②
Classon
Av
Clinton Av-
Washington Av
S
⑦
Fort
Greene
GOWANUS EXPY
OCEAN PKWY
DYKER
HEIGHTS
MIDWOOD
MAPLETON
FLATBUSH AV
Coney Island
⑰

N

0 kilómetros   4
0 millas   4

14

③ S DeKalb Av
FULTON ST
S Nedvins St
Brooklyn
Academy of Music
S Fulton St
FULTON ST
S Lafayette Av
Flatbush North
S Atlantic Av
Clinton Av-
Washington Av
S
ATLANTIC   AVENUE
ST
Brooklyn Children's
Museum ⑪
DEAN ST
ST. MARKS
PARK PLACE
BEDFORD AVENUE

15

**BOERUM
HILL**
WYCKOFF ST
DEAN ST
Atlantic Av-
Pacific St
S
S Bergen St
ST. MARKS AV
**PROSPECT
HEIGHTS**
Park Pl S
ST JOHNS PLACE
PARKWAY

4TH AVENUE
5TH AVENUE
7 Av S
Grand Army
Plaza
Union St S
Grand Army
Plaza ⑫
UNION ST
Eastern Parkway
Brooklyn Museum
EASTERN
② Brooklyn Museum
Franklin Av
Botanic Gardens
S
**CROWN
HEIGHTS**

16

**CARROLL
GARDENS**
UNION ST
Park Slope
Historic District
⑬
1ST ST
Brooklyn
Public
Library
⑮ Brooklyn Botanic Garden
FLATBUSH
WASHINGTON AVENUE
EMPIRE BOULEVARD

3RD AVENUE
Byrne
Memorial
Park
3RD ST
5TH ST
7TH ST
6TH AVENUE
7TH AVENUE
8TH AVENUE
PROSPECT PARK WEST
Prospect Park Zoo
Lefferts Historic House
S Prospect
Park
Audubon
Center
**PROSPECT
LEFFERTS
GARDENS**
PARKSIDE AVENUE
FLATBUSH AVENUE

17

4 Av-9 St
S
9TH ST
7Av S
11TH ST
13TH ST
15TH ST
5TH AV
Prospect
Av
S
⑭
Prospect Park
Parkside
Av S

15th St-
Prospect Park S
*Prospect
Park Lake*
PARKSIDE AVENUE
CATON AVENUE
Church Av

WINDSOR TERRACE
GOWANUS EXPRESSWAY
4TH AV
5TH AV
6TH AV
7TH AV
PROSPECT EXPRESSWAY
SEELEY ST
⑯
Green-Wood Cemetery
*Parade
Ground*

0 metros   800
0 yardas   800

N

18

K   **L**   **M**   **N**

83 m
—
es la altura de
los arcos góticos
del puente.

❶

PUENTE DE BROOKLYN

📍G13 🚇Chambers St (J, Z), Brooklyn Bridge-City Hall (4, 5, 6), en el lado de Manhattan; High St (A, C) en el lado de Brooklyn 🚌M9, M15, M22, M103

El puente de Brooklyn es uno de los iconos más antiguos de Nueva York. Al conectar las zonas de Manhattan y Brooklyn, es una vía de comunicación vital, un tesoro arquitectónico y un potente símbolo del sueño americano.

Terminado en 1883, fue durante 20 años el mayor puente colgante del mundo y el primero construido en acero. Mientras se hallaba retenido en el ferri que le llevaba a Brooklyn, bloqueado por el hielo, el ingeniero John A. Roebling concibió un puente que atravesara el East River. Su construcción duró 16 años y ocupó a 600 trabajadores, cobrándose 20 vidas, incluida la del propio Roebling. La mayoría pereció a causa de lo que después se denominó "la enfermedad del buzo", tras alcanzar la superficie desde las profundidades donde se realizaban las excavaciones.

Para la construcción del puente se utilizaron técnicas nuevas y revolucionarias, desde la fabricación de los cables hasta el anclaje de los soportes. Una vez terminada la obra, el puente conectó los barrios de Manhattan y Brooklyn y marcó el nacimiento de una gran metrópolis. Para los propios neoyorkinos, el puente era una maravilla. Además de abrir nuevas posibilidades de transporte, se convirtió en una llamativa contribución al paisaje urbano mucho tiempo antes de que los rascacielos hicieran acto de presencia.

↑ El puente de Brooklyn con el perfil de Manhattan al fondo

1872

El hijo de Roebling continúa la construcción, pero queda parcialmente paralizado por el síndrome de descompresión. Su mujer supervisa la finalización del puente.

1883

En Memorial Day, se desata el pánico por la caída de una mujer; de las 20.000 personas que hay en el puente, mueren 12.

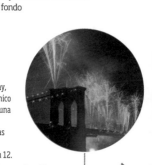

1869

△ Un ferri que estaba atracando aplasta un pie al ingeniero Roebling. Muere tres semanas después.

1885

◁ Robert Odlum es la primera persona que salta desde el puente, por una apuesta. Muere más tarde por hemorragia interna.

1983

△ Se celebra el centenario del puente con espectaculares fuegos artificiales.

Cruzar el puente

El puente de Brooklyn es un objeto de fascinación y belleza, además de un enlace cómodo para moverse entre distintos barrios. En la actualidad, hay tantos ciclistas como automovilistas o peatones que usan el puente para ir a trabajar. Cruzarlo a pie es algo así como un rito para los visitantes, y las vistas desde el centro del recorrido son innegablemente espectaculares. Desde aquí, la profusión de rascacielos del distrito financiero parece salir directamente del agua, mientras que al norte el Empire State Building parece levantarse por encima de Midtown. Actualmente, se puede acceder a la pasarela de

> Cruzarlo a pie se ha convertido en algo así como un rito para los visitantes, y las vistas desde el centro del recorrido son innegablemente espectaculares.

LA MEJOR FOTO
Puente de Brooklyn

No se puede visitar la Gran Manzana sin hacer al menos una foto estupenda del puente de Brooklyn. Las mejores tomas de detalle del puente se obtienen desde el Fulton Ferry District (en el lado de Brooklyn). Para fotos del puente entero, conviene recorrer South Street hacia el norte del río (en el lado de Manhattan).

madera para peatones y ciclistas desde la calle Centre de Manhattan. Desde el puente, se puede continuar el paseo hasta el centro de Brooklyn o tomar las primeras escaleras para salir en Brooklyn Heights (p. 284) y el Fulton Ferry District (p. 278). La primera sección del puente tiende a llenarse de gente, sobre todo en verano, así que conviene madrugar. También se puede considerar hacer el recorrido inverso, de Brooklyn a Manhattan. Este recorrido brinda unas vistas espectaculares del perfil urbano de Manhattan.

Una persona captura una escena espectacular desde el puente de Brooklyn ↓

Peatones y ciclistas cruzando el puente ↑

The River Café
Es un lugar perfecto para
sentarse un rato después
de cruzar desde Manhattan.
Este restaurante con estrella
Michelin está en un sitio con
mucho encanto junto al río,
en el lado de Brooklyn.
La comida es excepcional,
y las vistas desde el puente,
espectaculares.

📍 G13 🏠 1 Water St
🌐 rivercafe.com

$$$

¿Lo sabías?

En 1884 desfilaron
elefantes por el puente
para demostrar
que era seguro.

② ⟨⟩ ⟨⟩ ⟨⟩ ⟨⟩

BROOKLYN MUSEUM

⑨ M16 **⌂ 200 Eastern Pkwy** **Ⓢ Eastern Pkwy-Brooklyn Museum (2, 3)**
🚌 B41, B45, B67, B69 **🕐 11.00-18.00 mi-do (hasta 22.00 ju), 11.00-23.00**
1ᵉʳ sá de cada mes (excepto sep) **ⓦ brooklynmuseum.org**

Esta institución cultural alberga una colección enciclopédica de aproximadamente un millón de objetos,
entre ellos una extraordinaria recopilación de arte de las
culturas indígenas de Estados Unidos, piezas exquisitas
de arte egipcio e islámico, y pinturas estadounidenses
y europeas importantes.

Cuando se inauguró en 1897, la sede del Museo de Brooklyn fue la
edificación cultural más grande del mundo y el mayor logro de los
arquitectos neoyorquinos McKim, Mead & White. En la actualidad,
sus cinco plantas de galerías ocupan una superficie total de 5 hectáreas y guardan una colección equiparable a la del Met. En la primera
planta se encuentra la exposición Connecting Cultures; en l a segunda, arte de Asia y del mundo islámico; en la tercera, arte egipcio, arte
clásico, y pintura y escultura europea; en la cuarta, artes decorativas;
y en la quinta, arte estadounidense. Entre sus tesoros hay que mencionar un sarcófago de ibis, probablemente encontrado en el cementerio para animales de Tuna el-Gebel, en el Egipto medio; obras de
grandes artistas, como Monet; una piel de ciervo del siglo XIX que
usaba el cacique de la tribu
Pies Negros. La instalación
The Dinner Party se puede ver
en el Elizabeth A. Sackler
Center for Feminist Art.

← Una escena invernal
de Brooklyn (1820),
de Francis Guy

↑ Paul Helleu dibujando, con
su esposa (1889), de John
Singer Sargent

THE DINNER PARTY

Icono del arte feminista, *The Dinner Party* rinde homenaje a las mujeres en la historia. Es una instalación grande en la que hay un banquete ceremonial con servicios de mesa que representan a 39 mujeres, empezando con una diosa mitológica griega y terminando con Georgia O'Keeffe, que simboliza a las mujeres artistas. En el suelo hay otros 999 nombres.

↑ El Museo de Brooklyn y algunas pinturas pertenecientes a su millón de piezas *(izquierda)*

LUGARES DE INTERÉS

③
Fulton Ferry District

📍H13 🚇High St (A, C)

Este pequeño distrito histórico a los pies del puente de Brooklyn fue antaño la zona más ajetreada de East River gracias a los ferris de vapor de Fulton. Entre los edificios del siglo XIX destacan el Eagle Warehouse, construido con arcos románicos en 1893 para el diario *The Brooklyn Eagle*, del cual fue editor durante un tiempo el poeta Walt Whitman.. Hoy alberga apartamentos carísimos.

La antigua zona del muelle todavía acoge los taxis acuáticos de Nueva York que vienen de Manhattan, así como conciertos populares en la *Bargemusic* (gabarra de música). Se pueden degustar la receta original de la *pizza* de Grimaldi en Juliana's Pizza (no confundir con el restaurante Grimaldi de esta misma calle), y helados recién hechos, de muchos sabores, en la Ample Hills Creamery.

④
Dumbo

📍H13 🚇York St (F), High St (A, C)

Dumbo, acrónimo de Down Under the Manhattan Bridge Overpass, es una zona elegante de fábricas de ladrillo reconvertidas entre los puentes de Manhattan y Brooklyn. En los setenta, sus espaciosos *lofts* fueron colonizados por artistas y, desde la década de los noventa, el barrio se ha transformado con galerías, restaurantes de moda, pisos de lujo y bares. La línea costera remodelada con jardines y parques ofrece una vista de Manhattan desde el Brooklyn Bridge Park que no se puede uno perder, y St. Ann's Warehouse, una institución artística, ocupa un viejo almacén en el borde del parque. Aquí se instala los domingos otro de los mercadillos de Brooklyn (abr-oct).

⑤
New York Transit Museum

📍J15 🚇Boerum Pl y Schermerhorn St 🚇Borough Hall (2, 3, 4, 5), Jay St-MetroTech (A, C, F, R) 🕐10.00-16.00 ma-vi, 11.00-17.00 sá-do 🌐nytransitmuseum.org

Este museo, que reconstruye la evolución del transporte público en la ciudad, se encuentra bajo la remodelada estación de enlace de Court Street.

BARGEMUSIC

¿Música de cámara en una gabarra? Aunque resulte extraño a primera vista, la acústica de Bargemusic es de primer orden. En esta gabarra reconvertida en café se puede disfrutar cinco días a la semana de un concierto con intérpretes internacionales; está amarrada junto al puente de Brooklyn, en el 1 de la calle Water. Las entradas se adquieren por Internet (bargemusic.org) o en el teléfono (800) 838-3006. Los conciertos duran entre una hora y hora y media.

Bonitas vistas de
Manhattan desde el
Empire Fulton Ferry Lawn

Entre sus piezas incluye reproducciones, fotografías y planos, así como antiguos torniquetes de acceso y unas cuantas exposiciones interactivas sobre tecnologías del combustible. En los antiguos andenes pueden visitarse varias reproducciones de trenes de metro y tranvías. En la Grand Central Terminal (p. 188) hay también un pequeño espacio para exposiciones y una tienda.

Red Hook

G17 **S** Smith St-9th St (F, G)

Creada por los holandeses en 1636, Red Hook (en holandés, Roode Hoek) recibió su nombre por el color del suelo y la forma del terreno, que forma una *hoek* (esquina) donde la bahía de Nueva York se encuentra con la de Gowanus. Después pasó a ser uno de los muelles más bulliciosos y duros de EE UU, que sirvió de inspiración para la película de 1954 *La ley del silencio* y para la obra de teatro de 1955 de Arthur Miller *Panorama desde el puente*.

Hoy, el borde costero de Red Hook es una mezcla de almacenes de ladrillo rojo, carriles para bicicletas, calles adoquinadas y

Una casa reconvertida en el Fort Greene de Brooklyn

comercios, y su ambiente tranquilo lo distingue de cualquier otra zona de la ciudad. Van Brunt Street es la calle más animada de la zona, en ella se pueden encontrar tiendas, restaurantes y cafés independientes. El Red Hook Ball Fields acoge campeonatos locales de fútbol y puestos de comida latinoamericana los fines de semana estivales.

Fort Greene

K14 **S** Atlantic Av (B, D, N, Q, R, 2, 3, 4, 5), Fulton St (G)
W bam.org

Fort Greene, sede del Saturday's Brooklyn Flea, es tradicionalmente un barrio afroamericano abarrotado de hermosas casas italianizantes construidas a mediados del siglo XIX. En el centro se encuentra Fort Green Park, diseñado por Frederick Law Olmsted y Calvert Vaux en 1867. El parque está coronado por el Prison Ship Martyr's Monument (1908), que recuerda a los aproximadamente 11.500 estadounidenses que murieron en las cárceles flotantes que tenían los británicos durante la Guerra de Independencia.

La Brooklyn Academy of Music (BAM), en el 30 de la avenida Lafayette, es la principal institución cultural del barrio y celebra actuaciones destacadas, a menudo con orientación vanguardista. El edificio principal de la BAM es la Howard Gilman Opera House de 1908, una joya de *beaux arts* diseñada por Herts & Tallant. El cercano Harvey Theater de 1904 pone en escena la mayoría de las obras de la BAM.

Williamsburg y Greenpoint

L10 y M10 **S** Bedford Av (L) para Williamsburg, Greenpoint Av o Nassau Av (G) para Greenpoint

Williamsburg, uno de los barrios más de moda, ocupa el noreste de Brooklyn. La franja principal de Bedford Avenue está ahora

Beacon's Closet
Un gigantesco paraíso de prendas usadas, contemporáneas o *vintage* con sucursales más pequeñas en Park Slope, Bushwick y Greenwich Village.

M10 **74 Guernsey St, Greenpoint**
W beaconscloset.com

Brooklyn Flea
En Fort Greene (sá-do nov-mar) y Dumbo (do abr-oct). Más de 200 puestos de artesanía y comida casera.

L15 y H13 **176 Lafayette Av, Atlantic Center (625 Atlantic Av), Fort Greene; Manhattan Bridge Archway (80 Pearl St), Dumbo**
W brooklynflea.com

abarrotada de *boutiques*, tiendas de discos, bares, cafés y restaurantes. Tiene una animada vida nocturna y destaca por ser una zona de rock indie.

Entre los atractivos gastronómicos de Williamsburg se encuentran la Brooklyn Brewery (p. 32), la fábrica de chocolate Mast Brothers (se puede visitar), y el Smorgasburg, un mercado de alimentación al aire libre de abril a octubre (p. 282).

Greenpoint es un baluarte tradicionalmente polaco con multitud de artistas. La iglesia ortodoxa rusa de la Transfiguración se encuentra en la calle 12 Norte, sobre la avenida Driggs; es un destacado edificio neobizantino con cinco cúpulas de bulbo recubiertas de cobre que asoman por encima de los árboles del parque McCarren. En este parque, que marca una frontera no oficial entre los dos barrios, hay una piscina antigua (de 1936) y está el famoso hotel McCarren.

Brooklyn Bridge Park

📍 G13 🚇 De Manhattan Bridge a Atlantic Av Ⓢ High St (A, C), York St (F), Clark St (2, 3) 🌐 brooklyn bridgepark. org

Parques infantiles, instalaciones deportivas, miradores espectaculares e instalaciones portuarias rehabilitadas se reparten por la ribera renovada entre Dumbo y los Brooklyn Heights. En la sección del parque al este del puente hay un tiovivo tradicional, Jane's Carousel, una amplia pradera (p. 278) y una gran escalinata ideal para pícnics.

Al otro lado del puente, en Pier One, se puede practicar kayak gratis los fines de semana de verano, y Pier Two tiene instalaciones de *shuffleboard* y una pista de patinaje sobre ruedas. En Pier Five hay campos deportivos y una zona para pícnic, y Pier Six está enfocado a los niños, con un popular parque acuático, un rocódromo estupendo y un tobogán gigante.

↑ El Brooklyn Navy Yard, donde suelen rodarse películas

se construyeron aquí, como el *USS Ohio*. También puede ser interesante visitar la destilería Kings County, que fabrica *bourbon* artesanal.

Brooklyn Children's Museum

📍 N15 🏠 145 Brooklyn Av Ⓢ Kingston Av (3), Kingston-Throop Av (C) 🕐 10.00-17.00 ma-vi (hasta 18.00 ju), 10.00-19.00 sá-do 🌐 brooklynkids.org

Fundado en 1899, el Brooklyn Children's Museum fue el pri-

mer museo diseñado específicamente para el público infantil, y desde entonces ha marcado la pauta para los más de 250 creados en todo el mundo. Desde 1976 se encuentra en un edificio subterráneo dotado de alta tecnología que lo convierte en uno de los museos infantiles más imaginativos y modernos de todo el mundo. En 2008, el arquitecto uruguayo Rafael Viñoly llevó a cabo una remodelación "verde": colocó paneles solares y otros dispositivos de ahorro de energía y amplió el espacio del museo.

Las galerías presentan exposiciones prácticas centradas en el medio ambiente, la ciencia y la vida del barrio, que destaca algunos distritos con población étnica de los alrededores de Brooklyn. La zona Totally Tots está dedicada a menores de 5 años y cuenta con una zona de Maravillas del Agua. A los más pequeños les entusiasmará la zona de animales vivos. También hay tiendas de juegos y restaurantes donde los niños pueden comprar, vender e, incluso hacer (falsa) *pizza*. A diario hay actos y clases, como un taller de zumba para niños o proyectos artísticos.

Brooklyn Navy Yard

📍 K12 🏠 De Manhattan Bridge a Williamsburg Bridge ℹ️ BLDG 92, 63 Flushing Av Ⓢ High St (A, C), York St (F) 🌐 brooklyn navyyard.org

Lo que era una zona de astilleros prácticamente abandonada ha sido recuperada y hoy acoge a más de 300 negocios, desde Brooklyn Grange Farms hasta los estudios Steiner (donde se rodaron las series *Boardwalk Empire* y *Girls*). Para orientarse, nada mejor que dirigirse al Brooklyn Navy Yard Center, en el edificio BLDG 92, donde se traza la historia de los astilleros y se exponen maquetas de barcos famosos que

→

Anochecer en Manhattan, visto desde Brooklyn

Grand Army Plaza

📍 M16 🏛 Plaza St con Flatbush Av 🚇 Grand Army Plaza (2, 3)

Esta plaza oval, de 1870, fue proyectada por Frederick Law Olmsted y Calvert Vaux como puerta de entrada para el Prospect Park (*p. 282*).

El Soldiers' and Sailors' Arch y sus esculturas se inauguraron en 1892 como un gran homenaje a las fuerzas armadas unionistas. El arco, esculpido de forma elaborada y detallista, fue diseñado por John H. Duncan siguiendo el modelo de los monumentos triunfales de la Roma imperial. Stanford White lo reformó entre 1894 y 1901 para incorporar los grupos escultóricos de bronce de Philip Martiny y Frederick MacMonnies, así como las peanas y columnas que los sustentan. También hay un busto de John F. Kennedy, que sorprendentemente es el único monumento oficial de Nueva York dedicado al 35º presidente de Estados Unidos. El interior del arco se abre a veces para exposiciones especiales.

Park Slope Historic District

📍 L16 🏛 Desde Prospect Park West bajo Flatbush Av, hasta avenidas 8th/7th/5th 🚇 Grand Army Plaza (2, 3), 7 Av (F)

Este hermoso enclave victoriano se desarrolló en torno a 1880, en el límite de Prospect Park, cuando se instalaron en él profesionales acomodados que acudían a trabajar a Manhattan después de que, en 1883, se inaugurara el puente de Brooklyn.

En sus calles sombreadas hay casas de todos los estilos populares a finales del siglo XIX, algunas con torres y torretas y florituras tan típicas de esa época. Son especialmente elegantes las de estilo neorrománico con arcos en la entrada.

El Montauk Club, en el nº 25 de la Octava Avenida, combina el estilo del Palazzo Ca' d'Oro de Venecia con los frisos y las gárgolas de los montauk, de quienes tomó su nombre este popular club social privado el siglo XIX.

Black Flamingo
Bar temático latino de los años setenta, con pista de baile.

📍 L10 🏛 168 Borinquen Pl, Williamsburg 🕐 lu 🌐 black flamingonyc.com

Fresh Kills Bar
Los mejores cócteles artesanales de Williamsburg.

📍 M10 🏛 161 Grand St 🌐 freshkillsbar.com

House of Yes
Lujosas fiestas con baile y también cabaret.

📍 M10 🏛 2 Wyckoff Av, Williamsburg 🕐 do-ma 🌐 houseofyes.org

Pete's Candy Store
Local agradable y con música en directo gratis.

📍 M10 🏛 111 North 12th St, Williamsburg 🕐 ma 🌐 petescandystore.com

Westlight
Tiene unas vistas de la ciudad espectaculares.

📍 M10 🏛 111 North 12th St, Williamsburg 🌐 westlightnyc.com

Dough

Dónuts fabulosos y enormes; hay una deliciosa opción con hibisco.

M13 448 Lafayette Av, Bedford-Stuyvesant doughbrooklyn.com

Junior's

Respetable local de Brooklyn, muy conocido por la clásica tarta de queso neoyorquina.

K14 386 Flatbush Av Extension, en DeKalb Av juniorscheesecake.com

$$

Peter Luger Steak House

Porterhouse delicioso (el único corte que sirven) desde 1887.
Pago en efectivo.

K10 178 Broadway peterluger.com

$$

Smorgasburg

El mayor mercado de alimentación al aire libre de Estados Unidos; tiene 100 tentadores puestos los sábados y domingos en Prospect Park (abr-oct).

M10 East River State Park, 90 Kent Av y Prospect Park, Breeze Hill Lu-vi, do, med nov-abr smorgasburg.com

$$

Steve's Authentic Key Lime Pies

Algunas de las tartas de lima de los Cayos más sabrosas del noreste.

G17 Pier 40, 185 Van Dyke St keylime.com/jh

$$

14

Prospect Park

M17 Grand Army Plaza (2, 3), Prospect Park (B, Q) prospectpark.org

Los artistas Olmsted y Vaux consideraban este parque, abierto en 1867, más bello que su antecesor, el Central Park (*p. 238*). El Long Meadow, una gran extensión de suaves praderas, es la zona verde más amplia de Nueva York.

Olmsted opinaba que los parques suponían un respiro dentro de las abarrotadas ciudades, un escape del tantas veces opresivo entorno urbano. Esta observación resulta hoy tan cierta como cuando se formuló hace un siglo y medio.

Destacan las columnas de Stanford White del Croquet Shelter y los estanques y los sauces llorones del Vale of Cashmere. En el Music Grove Bandstand hay conciertos en verano.

Entre sus atractivos figura el Camperdown Elm, un antiguo olmo plantado en 1872 que ha inspirado a numerosos poetas y pintores. La visita guiada por uno de los guardas es la mejor manera de ver el parque y su gran variedad de jardines, desde los clásicos con estatuas hasta los rocosos con arroyos.

15

Brooklyn Botanic Garden

M16 900 Washington Av Prospect Park (B, Q), Eastern Pkwy (2, 3) Ma-do; horarios variables, consultar la web para más información bbg.org

Aunque no es muy extenso, en este parque se esconden maravillas. Fue diseñado por los hermanos Olmsted en 1910 e incluye un jardín isabelino tradicional y una de las mayores rosaledas de Estados Unidos.

Su principal atractivo es el jardín japonés, que cuenta, además, con una casa de té y un santuario sintoísta. A finales de abril y principios de mayo el paseo se llena de capullos de cerezo japonés, que han inspirado la celebración de un festival anual de cultura japonesa. Abril es también el mejor momento para disfrutar de Magnolia Plaza, donde más de 80 magnolios en flor exhiben sus capullos color crema sobre el fondo de narcisos de Boulder Hill.

En el Fragance Garden (jardín de las Fragancias) las distintas plantas de fuertes aromas y texturas están identificadas en sistema Braille, y en el invernadero

Visitantes en busca de diversión playera en Coney Island ↑

> **A mediados del siglo XIX, el poeta Walt Whitman escribió gran parte de su obra en Coney Island, que en aquel tiempo era una zona agreste del litoral atlántico .**

hay una gran colección de bonsáis y algunos árboles raros de áreas selváticas.

16
Green-Wood Cemetery

📍 L18 🏠 500 25th St at Fifth Av 🚇 25 St (R) 🕐 Abr-sep: 7.00-19.00; oct-mar: 7.00-17.00 🌐 green-wood.com

Este cementerio de 193 hectáreas se creó en 1838 y hoy es casi un parque, tan hermoso y desgarbado. Aquí están enterrados varios ciudadanos famosos, como el artista callejero Jean-Mihel Basquiat (1960-1988), el abolicionista Henry Ward Beecher (1813-1887), el compositor Leonard Bernstein (1918-1990) o el artista vidriero Louis Comfort Tiffany (1848-1933). Toda la fa-

 ←

Llamativa floración en el jardín japonés del Jardín Botánico de Brooklyn

milia Steinway, la de la dinastía de los pianos, descansa en un mausoleo de 119 salas.

17
Coney Island

📍 N13 🚇 Stillwell Av (D, F, N, Q), W 8 St (F, Q) 🌐 coney island.com

Los neoyorquinos llevan desde 1867 disfrutando de un día de playa en Coney Island (Brooklyn) por el precio de un billete de metro. En la actualidad, las multitudes siguen acudiendo a este barrio peninsular para disfrutar de sus parques de atracciones *kitsch*, sus emocionantes montañas rusas y sus puestos de algodón de azúcar, todo ello lejos del bullicio de Manhattan.

A mediados del siglo XIX, el poeta Walt Whitman escribió gran parte de su obra en Coney Island, que en aquel tiempo era una zona agreste del litoral atlántico. En la década de 1920

Coney Island se anunciaba como el "patio de recreo más grande del mundo", con tres enormes recintos de feria. El metro llegó en 1920, y el paseo marítimo de 1921 garantizó la popularidad de Coney Island durante toda la Depresión.

Cuando Coney Island empezó a modernizarse, a sus habitantes les preocupó que pudiera perder su carácter. Sin embargo, la pasarela peatonal sigue proporcionando vistas maravillosas del mar, y el Luna Park actualizado sigue ofreciendo una serie de atracciones escalofriantes, entre ellas la montaña rusa Cyclone, de unos 90 años de antigüedad, que ha sido designada hito oficial de la ciudad. Los menos aficionados a las emociones pueden optar por la noria Wonder Wheel, también hito oficial, que ofrece unas bellísimas vistas de la ciudad. Los horarios varían; conviene consultar la página web del parque para consultar horarios y precios.

Una de las atracciones centrales es el New York Aquarium, con más de 350 especies. El Coney Island Museum expone objetos históricos, reconstrucciones y reliquias de atracciones antiguas. Cada junio organiza el Mermaid Parade, o desfile de las sirenas *(p. 54)*, un acto anual muy popular.

UN PASEO
BROOKLYN HEIGHTS

Distancia 1,5 km **Metro** Clark St **Tiempo** 20 minutos

Frente a Lower Manhattan, al otro lado del East River, Brooklyn Heights es uno de los barrios históricos más elegantes de Nueva York. Las élites acaudaladas de la ciudad construyeron aquí casas de arenisca roja en la década de 1820, cuando la zona pasó a ser el primer barrio residencial de las afueras. La finalización del puente de Brooklyn en 1883 intensificó su desarrollo. Hoy, Brooklyn Heights es un barrio muy próspero y el lugar perfecto para admirar el famoso perfil urbano de Manhattan.

*Brooklyn Bridge
Park/Terminal del
ferri Dumbo*

INICIO

*Bargemusic, atracada justo bajo el puente de
Brooklyn, es una gabarra-café reconvertida
de finales del siglo XIX donde se interpreta
música de cámara por la noche (p. 278).*

*La Ample Hills Creamery está en un
cuartel de bomberos de principios del
siglo XX, en el Fulton Ferry Pier, y sirve
helados con sabores exóticos.*

FURMAN ST

COLUMBIA HEIGHTS

BROOKLYN QUEENS EXPY

WILLOW ST

COLUMBIA HEIGHTS

↑ Ample Hills Creamery, en un sorprendente
cuartel de bomberos

*Nº 70 de Willow Street. Se dice que
Truman Capote escribió aquí
Desayuno con diamantes.*

*Brooklyn Heights Promenade es un camino
peatonal que brinda unas vistas fabulosas de
la Estatua de la Libertad, los rascacielos de
Lower Manhattan y el puente de Brooklyn.*

CLARK ST

0 metros	75
0 yardas	75

N ↑

LLEGADA

Justo debajo del puente de Brooklyn, el histórico Fulton Ferry District, antigua zona de muelles, recibió su nombre por Robert Fulton, el rey del barco de vapor. Alberga lugares emblemáticos como el Eagle Warehouse con su gran reloj de esfera translúcida (p. 278).

Juliana's Pizza es la ubicación original de las célebres pizzas hechas en horno de leña de Patsy Grimaldi's, no confundir con el contiguo y reciente Grimaldi's.

BROOKLYN

Mapa de situación
Para más detalles, ver p. 270

¡Lo sabías?

Brooklyn Heights fue una de las primeras zonas colonizadas fuera de Manhattan.

El nº 24 de Middagh St es la casa más antigua de la zona, erigida en 1824. Se pueden ver otros ejemplos de edificios antiguos en Middagh y en Willow.

Plymouth Church fue el centro de operaciones del pastor Henry Ward Beecher, abolicionista y defensor de los derechos de las mujeres. También fue una parada del Underground Railroad donde se detenían los esclavos para esconderse cuando huían en busca de la libertad.

Metro de Clark St
(líneas A y C)

↑ Fulton Ferry District, una zona de muelles con vistas espectaculares del otro lado del río

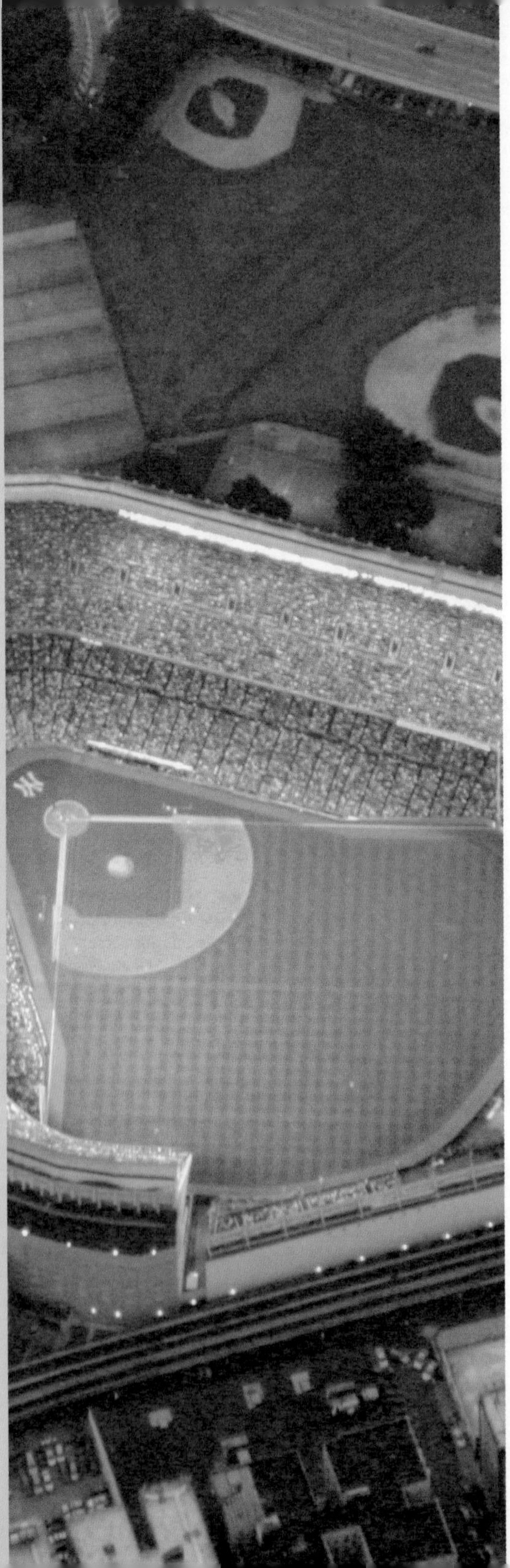

Yankee Stadium, en el Bronx

Esencial

1 The Cloisters Museum
7 New York Botanical Garden
8 Bronx Zoo

Lugares de interés

2 Hispanic Society
3 Morris-Jumel Mansion
4 George Washington Bridge y Fort Washington Park
5 Shabazz Center
6 Ralph Ellison Memorial
9 Poe Cottage
10 Woodlawn Cemetery
11 Belmont y Arthur Avenue
12 Yankee Stadium
13 The Bronx Musuem of the Arts
14 Flushing Meadows-Corona Park
15 Queens Museum
16 Louis Armstrong House Museum
17 Steinway & Sons
18 Noguchi Musuem y Socrates Sculpture Park
19 Museum of the Moving Image y Kaufman Astoria Studio
20 MoMA PS1, Queens
21 Historic Richmond Town
22 Jacques Marchais Museum of Tibetan Art
23 The Snug Harbor Cultural Center and Botanic Garden
24 Alice Austen House
25 Little Sri Lanka

FUERA DEL CENTRO

Aunque oficialmente pertenecen a Nueva York, en Upper Manhattan y los barrios exteriores a la ciudad (Bronx, Queens y Staten Island) se respira una atmósfera muy distinta. Son básicamente áreas residenciales donde no se ven los famosos rascacielos que se asocian siempre con Nueva York; sin embargo, vale la pena visitar estas zonas más sosegadas que cuentan con sus propios lugares de interés. Aquí se encuentra el mayor zoo del país, hay jardines botánicos idílicos, museos de vanguardia, estadios deportivos emblemáticos y restaurantes, donde están representadas casi todas las etnias.

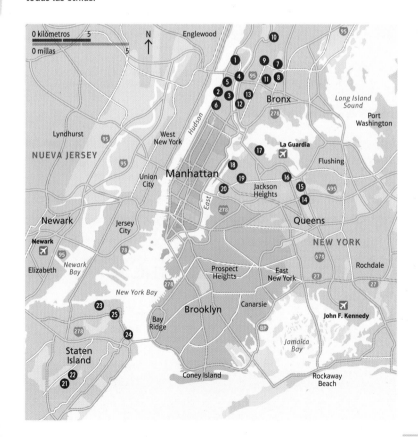

NUEVA YORK
FUERA DEL CENTRO

Existe la posibilidad de dejar atrás el bullicio de Manhattan y vivir la ciudad fuera del centro. Se puede explorar el Upper Manhattan y, más al norte, el Bronx, el único distrito de Nueva York en tierra firme. Al otro lado del East River se halla el multicultural Queens, y el más residencial Staten Island está en plena bahía.

PÁGINA 290

UPPER MANHATTAN

La parte norte de Manhattan, un antiguo asentamiento holandés, es hoy una zona residencial sin el ajetreo del centro. Es perfecto para descubrir lugares de interés menos conocidos. Hay museos, espacios verdes idílicos y casas hermosas.

Lo mejor
Historia, arte medieval, huir de la multitud

Qué ver
The Cloisters Museum, Fort Washington Park

Experiencias
Los apacibles jardines de The Cloisters Museum

PÁGINA 294

EL BRONX

Lo que una vez fue una zona próspera del extrarradio se convirtió, a mediados del siglo XX, en un ejemplo clásico de deterioro urbano. Pero el Bronx resurge lentamente. Hay grandes remansos de belleza: mansiones históricas, parques apacibles, un extraordinario jardín botánico, un zoo y el famoso Yankee Stadium.

Lo mejor
Béisbol, espacios verdes

Qué ver
New York Botanical Garden, Bronx Zoo, Yankee Stadium

Experiencias
La emoción de un partido de béisbol en el Yankee Stadium

PÁGINA 300

QUEENS

Es el distrito más grande de la ciudad y tiene una enorme variedad de oferta cultural, desde salas de exposición de pianos y parques de esculturas hasta un museo de cinematografía o la residencia de Louis Armstrong. Este auténtico crisol de culturas cuenta con una enorme oferta de restaurantes étnicos, y en sus calles se pueden percibir los aromas de la cocina tailandesa, griega o india. Es, además, uno de los epicentros del renacimiento de la cerveza artesanal de Nueva York, y la mayor parte de las cervecerías cuentan con sala de degustación.

Lo mejor
Nueva York multicultural, diversidad de cocinas, cerveza artesanal, museos únicos

Qué ver
Queens Museum, Museum of the Moving Image, Steinway & Sons, Louis Armstrong House Museum

Experiencias
Degustaciones de temporada en una de las cervecerías artesanales de Queens

PÁGINA 302

STATEN ISLAND

Al margen de su famoso ferri, la mayoría de los neoyorquinos no conocen bien Staten Island o sus puntos de interés, pero sería un error descartar sin más el "distrito olvidado". Aventurarse más allá de la terminal del ferri va a proporcionar una agradable sorpresa: colinas, lagos y bosques, grandes espacios abiertos, asombrosas vistas a la bahía y edificios históricos bien conservados. Uno de los hallazgos más sorprendentes es la colección de arte tibetano que alberga un templo budista.

Lo mejor
Una vista diferente de Manhattan, historia de la ciudad, comida de Sri Lanka, arte tibetano

Qué ver
Historic Richmond Town, Jacques Marchais Museum of Tibetan Art, Little Sri Lanka

Experiencias
La vida en el siglo XIX en Historic Richmond Town

→

❶ ⬙ Ⓜ ▱ ⌂

THE CLOISTERS MUSEUM

🏛 **Fort Tryon Park** 🚇 **190 St (A)** 🚌 **M4** 🕐 **10.00-17.15 diario (nov-feb: hata 16.45)** 📅 **Acción de gracias** 🌐 **metmuseum.org/visit/met-cloisters**

En lo alto de una colina del Upper Manhattan, este extraordinario museo transporta al visitante a un antiguo monasterio europeo, gracias a su estilo medieval auténtico, sus claustros reconstruidos y su rica colección de arte.

A pesar de las apariencias, la sede del museo de arte medieval del Met fue construida a principios del siglo XX. En 1914, el escultor George Grey Barnard fundó el museo, y varios años después, en 1925, John D. Rockefeller Jr. financió la compra de la colección para el Metropolitan Museum of Art. Rockefeller también donó los terrenos de Fort Tryon Park para la edificación del museo. El arquitecto Charles Cullens, autor de la Riverside Church (p. 258), diseñó un edificio sorprendente que es reflejo de su colección y que incorpora claustros, capillas y salones medievales europeos reconstruidos in situ. Los claustros, por ejemplo, se llaman Cuxa, Saint-Guilhem, Bonnefont y Trie por su origen francés. El museo está organizado más o menos cronológicamente, empezando por el periodo románico (1000 d. C.) y terminando en el gótico (1150-1520). Las esculturas, vidrieras y pinturas se encuentran en la planta inferior, y los Tapices del Unicornio están en la superior. También se puede disfrutar de los jardines.

TAPICES DEL UNICORNIO

Este conjunto de siete hermosos tapices (también conocido como *La cacería del unicornio*), tejido en Flandes en torno al año 1500, narra la búsqueda, captura, sacrificio y resurrección final del mítico unicornio. Tanto su increíble detallismo como su simbolismo misterioso –los críticos siguen discrepando sobre su significado– lo convierten en una de las más grandes obras de arte de la Edad Media. Las interpretaciones de los tapices van desde una metáfora complicada de Cristo hasta una celebración del matrimonio.

The Cloisters Museum del Upper Manhattan, monástico en apariencia

← Visitantes disfrutando de los jardines del claustro benedictino Cuxa

1934

es el año en que empezó
la construcción de
este museo único.

↑ Santuario dentro
del museo

Hispanic Society

 Broadway con 155th St
S 155 St (C), 157 St (1)
⏱ Por reforma
🌐 hispanicsociety.org

La Hispanic Society of America posee la mayor colección de arte español fuera de España. En sus inmensas colecciones hay esculturas, artes decorativas, grabados y fotografías además de las exposiciones temporales que celebran durante todo el año. En la galería principal, de estilo renacimiento español, puede verse el famoso *Retrato de la Duquesa de Alba*, de Goya. En la galería Bancaja adyacente se encuentra *Visión de España*, de Joaquín Sorolla, encargado en 1911. Sus 14 murales describen a la gente y la vida de España. En la balconada superior están algunas de las mejores obras: pinturas de El Greco, como *La Sagrada Familia*, y retratos de Velázquez.

La Hispanic Society se halla en Audubon Terrace, un complejo de edificios de estilo neoclásico en Washington Heights terminado en 1908 por Charles Pratt Huntington. Fue financiado por el primo del arquitecto, el mecenas Archer Huntington, y en la plaza de la entrada hay esculturas realizadas por Anna Hyatt Huntington, esposa de Archer. La mayoría de los edificios del complejo están ocupados por el Boricua College, y la sociedad es el único museo.

Morris-Jumel Mansion

 65 Jumel Terrace con West 160th St y Edgecombe Ave
S 163 St-Amsterdam Av (C)
⏱ 10.00-16.00 ma-vi, 10.00-17.00 sá-do 🌐 morrisjumel.org

Se trata de uno de los pocos edificios prerrevolucionarios de Nueva York y tiene una larga y, en ocasiones, escandalosa histo-

↑ La mansión Morris-Jumel tras su bella restauración

ria. Fue construido en 1765 por Roger Morris, y adquirido y renovado en 1810 por Stephen Jumel, un comerciante de ascendencia francocaribeña, y su esposa Eliza. En la actualidad es un museo con nueve salas de ambiente histórico, además de muchas piezas originales de Jumel. Hay visitas guiadas a las 12.00 los sábados y a las 14.00 los domingos.

La pareja amuebló la casa con recuerdos de sus muchos viajes a Francia. El tocador de Eliza tiene una silla que se dice compró a Napoleón. El ascenso social de Eliza y sus devaneos amorosos escandalizaron a la sociedad neoyorquina. Corrían rumores de que había dejado morir desangrado a su marido en 1832 para poder heredar su fortuna. Más tarde se casó con Aaron Burr, de 77 años, y se divorció tres años después, el día en que él murió.

La casa georgiana, con paneles laterales de madera y estilo paladiano, tiene un pórtico clásico y un ala octogonal, y ha sido restaurada exteriormente.

George Washington Bridge y Fort Washington Park

S 175 St (A), 181 St (1)
🌐 panynj.gov

El arquitecto francés Le Corbusier lo describió como "el único lugar distinguido en una desordenada ciudad". Aunque no sea tan famoso como el puente de Brooklyn, esta obra del ingeniero Othmar Ammann y del arquitecto Cass Gilbert posee una identidad e historia propias. Los proyectos para unir a través de un puente Manhattan y Nueva Jersey se discutieron durante más de 60 años, antes de que la autoridad del puerto de Nueva York pudiera recaudar los 59 millones de dólares necesarios para su financiación. Fue Ammann quien sugirió que sobre él se construyera una carretera y no una vía férrea, más costosa. Los trabajos se iniciaron en 1927 y el puente se inauguró en 1931. Hoy constituye una vía esencial de comunicación entre Manhattan y Fort Lee, en New Jersey, y su utilización constante supone el paso de 53 millones de vehículos al año. Cass Gilbert proyectó el revestimiento de las dos torres con ladrillos, pero la falta de fondos lo impidió, dejando una elegante estructura vista de 183 m de altura y 1.067 m de longitud. El piso inferior fue añadido en 1962.

Bajo la torre oriental, en Fort Washington Park, hay un faro que data de 1889 y se salvó de la demolición en 1951 gracias a la presión de la opinión pública. Miles de jóvenes neoyorquinos y de niños de otros países han escuchado la historia de *El pequeño faro rojo y el gran puente gris* (1942) y contribuyeron con sus cartas a evitar su pérdida. La autora, Hildegarde Hoyt Swift, creó la historia en torno a sus dos hitos preferidos de Nueva York.

Aquí se celebra todos los años en septiembre el Little Red Lighthouse Festival, donde un invitado especial lee un fragmento del famoso libro.

Shabazz Center

⌂ 3940 Broadway con West 165th Street 📞 (212) 568-1341 🚇 168 St (A, C, 1) 🕐 11.00-17.00 ma; mi-vi 11.00-18.00

Situado en Washington Heights, el Shabazz Center o, con el nombre completo, Malcolm X and Dr Betty Shabazz Memorial and Educational Center, rinde homenaje a la vida de Malcolm X, clérigo musulmán y activista político afroamericano. El centro organiza proyecciones y otras actividades que honran la obra de Malcolm X, y en la primera planta dispone de pantallas táctiles que presentan las etapas clave de su vida por medio de entrevistas y vídeos.

El centro ocupa lo que queda del Audubon Ballroom, donde fue asesinado Malcolm X en 1965. Actualmente forma parte del Columbia-Presbyterian Hospital. Malcolm X nació en Nebraska en 1925 y fue registrado como Malcolm Little. Pasó gran parte de su vida en Nueva York como seguidor comprometido de Elijah Muhammad y su Nation of Islam. Fue una inspiración clave para el movimiento Black Power.

❻ Ralph Ellison Memorial

⌂ West 150th St y Riverside Dr 🚇 145 St (1)

Este pequeño pero conmovedor monumento rinde homenaje al escritor afroamericano Ralph Ellison. La estructura de bronce con la silueta recortada de una figura masculina, fue creada por Elizabeth Catlett y dedicada en 2003. Las cuatro estelas de piedra circundantes tienen grabadas citas de Ellison, entre ellas, de las primeras líneas de *El hombre invisible* (1952): "Soy invisible simplemente porque la gente rehúsa verme".

Ralph Ellison nació en el sur profundo de la segregación racial. En 1936, se trasladó a Harlem, y vivió cerca de aquí, en 730 Riverside Drive.

→

El puente George Washington une Nueva York con Nueva Jersey.

7 🛝 🐎 🖥 🛍

NEW YORK BOTANICAL GARDEN

📍 Kazimiroff Blvd, Bronx River Parkway (Exit 7W) 🚇 Bedford Pk Blvd (4, B, D)
🚌 Bx26 🕐 10.00-18.00 ma-do (hasta 17.00 med ene-feb) 🌐 nybg.org

Este exuberante parque, uno de los mayores y más antiguos jardines botánicos del mundo, facilita una escapada a la naturaleza en el corazón del bullicioso Bronx.

El jardín botánico de Nueva York cuenta con 100 hectáreas de fascinante belleza. Es un espacio verde lleno de sitios por descubrir: desde el espléndido invernadero victoriano hasta el Everett Children's Adventure Garden. Quizá lo más destacable sean sus 50 jardines y las colecciones de plantas, así como las 20 hectáreas de bosque virgen, el Thain Family Forest.

Se trata de uno de los bosques más importantes de la ciudad; sigue los mismos caminos que utilizaba la tribu lenape y conserva árboles que se remontan a la guerra de la Independencia estadounidense. Una estupenda forma de ver el jardín es con un recorrido en tranvía; dura 20 minutos y se puede subir y bajar a voluntad en sus nueve paradas.

① El Enid A. Haupt Conservatory es un impresionante invernadero de estilo victoriano con once pabellones de cristal interconectados. Estos pabellones albergan *Un mundo de plantas*, donde se representan selvas, desiertos y plantas acuáticas, y se organizan exposiciones estacionales.

② El mejor momento para visitar la Peggy Rockefeller Rose es el verano, cuando sus más de 2.700 rosales están en flor. David Rockefeller bautizó esta rosaleda, proyectada en 1988, con el nombre de su mujer, aficionada a la horticultura.

③ Árboles en flor en el jardín japonés.

¿Lo sabías?

La entrada es gratuita
los miércoles durante todo
el día, y los sábados
de 10.00 a 12.00.

↑ Colores otoñales y hojas
caídas en el Thain Family
Forest

8 🗺️ 🚊 🖥️ 🛍️

BRONX ZOO

📍2300 Southern Blvd, Bronx 🚇E Tremont Av (2, 5) 🚌Bx9, Bx12, Bx19, Bx22, Bx39, BxM11, Q44 🕐10.00–17.00 lu-vi, 10.00–17.30 sá-do (nov-mar: 10.00–16.30 diario) 🌐bronxzoo.com

El mayor zoológico urbano de Estados Unidos se encuentra en el Bronx. Atrae a niños y a adultos por igual, y en él viven desde osos y bisontes hasta babuinos.

Un día en el zoo

Fundado en 1899, el zoo del Bronx acoge más de 4.000 animales de 500 especies diferentes, en zonas que recrean su hábitat natural. El parque es el pionero en la protección de especies en extinción, tales como el rinoceronte indio o el leopardo de las nieves. Sus 107 hectáreas de bosques, riachuelos y parques incluyen un zoo infantil, el Butterfly Garden, y el Wild Asia Monorail. También son interesantes el Mundo de los Reptiles, un carrusel de insectos que es único y un teatro 4D. Las visitas guiadas tienen lugar a las 10.15 y 11.45 y duran una hora.

Edificio de la Wildlife Conservation Society, en el zoo del Bronx ↓

💬 CONSEJO DK
Zoo infantil

Si los más pequeños necesitan soltar energía, se puede ir al zoo infantil, que se encuentra cerca del Zoo Center y la exposición Madagascar! Aquí pueden desfogarse arrastrándose por los túneles de los perritos de las praderas, probándose conchas de tortuga e incluso acariciando y dando de comer a los animales. Se recomienda consultar los horarios en la página web.

↑ Los magníficos tigres de Amur pueden verse en la Tiger Mountain

↑ Visitantes buscando habitantes de la selva en Jungle World

LA SELVA DE LOS GORILAS DEL CONGO

Esta galardonada réplica de la selva centroafricana da cobijo a la mayor población de gorilas occidentales de planicie de Estados Unidos, así como a una familia de titís pigmeos, los monos más pequeños del mundo.

La adorable casa de campo de Edgar Allan Poe cubierta de nieve, en el Bronx

neoyorquinos adinerados y distinguidos. Alberga lápidas y panteones en marcos de gran belleza. F. W. Woolworth y su familia están enterrados en un panteón casi tan decorado como el edificio que lleva su nombre *(p. 87)*. Un detalle curioso: la cúpula de mármol rosa del panteón del magnate de la industria cárnica, Herman Armour, recuerda a un jamón.

Entre otros neoyorquinos célebres enterrados aquí figuran el alcalde Fiorello La Guardia; Rowland Hussey Macy, fundador de los grandes almacenes que llevan su nombre; Herman Melville; y la leyenda del jazz, Duke Ellington.

9

Poe Cottage

 2640 Grand Concourse
Kingsbridge Rd (D, 4)
10.00–15.00 ju-vi, 10.00–16.00 sá, 13.00–17.00 do
bronxhistorical
society.org

Esta modesta casa de listones blancos de un trabajador construida en torno a 1812 y que se alza hoy en marcado contraste con los bloques de viviendas de clase obrera de latinos fue la vivienda rural de Edgar Allan Poe entre 1846 y 1849. Originalmente se encontraba en medio de tierras de cultivo a poca distancia de East Kingsbridge Road, pero en 1913 fue trasladada aquí, al extremo meridional del Poe Park, creado expresamente para ella.

Aunque Poe adquirió cierto éxito al escribir *El cuervo*, a mediados del siglo XIX tuvo problemas económicos. Se mudó con su esposa Virginia y con su madre, Maria, en busca del aire del campo. Por desgracia, poco después de que llegaran aquí Virginia murió de tuberculosis con solo 24 años. Destrozado, Poe consiguió escribir en medio del sufrimiento unas cuantas obras muy apreciadas, entre las que se encuentran el poema *Annabel Lee*, en memoria de su esposa. Maria les sobrevivió y se marchó de la casa poco después de la misteriosa muerte de

Poe en Baltimore dos años más tarde. Hoy, esta casa restaurada tiene varias habitaciones decoradas como lo estuvieron en vida de Poe. También hay, en las inmediaciones, una pequeña galería de arte de la década de 1840.

El elegante Poe Park Visitor Center, independiente de la casa, está en 2650 Grand Concourse. Diseñada por el arquitecto japonés Toshiko Mori, esta instalación educativa ofrece exposiciones rotativas de arte (abre de jueves a sábado). Su tejado anguloso imita las alas extendidas de un cuervo, un homenaje a la obra literaria más famosa de este escritor.

10

Woodlawn Cemetery

Webster Av y East 233rd St
Woodlawn (4) 8.30–16.30 diario thewoodlawn
cemetery.org

Establecido en 1863, el Woodlawn Cemetery es el lugar de descanso de multitud de

11

Belmont y Arthur Avenue

Fordham Rd (B, D, S), luego Bx12 arthuravenue
bronx.com

A un paso del jardín botánico y el zoo está Belmont, sede de una de las comunidades italoamericanas más numerosas de Nueva York. Es una alternativa más auténtica a Little Italy en Manhattan y su principal vía urbana, Arthur Avenue, está llena de panaderías, pizzerías y restaurantes italianos.

El Arthur Avenue Retail Market tiene confiterías, carnicerías, fabricantes de pasta, charcuterías, puestos de pescado y cafeterías. Todos los meses de septiembre, el barrio celebra Ferragosto, una fiesta de la cosecha con baile, tenderetes, actuaciones y un concurso de escultura de queso.

Los apetecibles bocadillos de Hero, en Arthur Avenue

Yankee Stadium

East 161st St con River Av, Highbridge S 161 St (B, D, 4) 10.00-12.40 diario (excepto días de partido) mlb.com/yankees

Este ha sido el estadio de los Yankees, el equipo de béisbol de Nueva York, desde 1923. Entre sus héroes se cuentan dos de los más grandes jugadores de todos los tiempos: Babe Ruth y Joe DiMaggio (famoso también por su matrimonio con Marilyn Monroe en 1954). En 1921 el jugador zurdo Babe Ruth, tiró la primera bola del estadio contra los Boston Red Sox, su primer equipo. La construcción del estadio terminó dos años más tarde, y pronto empezó a conocerse como "la casa que construyó Ruth".

Uno de los encuentros anuales más grandes ha sido el de los Testigos de Jehová: en 1950 acudieron 123.707 personas en un solo día. En 1965 el papa Pablo VI celebró una misa ante 80.000 asistentes. Era la primera visita que hacía un papa a EE UU. La segunda fue en 1979, cuando Juan Pablo II también visitó el estadio.

En 2009 los Yankees se trasladaron a un estadio construido en paralelo al anterior. El nuevo estadio es uno de los más caros que se han construido en Estados Unidos y rinde homenaje en algunos aspectos al de 1923, como la fachada de granito y piedra caliza.

Los Yankees siguen siendo uno de los equipos más importantes de la Liga Americana. Hay muchas tiendas Yankee Clubhouse en Nueva York, donde se pueden adquirir entradas para las visitas al estadio y los partidos.

The Bronx Museum of the Arts

1040 Grand Concourse S 167 St (B, D) 11.00-18.00 mi, ju, sá-do, 11.00-20.00 vi bronxmuseum.org

Fundado en 1971, este museo de arte, que cuenta con más de mil piezas en su colección permanente, expone obras contemporáneas de artistas asiáticos, latinos y afroamericanos, además de organizar lecturas y actuaciones.

Entre los artistas representados están Romare Bearden (1911-1988), un artista multimedia famoso por sus representaciones de la vida cotidiana de los afroamericanos; Whitfield Lovell (n. 1959), nacido en el Bronx y célebre por sus figuras afroamericanas dibujadas a lápiz y carboncillo; la artista cubana autora de instalaciones Tania Bruuera (n. 1968); el elogiado fotógrafo Seydou Keita (1921-2001), de Mali; el artista visual brasileño Hélio Oiticica (1937-1980), el artista afroamericano contemporáneo Kara Walker (n.·1969) y el artista chino Xu Bing (n. 1955).

En 1982 el museo se trasladó a una antigua sinagoga donada por la ciudad. El museo volvió a abrir en 2006, tras una ampliación realizada por la empresa Arquitectonica, de Miami, con una llamativa fachada de acero y cristal dentada "en acordeón".

VISITA A LOS ORÍGENES DEL HIP HOP

Esta es la casa del hip hop. Surgió en el Bronx a mediados de la década de 1970, con pioneros como DJ Kool Herc. (Run-DMC se formó en Queens en 1981, y Fab Five Freddy eran de Brooklyn). Hush Hip Hop Tours (www.hushtours.com) organiza una visita, guiada por Grand Master Caz, Rahiem y Ralph McDaniels, que sigue los pasos del nacimiento del hip hop en Harlem y el Bronx.

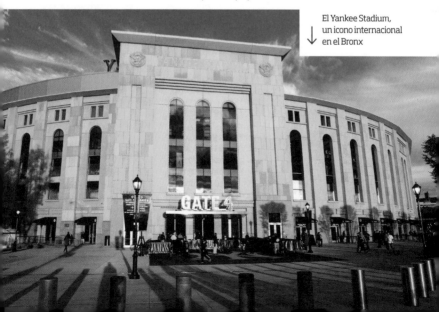

El Yankee Stadium, un icono internacional en el Bronx

⑭ Flushing Meadows-Corona Park

🚇 Mets-Willets Point (7)

La que fuera sede de las dos exposiciones universales celebradas en Nueva York ofrece ahora amplias extensiones verdes junto al río y numerosos atractivos. Uno de ellos es el estadio Citi Field, sede del equipo de béisbol New York Mets y popular escenario de conciertos de rock. Flushing Meadow acoge el National Tennis Center, donde se celebra el Abierto de Estados Unidos. El resto del año las pistas están disponibles.

La Uniesfera, símbolo de la exposición de 1964, domina los restos del conjunto. La enorme esfera hueca de acero verde, de 12 pisos de altura y 350 toneladas de peso, está en medio de una fuente circular y siempre rodeada de fotógrafos y familias.

⑮ Queens Museum

🏛 New York City Building, Flushing Meadows-Corona Park 🚇 111 St (7) 🕐 11.00-17.00 mi-do 🌐 queens museum.org

Situado junto a Unisphere, el edificio procede de la Exposición Universal de 1939 y es la única estructura que queda de aquel evento, diseñado originalmente para acoger el New York City Pavillion. Hoy, las galerías albergan exposiciones temporales y dos de larga duración: la Neustadt Collection of Tiffany Glass, de Louis Comfort Tiffany, que fundó su estudio de diseño en Corona en la década de 1890, y "From Watersheds to Faucets: The Marvel of the NYC Water Supply System". La pieza de esta última colección es un enorme mapa en relieve de madera y yeso, creado para la exposición universal. Se exponen más objetos de aquella Exposición Universal.

La otra gran atracción del museo es el Panorama de la Ciudad de Nueva York, fruto de la exposición universal de 1964. Sus 864 m² la convierten en la maqueta más grande del mundo. Se compone de 895.000 edificios, todos hechos de madera, así como puertos, ríos y puentes.

⑯ Louis Armstrong House Museum

🏛 34-56 107th St 🚇 103 St-Corona Plaza 🕐 10.00-17.00 ma-vi, 12.00-17.00 sá-do 🌐 louisarmstrong house.org

Aquí vivió el legendario trompetista (1901-1971) desde 1943 hasta su muerte, cuando fue enterrado en el cercano Flushing Cemetery. La vivienda relativamente humilde del artista de jazz ha sido conservada tal como la dejaron él y su cuarta esposa, la cantante Lucille Wilson. Contiene desde grabaciones realizadas por Armstrong de actos cotidianos en la casa hasta ensayos con la trompeta, comidas o charlas con amigos. Las visitas guiadas, cada hora hasta las 16.00, contextualizan el mobiliario y los objetos. En el jardín se celebran conciertos.

El centro de interpretación, al otro lado de la calle, expone más objetos de los archivos personales de Armstrong.

⑰ Steinway & Sons

🏛 1 Steinway Place, 19th Av 🚇 Ditmars Boulevard (N, W) 🌐 steinway.com

Heinrich Steinweb (1797-1871) emigró desde Alemania en 1850. Después de convertir su nombre en Henry Steinway, fundó Steinway & Sons en 1853.

Reconocida como fabricante de los mejores pianos, se expandió tras ganar premios en ferias internacionales, llegando a construir unos 1.250 pianos de cola al año. Este instrumento se encuentran entre los objetos más complejos que todavía se hacen a mano; constan de más de 12.000 piezas que tardan en ensamblarse un año, y se construyen con madera de arce, avellano o pícea. Hay visitas guiadas de 9.30 a 12.00 los martes (sep-jun) y jueves (ene-mar). Es imprescindible reservar.

⑱ Noguchi Museum y Socrates Sculpture Park

🏛 9-01 33rd Rd 🚇 Broadway (N, W), luego 🚌 Q104 🕐 Noguchi Museum: 10.00-17.00 mi-vi, 11.00-18.00 sá-do 🌐 noguchi.org

Este museo y jardines, dedicados al escultor abstracto japo-

CERVECERÍAS ARTESANALES

Si se tiene sed, se puede ir a Queens por sus cervecerías artesanales. En Long Island City está Rockaway Brewing (cervezas claras y tostadas al estilo inglés; www.rockawaybrewco.com) y la minúscula Transmitter Brewing (cervezas *farmhouse;* www.transmitterbrew. com). En SingleCut Beersmiths en Astoria (www.singlecut. com) están especializados en *lager,* y en Finback Brewery (www.finbackbrewery.com) hay cervezas de temporada.

 En el Queens Museum, los domingos hay visitas guiadas en inglés y en español.

nés-estadounidense Isamu Noguchi (1904-1988), fueron creados para ofrecer un espacio artístico en el que aproximarse a su visión creadora. A Noguchi seguramente se le recuerda más por su trabajo con la compañía Herman Miller en 1947, cuando creó la emblemática mesa Noguchi. También diseñó la instalación Red Cube, que continúa en la puerta del Marine Midlan Building de Lower Manhattan.

El Socrates Sculpture Park está cerca del museo, en Vernon Boulevard. Fue creado en 1986, cuando el escultor expresionista abstracto Mark di Suvero convirtió un viejo solar en un estudio al aire libre. Desde entonces, varios artistas han utilizado el lugar para exponer su obra. El parque abre todos los días desde las 9.00 hasta la puesta de sol, y hay visitas guiadas a las 14.00 de miércoles a domingo.

19

Museum of the Moving Image y Kaufman Astoria Studio

📍36-01 35th Av at 36th St, Astoria 🚇36 St (N, W), Steinway St (R) 🕐10.30-17.00 mi-ju, 10.30-20.00 vi, 10.30-18.00 sá-do ⓦmovingimage.us

En el apogeo de la industria cinematográfica de Nueva York, Rodolfo Valentino, W. C. Fields, los hermanos Marx y Gloria Swanson rodaron en este estudio, abierto por la Paramount en 1920. Cuando el negocio del cine se trasladó al oeste, el edificio fue expropiado por el ejército, que rodó, entre 1941 y 1971, varias películas.

En 1977 se fundó la Astoria Motion Picture and Television Foundation con el propósito de conservar los estudios. Allí se rodó *The Wiz*, musical protagonizado por Michael Jackson y Diana Ross, que ayudó a pagar su restauración. En la actualidad albergan las mayores instalaciones para hacer cine de la Costa Este.

Uno de los edificios se destinó al Museum of the Moving Image. Hay muchos recuerdos expuestos, desde el carro de *Ben Hur* hasta los trajes de *Star Trek*. La galería principal contiene más de 130.000 objetos referentes al cine. Entre las vanguardistas instalaciones hay un teatro para 254 personas, un anfiteatro con pantalla de vídeo y una sala de proyecciones didácticas con pases de viernes a domingo. Hay visitas guiadas a las 14.00 los sábados y domingos.

20

MoMA PS1, Queens

📍22-25 Jackson Av con 46th Av, Long Island City 🚇23 St-Court Sq (E, F, M), 45 Rd-Courthouse Sq (7), Court Sq (G), 21 St-Van Alst (G) 🚌B61, Q67 🕐12.00-18.00 ju-lu ⓦmomaps1.org

Situado en un colegio, el PS1 se fundó en 1971, dentro de un proyecto para transformar edificios abandonados en salas de exposiciones, escenarios y estudios para artistas. El PS1 está afiliado al Museum of Modern Art *(p. 202)* y es una de las instituciones más antiguas dedicadas en exclusiva al arte contemporáneo.

Las exposiciones temporales conviven con las permanentes y muchas piezas interactivas. Los sábados de verano hay danza en vivo en el patio al aire libre.

Empanadas Café
Sabrosas empanadas latinoamericanas de carne (hay que probar la *beef and cheese*).

📍56-27 Van Doren St, Corona ⓦempanadas cafe.com

💲💲💲

Jackson Diner
El mejor restaurante indio conocido en Jackson Heights, con curris extraorinarios.

📍37-47 74th St, Jackson Heights ⓦjacksondiner.com

💲💲💲

Adda
Una cantina india contemporánea con auténticos platos al horno *tandoor*, curris y *biryanis*.

📍1-31 Thomson Av, Long Island 🚇Do ⓦaddanyc.com

💲💲💲

SriPraPhai
Comida tailandesa realmente auténtica, a años luz por delante de cualquier otra junto al río en Manhattan. Solo pago en efectivo.

📍64-13 39th Av, Woodside ⓦsripraphai.com

💲💲💲

Taverna Kyclades
Agradable y popular taberna griega especializada en marisco.
📍33-07 Ditmars Blvd, Astoria ⓦtaverna kyclades.com

💲💲💲

The Snug Harbor Cultural Center and Botanical Garden

🏠 1000 Richmond Terrace
🚌 S40 desde el ferri hasta Snug Harbor Gate
🕐 Jardines: desde el amanecer hasta la puesta del sol 🌐 snug-harbor.org

Fundado en 1801 para "marineros mayores, decrépitos y acabados" pasó a ser un complejo de museos, galerías, jardines y centros de arte en 1975. Con una extensión de 34 hectáreas, cuenta con 28 edificios que van desde grandiosos salones de estilo griego hasta sofisticadas estructuras de aire italiano. La más antigua es el hermoso Hain Hall (edificio C), restaurado, que ejerce de centro de información. En el contiguo Newhouse Center for Contemporary Art se exponen obras de artistas locales y está abierto de jueves a domingo, de marzo a noviembre.

Otros edificios acogen el premiado Staten Island Children's Museum (abierto de martes a viernes) y la Noble Maritime Collection, donde hay grabados y cuadros del pintor de imágenes náuticas John Noble (1913-1983); también se puede visitar su estudio flotante. El Staten Island Museum volvió a acoger este complejo en 2016: ofrece una exposición importante de la historia de Staten Island que recorre tres siglos.

Casi todo el terreno del Snug Harbor pertenece al encantador StatenIsland Botanical Garden. Sus puntos destacados son una exposición concebida para atraer a las mariposas, una deliciosa rosaleda antigua, otras áreas temáticas y varios actos durante el año. El sosegado Chinese Scholar's Garden, con sus estanques de peces de colores, sus pagodas y sus bambúes, fue construido en 1999 por artistas procedentes de Suzhou, China.

Historic Richmond Town

🏠 441 Clarke Av 🚌 S74 desde el ferri 🕐 13.00-17.00 mi-do 🌐 historicrichmond town.org

Consta en la actualidad de 29 edificios, unos 14 de ellos abiertos al público; es el único grupo urbano completamente restaurado de Nueva York y el único museo al aire libre de la ciudad. Al principio, el pueblo se denominó Cocclestown, por el marisco local, pero pronto pasó a llamarse Cuckoldstown, para disgusto de sus habitantes. Al final de la guerra de Independencia, no obstante, ya se había adoptado el nombre de Richmondtown.

Fue la sede del condado hasta que Staten Island se incorporó a la ciudad en 1898, y constituye un claro ejemplo de uno de los primeros asentamientos de Nueva York.

La casa de Voorlezer, construida al estilo holandés en torno a 1695, es la escuela primaria más antigua del país. El Stephens General Store, abierto en 1837, servía también de oficina de correos y ha sido bien restaurado incluso lo que había en los estantes. El complejo, que se extiende sobre 40 hectáreas, incluye cocheras, un palacio de justicia de 1837, casas, varias tiendas y una taberna. Hay además talleres arte-

↑ La histórica Richmond Town recuerda el pasado de Staten Island

sanales estacionales donde se muestran a los visitantes objetos de artesanía tradicional. St. Andrew's Church (1708) y su antiguo cementerio se encuentran más allá del río Mill Pond. El Historical Society Museum, en la Country Clerk's and Surrogate's Office, tiene una encantadora habitación con juguetes.

Jacques Marchais Museum of Tibetan Art

🏠 338 Lighthouse Av 🚌 S74 desde el ferri 🕐 13.00-17.00 mi-do 🌐 tibetanmuseum.org

En la tranquila cima de una colina se encuentra la colección privada de arte tibetano de los siglos XV al XX más completa del mundo fuera del Tíbet, reunida en 1947 por Mrs Jacques Marchais, una marchante de arte asiático. El edificio principal es una reproducción de un monasterio tibetano, con un altar auténtico en tres niveles y muchas figuras de oro, plata y bronce. El segundo edificio es una biblioteca.

En el jardín hay esculturas en piedra, entre ellas budas de tamaño natural. El Dalai Lama visitó el museo por primera vez en 1991 y elogió la colección.

El sosegado Chinese Scholar's Garden, con sus estanques de peces de colores, sus pagodas y sus bambúes, fue construido en 1999 por artistas procedentes de Suzhou, China.

Denino's Pizzeria & Tavern

La pizzería favorita de Staten Island desde 1937. Todavía hace *pizzas* con una corteza algo más gruesa que en los demás hornos de ladrillo de Nueva York.

Hay que probar la de almejas, marca de la casa, o la *basura* (salchicha, albóndigas, salchichón, champiñones y cebolla). Solo pago en efectivo.

⌂ 524 Port Richmond Av
W deninossi.com

Ralph's Famous Italian Ices

Abierto desde 1928, está frente a Denino's Pizzeria, un sitio ideal para tomar el postre. La especialidad de este pequeño local italiano son los "helados de agua" preparados con fruta u otros sabores.

⌂ 501 Port Richmond Av
⊙ Verano: 11.00-23.30 diario W ralphsices.com

Alice Austen House

⌂ 2 Hylan Blvd ▤ S 51 desde el ferri hasta Hylan Blvd
⊙ Casa: 13.00-17.00 ma-vi, 11.00-17.00 sá-do; jardines: hasta anochecer, diario
W aliceausten.org

Esta pequeña y encantadora casa de campo, construida en torno a 1690, recibe el adorable nombre de Clear Comfort. Fue el hogar de la prolífica fotógrafa Alice Austen, que nació en 1866 en esta casa y vivió en ella la mayor parte de su vida.

Sus fotografías han documentado la vida en Staten Island, en Manhattan al otro lado de las aguas, en sus viajes a otras partes del país y en sus viajes a Europa. Perdió todo su dinero en el crac de 1929 y se vio obligada a ir a una residencia estatal para pobres en 1950, cuando tenía 84 años.

Un año después, su talento fotográfico fue finalmente reconocido por la revista Life, que publicó un artículo sobre ella y recaudó el dinero suficiente para que ingresara en una residencia de ancianos. A su muerte dejó 3.500 negativos que abarcan desde 1880 hasta 1930.

La sociedad Amigos de Alice Austen House rescató y restauró la casa, y organiza en ella exposiciones con sus mejores trabajos.

Little Sri Lanka

⌂ 2 Hylan Blvd ☏ (718) 816-4506 ▤ S 51 desde el ferri hasta Hylan Blvd ⊙ Horarios de oficina variables

La pequeña Sri Lanka de Nueva York está situada en torno a Victory Boulevard (a la altura de la avenida Cebra), en el barrio de Tompkinsville de Staten Island, a 20 minutos andando desde la terminal del ferri. Se trata de una de las mayores comunidades de Sri Lanka fuera del propio país. New Asha (322 Victory Boulevard) tiene *hoppers* (un tipo de crep o tortita) y curris a buen precio. En Lanka Grocery, en el 353 Victory Boulevard, hay una enorme oferta de tés ceilandeses, *chutneys*, especias, dulces y otras delicias.

→ Alice Austen House, llamada también Clear Comfort

GUÍA ESENCIAL

Heading to Manhattan from Queens

ANTES DE PARTIR

La planificación es esencial para que el viaje sea un éxito. Hay que estar preparado para cualquier situación teniendo en cuenta los siguientes datos antes de viajar.

DE UN VISTAZO

MONEDA
US Dollar (USD)

GASTO MEDIO DIARIO

BAJO	MEDIO	ALTO
120 $	250 $	+350 $

AGUA MINERAL	CAFÉ	CERVEZA	CENA PARA DOS
1,50 $	2,50 $	8 $	75 $

CLIMA

En jun-ago los días son más largos. En nov-feb hay menos horas de luz.

La temperatura media en verano es de 29 °C y queda bajo cero en invierno.

Hay lluvias todo el año, pero las más fuertes caen en marzo y agosto.

ENCHUFES
La corriente eléctrica en Estados Unidos suele ser de 110 v y 60 Hz. Las tomas de corriente son de los tipos A y B, y entran los enchufes con dos espigas planas.

Documentación

Los ciudadanos de la Unión Europea no necesitan visado, pero tienen que presentar una solicitud de entrada por adelantado por medio del Electronic System for Travel Authorization **(ESTA)**, además de estar en posesión del pasaporte en vigor. A la llegada es importante contar con mucho tiempo debido a las minuciosas revisiones de pasaporte y visado de las autoridades de inmigración en el aeropuerto. Para entrar en Estados Unidos hace falta un billete de vuelta. Los reglamentos pueden variar, así que conviene comprobar con mucha antelación con el **US Department of State** la información más reciente sobre billetes y visados.
ESTA
w esta.cbp.dhs.gov/esta
US Department of State
w travel.state.gov

Consejos sobre seguridad

Se puede obtener información actualizada sobre seguridad para el viaje en el **Ministerio de Asuntos Exteriores, Unión Europea y Cooperación:**
w exteriores.gob.es
También puede descargarse en su teléfono la app **Viaja informado,** editada por el Ministerio de Asuntos Exteriores:
w viajainformado.gob.es

Información de aduanas

Todos los viajeros tienen que rellenar un formulario de la **Customs and Border Protection Agency** al entrar en Estados Unidos. Cada pasajero puede entrar, sin pagar aranceles, con: 100 $ en regalos; 1 litro de alcohol, como cerveza, vino o licores (si tiene 21 años cumplidos); y un cartón de cigarrillos, 50 puros (no cubanos) o dos kilos de tabaco de liar.
Customs and Border Protection Agency
w cbp.gov/travel

Seguros de viaje

Es muy recomendable que quienes viajen a Estados Unidos tengan un seguro para urgencias médicas, ya que el coste de la atención sanitaria y dental puede ser alto. También es recomendable contratar un seguro de viaje que cubra cancelaciones, demoras, robos y pérdida de pertenencias. Conviene revisar la póliza antes de viajar.

Vacunas

No es necesario vacunarse para visitar Estados Unidos.

Reservas de alojamiento

Nueva York, con más de 130.000 habitaciones, tiene opciones para todos los gustos y necesidades. Los mejores hoteles de la ciudad están entre los más caros de Estados Unidos, pero hay también muchos hoteles de precio medio o bajo, además de *bed & breakfast* familiares y hostales.

Los hoteles alcanzan el máximo de ocupación entre semana, cuando quienes viajan por trabajo están en la ciudad, así que la mayoría ofrece paquetes más económicos de fin de semana. Las habitaciones de hotel están sujetas a un impuesto del 14,75%, además de una tasa por habitación de 3,50 $ por noche.

Dinero

La mayoría de los establecimientos aceptan las principales tarjetas de crédito, débito o prepago en divisas. El pago sin contacto *(contactless)* es cada vez más popular y hay un plan en marcha para establecer este sistema en 2020 en el metro y en algunas rutas de autobús.

Sigue siendo necesario pagar en efectivo en los autobuses urbanos, en algunos negocios pequeños y a los vendedores callejeros. Hay cajeros automáticos casi en cada banco y cada esquina.

Viajeros con necesidades especiales

La ley de la ciudad de Nueva York obliga a todas las instalaciones construidas después de 1987 a contar con accesos y aseos adaptados para las personas con movilidad reducida. Todos los autobuses tienen accesos que pueden bajarse para las sillas de ruedas, y la mayoría de las esquinas tienen rampas.

El enlace entre el ayuntamiento de Nueva York y la comunidad de personas con necesidades especiales es la **Mayor's Office for People with Disabilities,** que ofrece una serie de servicios de apoyo y facilita información sobre la accesibilidad en la ciudad.

El **Theater Development Fund** patrocina el programa Theater Access Project, cuyo objetivo es aumentar la facilidad de acceso a los teatros a personas con limitaciones de oído o vista y otras minusvalías. El **Lighthouse Guild** informa de cómo visitar Nueva York con impedimentos visuales.

Lighthouse Guild
w lighthouseguild.org
Mayor's Office for People with Disabilities
w nyc.gov/site/mopd/index.page
Theater Development Fund
w tdf.org

Idioma

Nueva York es una ciudad cosmopolita en la que se oye hablar en diferentes idiomas. Muchas empresas dirigen su negocio a quienes no dominan el inglés, ofreciendo auriculares en varios idiomas y visitas guiadas dirigidas a extranjeros.

Horarios de cierre

Lunes y martes Algunos museos cierran los lunes, los martes, o ambos, aunque la mayoría abre todos los días.

Domingos Cierran todos los bancos y muchos negocios pequeños.

Fiestas nacionales y estatales Cierran los museos, lugares de interés, oficinas de correos, bancos, muchos negocios, sobre todo en las fiestas principales. Lo mejor es comprobar antes del viaje si están abiertos los sitios que interese visitar.

FESTIVOS NACIONALES	
1 ene	Día de Año Nuevo
20 ene	Día de Martin Luther King, Jr.
17 feb	Día del Presidente
25 may	Día de los Veteranos de Guerra
4 jul	Día de la Independencia
7 sep	Día del Trabajo
26 nov	Día de Acción de Gracias
25 dic	Día de Navidad

LLEGADA Y DESPLAZAMIENTOS

Todo lo que se necesita saber para moverse por Nueva York, tanto si se quiere explorar la ciudad a pie o moverse en transporte público.

PRECIO DEL TRANSPORTE PÚBLICO

Estos billetes son válidos para los autobuses y metro de la MTA:

ONE-WAY TICKET

3 $

Permite 1 transbordo en las dos horas siguientes al primer uso

PAY-PER-RIDE METROCARD

2,75 $

Permite 1 transbordo en las dos horas siguientes al primer uso

METROCARD 7-DAY PASS

33 $

Viajes ilimitados en autobús y metro

LÍMITES DE VELOCIDAD

AUTOPISTAS INTERURBANAS

100 km/h (65 mph)

AUTOPISTAS URBANAS

90 km/h (55 mph)

ÁREAS URBANAS

48 km/h (30 mph)

ÁREAS URBANAS CON VELOCIDAD REDUCIDA

30 km/h (20 mph)

Llegar en avión

Hay tres grandes aeropuertos en Nueva York. Los principales en la zona de la ciudad son John F. Kennedy International (JFK) y Newark Liberty International (EWR) en Nueva Jersey. Ambos operan también vuelos interiores. El tercero es La Guardia (LGA), que gestiona sobre todo vuelos interiores. En los tres se pueden tomar vuelos que enlazan con la mayoría de las ciudades de Estados Unidos.

Es importante contar con mucho tiempo para el aeropuerto, tanto para la llegada como para la partida, ya que es frecuente que se formen colas en los controles de pasaportes y en los de seguridad.

En la página siguiente hay una tabla con opciones de transporte, tiempos aproximados del recorrido y tarifas desde/hasta los aeropuertos.

Viajar en tren

Tanto **Amtrak,** la empresa de largo recorrido, como las de cercanías Long Island Rail Road **(LIRR)** y New Jersey Transit **(NJT),** tienen parada en Penn Station, situada en las avenidas Siete y Ocho y las calles 31 y 34, debajo del Madison Square Garden. Amtrak cuenta con sus propias taquillas y salas de espera separadas para viajeros de clase Coach o de alta velocidad.

Los trenes de cercanías de **Metro-North** paran en la Grand Central Terminal (también llamada Grand Central Station), en la calle 42 con Park Avenue, en Midtown Manhattan.

Los billetes se pueden comprar el día del viaje o con antelación, por Internet o por teléfono. Los prepagados se pueden recoger en las taquillas o en los puestos automáticos de la estación. Para recogerlos en la taquilla hace falta identificación. Las mejores tarifas se consiguen reservando con bastante antelación.

Si se van a realizar varios viajes, una buena opción es el USA Rail Pass de Amtrak, que ofrece ocho viajes durante 15 días por 459 $. Los niños pagan medio billete.

El servicio de trenes más utilizado es el del corredor del noreste entre Boston, Nueva York, Filadelfia y Washington DC. La mayoría de los trenes de esta ruta no tienen asientos asignados, salvo los trenes de alta velocidad **Acela Express** de

TRANSPORTE AL AEROPUERTO

Aeropuerto	Transporte a Midtown	Duración	Precio
John F. Kennedy	AirTrain JFK + LIRR	1 h 30 min	desde 13 $
	NYC Airporter	1 h 45 min–2 h	19 $
	SuperShuttle	1–2 h	desde 22 $
	Taxi	1 h–1 h 45 min	desde 52 $
Newark Liberty	AirTrain Newark + NJ Transit	40 min	13 $
	Newark Airport Express	45 min–1 h	18 $
	SuperShuttle	1–2 h	desde 21 $
	Taxi	45 min–1 h	70 $-95 $
La Guardia	LaGuardia Link + metro	50 min	2,75 $
	NYC Express Bus	1 h 30 min	16 $
	SuperShuttle	1–2 h	desde 20 $
	Taxi	1 h–1 h 30 min	30 $-40 $

Amtrak, que ofrecen un servicio por hora con asientos de primera y *business* reservados y enchufes para dispositivos.

Amtrak también tiene un servicio de coches-cama por el corredor noreste que suele preferible al avión, pue permite evitar los largos recorridos hasta y desde el aeropuerto. El servicio incluye un compartimento privado con aseo, una comida gratuita a bordo y acceso a la sala de espera reservada.

Acela Express
W amtrak.com/acela-express-train
Amtrak
W amtrak.com
LIRR
W mta.info/lirr
Metro-North
W mta.info/mnr
NJT
W njtransit.com

Viajar en autobús

Los autobuses interurbanos son una manera estupenda y económica de llegar a Nueva York o de hacer excursiones radiales por el estado.

Los interurbanos de cualquier parte de Estados Unidos, además de muchas líneas de extrarradio, convergen en la **Port Authority Bus Terminal** (PABT), el intercambiador central de Nueva York de los autobuses interestatales.

Los taxis se encuentran en el lado de la terminal que da a la Octava Avenida; las líneas A, C y E

del metro se toman en los niveles inferiores de la estación; y un túnel de una manzana de largo condude a la estación de Times Square y a otras conexiones con el metro.

Hay autobuses que conectan la Port Authority con los tres aeropuertos, y desde la terminal salen también muchas líneas interurbanas a Nueva Jersey. Con la salida y llegada de más de 6.000 autobuses al día, el ajetreo durante las horas punta puede resultar desquiciante.

Greyhound ofrece rutas de bajo precio entre Nueva York y Philadelphia (2 horas), Washington DC (4 horas), Boston (4,5 horas), Toronto (11,5 horas) y Montreal (8,5 horas), entre muchas otras ciudades. Las líneas de bajo coste como **Megabus** y **Bolt Bus** tienen su salida y llegada en la calle 34 entre las avenidas 11 y 12.

Bolt Bus
W boltbus.com
Greyhound
W greyhound.com
Megabus
W megabus.com
Port Authority Bus Terminal
W panynj.gov/bus-terminals/port-authority-bus-terminal.html

Transporte público

La Metropolitan Transportation Authority **(MTA)** gestiona el amplio sistema de transporte en metro y autobús de la ciudad de Nueva York. En su web se puede consultar la información sobre horarios, billetes y planos, además de un útil planificador de rutas. Los planos también pueden obtenerse gratuitamente en las taquillas de las estaciones.

MTA

W mta.info

Planificación del viaje

Los autobuses y el metro van más llenos en las horas punta: 7.00-9.30 y 16.30-18.00, de lunes a viernes. En ese tiempo puede ser más rápido y sencillo enfrentarse a la multitud a pie que en autobús, taxi o metro. En otros momentos del día y durante algunos periodos de vacaciones, el tráfico suele ser mucho más fluido y se puede llegar al destino con mayor rapidez. Hay que tener en cuenta que el servicio de transporte se reduce en los días festivos principales.

Billetes

Los billetes MetroCard y SingleRide son válidos en los autobuses y en el metro. Las tarjetas pueden adquirirse para cualquier cantidad de billetes individuales. En las dos primeras horas después del primer uso, se permite un transbordo de metro a autobús (o viceversa) o entre dos líneas diferentes de autobuses.

Un viaje sencillo cuesta 3 $ con un billete de papel SingleRide y una SingleRide MetroCard, o 2,75 $ con la Pay-Per-Ride MetroCard, no importa la distancia que se recorra. Para hacer varios viajes, es recomendable el billete semanal ilimitado, por 33 $, porque el coste por viaje es inferior.

Las MetroCard y los billetes se venden en quioscos, farmacias y todas las estaciones de metro. Las hay desde 5,50 $ hasta 80 $. También existen dos opciones para viajes ilimitados: de siete días (33 $) y de 30 días (127 $).

La MTA cobra 1 $ por "tarjeta nueva" al comprar una tarjeta MetroCard nueva. Se puede recargar y reutilizar la misma tarjeta y así se evita este desembolso adicional.

Metro

Es la forma más rápida de moverse por Nueva York. Tiene más de 470 estaciones entre los cinco distritos, y las líneas llegan hasta los lugares más alejados de la ciudad. Funciona 24 horas al día, aunque los horarios cambian en los servicios nocturnos.

En general, los trenes 1, 2, 3, 4, 5, 6, A, B, C, D, Q cubren las zonas principales de la ciudad, de norte a sur, con origen en Upper Manhattan o el Bronx y, salvo las líneas 1 y 6, todos siguen hacia el este hasta Brooklyn. El tren L va de este a oeste cruzando Manhattan por la calle 14 para dirigirse a Brooklyn. El tren 7 va por la calle 42 hasta Queens. Los E, F, M, N, R y W parten de Queens y hacen algunas paradas en la ciudad antes de adentrarse en Brooklyn (excepto el E, que termina en Lower Manhattan).

Autobús

La mayoría pasa cada 3-5 minutos durante las horas punta de la mañana y la tarde, y cada 7-15 minutros de 12.00 a 16.30 y de 19.00 a 22.00. La densidad del tráfico o el mal tiempo pueden provocar retrasos, y los fines de semana y festivos hay menos servicio.

En algunos autobuses que circulan por las calles de la ciudad más cargadas de tráfico se exige introducir antes la MetroCard en el quiosco de la parada para obtener un recibo del viaje. Los revisores lo piden a veces y, si no se tiene, hay que pagar una multa.

Muchos autobuses funcionan 24 horas, pero conviene consultar el horario en el poste de la parada. Después de las 22.00, muchos autobuses pasan cada 20 minutos más o menos. Desde las 24.00 hasta las 6.00, puede que haya que esperar de media a una hora.

Autobuses turísticos

Una de las formas más populares de visitar la ciudad es desde un autobús turístico. Se puede bajar donde se quiera, permanecer el tiempo que se desee y volver a subir en otro de estos autobuses cuando se esté listo.

Gray Line es la empresa más conocida y tiene autobuses de dos pisos. Entre sus rutas están la circular del Downtown, la circular del Uptown y la circular de Brooklyn, así como las nocturnas y las de iluminación navideña (pero estas no son de subir y bajar a voluntad). Con un billete de 48 o 72 horas se puede ver muchísimo de Nueva York de este modo.

Gray Line

W grayline.com

Taxis

Los emblemáticos taxis amarillos pueden llamarse en cualquier parte o tomarse en las paradas próximas a los hoteles o estaciones. La luz encendida sobre la cabina indica que el taxi está libre. Todos los taxis aceptan el pago en efectivo y deberían aceptar también tarjetas de crédito. Para quejas sobre taxis hay que llamar al 311.

Los taxis verdes Boro atienden en zonas de Nueva York donde no suelen operar los amarillos: al norte de la calle 110 Oeste y la 96 Este en Manhattan, el Bronx, Queens (excepto los aeropuertos), Brooklyn y Staten Island. Pueden dejar pasajeros en cualquier sitio de la ciudad, pero no pueden recogerlos en Manhattan por debajo de las calles 96 y 110.

Todos los taxis llevan taxímetro y pueden imprimir recibos. La bajada de bandera es de 3 $ y se va aumentando 50 ¢ por quinto de milla o cada minuto de tiempo de espera. Hay un recargo adicional de 50 ¢ desde las 20.00 hasta las 6.00, y 1 $ más de 16.00 a 20.00 entre semana. Los peajes se pagan aparte, sumándolos a la tarifa. La tarifa mínima para un Uber es 2,55 $, sumando 1,75 $ por milla. Lyft y Gett tienen tarifas similares.

Conducir

Los atascos, la escasez de aparcamientos y los altos precios del alquiler de coches hacen que conducir en Nueva York sea una experiencia frustrante. Para moverse sin estrés, es mejor el transporte público fuera de las horas punta.

Alquiler de coches

Las empresas de alquiler de coches están en los aeropuertos, las principales estaciones y en otros puntos de la ciudad.

La mayoría solo alquila a conductores con 25 años cumplidos (se puede con 21, pero con una tarifa mucho mayor). Es necesario tener carné de conducir y un historial limpio), y una tarjeta de crédito importante, ya que todas las agencias lo exigen. Es recomendable contratar un seguro de daños y responsabilidad civil por si ocurriera algo inesperado, y es mejor devolver el vehículo con el tanque lleno, de lo contrario cobrarán el combustible al precio de estas agencias, mucho más caro.

Antes de salir de la agencia, conviene asegurarse de que no hay daños anteriores en el coche, y reflejarlos en el contrato si los hubiera.

Aparcamiento

Si se opta por conducir en Nueva York, conviene preguntar en el hotel por si tiene aparcamiento; suelen sumar como mínimo 25 $ por noche al precio de la habitación.

Otra opción son los parquímetros que hay por toda la ciudad; se puede aparcar hasta 12 horas, empezando con 3,50 $ por hora (los domingos no se paga), pero hay que volver cada 1 o 2 horas para seguir añadiendo. Si no se hace, la multa es de 65 $.

En Nueva York también hay muchos aparcamientos, pero pueden resultar caros: un mínimo de 50 $ diarios.

Normas de circulación

Todos los conductores deben llevar, por ley, un carné de conducir en vigor y tienen que poder enseñar los documentos del coche y del seguro. La mayoría de los permisos de conducir extranjeros son válidos, pero si el que se tiene no está en inglés, o no lleva una foto que identifique al conductor, es mejor solicitar un permiso internacional (International Driving Permit, IDP).

Se conduce por la derecha y el límite de velocidad en Midtown suele ser de 48 km/h (30 mph), a menos que se indique otro límite.

Los cinturones de seguridad son obligatorios en los asientos delanteros y recomendables en los traseros. Los niños menores de tres años deben ir en un asiento especial en el asiento de atrás. En los taxis también es obligatorio llevar puesto siempre el cinturón de seguridad.

La mayoría de las calles son de un solo sentido, y hay semáforos casi en cada esquina. A diferencia del resto del estado de Nueva York, no se puede girar nunca a la derecha con luz roja, a menos que haya una señal que lo indique. Si un autobús escolar se detiene para que bajen los pasajeros, todo el tráfico, de ambos lados, ha de detenerse hasta que el autobús vuelva a ponerse en marcha.

El límite de alcohol en sangre para conducir es rigurosamente del 0,08% en todo momento. Para los menores de 21 años hay una política de tolerancia cero. Conducir bebido se castiga con multas muy fuertes e incluso con la cárcel.

En caso de accidente o avería, los conductores que lleven un coche alquilado deben ponerse primero en contacto con la agencia que les ha alquilado el vehículo. Los miembros de la American Automobile Association (**AAA**) pueden remolcar el coche hasta el taller más próximo para repararlo. Si el problema es sencillo, como un pinchazo o haberse quedado sin batería, la AAA lo repara o pone una batería nueva, cobrando.

AAA
Ⓦ aaa.com

Caminar y montar en bicicleta

En Nueva York siempre hay mucha gente y tráfico, así que las calles tienen semáforos en la mayoría de los cruces, algunos con sonido. Visitarla a pie es una forma estupenda de vivir la ciudad, pero los puntos de interés del centro están muy dispersados, por lo que conviene llevar calzado cómodo.

Hay que tener valor para ir en bicicleta con el tráfico del Midtown. Los carriles bici de East River y Central Park son mucho más agradables.

Bike Rent NYC alquila bicicletas y hace visitas guiadas de la ciudad todos los días. Se pueden hacer inscripciones de un día, tres días o un mes.

Citibike tiene 12.000 bicicletas repartidas en 750 puestos por toda la ciudad. Se puede reservar en una dirección concreta a través de la aplicación (*p. 313*) o utilizar una tarjeta de crédito para cogerla en las estaciones.

La ley no obliga a los ciclistas a llevar casco, pero es muy recomendable llevarlo.

Bike Rent NYC
Ⓦ bikerent.nyc
Citibike
Ⓦ citibikenyc.com

Barcos y ferris

Los ferris de **New York Waterway** conectan New Jersey y Manhattan. Los billetes se adquieren por Internet o en las terminales de los ferris. **NYC Ferry** enlaza Manhattan, Brooklyn, Queens y el Bronx.

El ferri de Staten Island que funciona 24 horas es gratuito y ofrece unas vistas espectaculares del Lower Manhattan y de la Estatua de la Libertad.

New York Waterway
Ⓦ nywaterway.com
NYC Ferry
Ⓦ ferry.nyc

INFORMACIÓN PRÁCTICA

En Nueva York, tener un poco de información local ayuda mucho a moverse por la ciudad. En estas páginas hay recomendaciones e información esencial necesaria durante la estancia.

DE UN VISTAZO

NÚMEROS DE EMERGENCIA

EMERGENCIA GENERAL

911

ZONA HORARIA
EST/EDT
(Eastern Daylight Time, EDT) mediados mar-principios nov 2020
PST +3
GMT -5
AEDT +14

AGUA DEL GRIFO
Si no se indica lo contrario, se puede beber.

PROPINAS

Camarero	15-20%
Barman	1 $ por bebida
Portero de hotel	2 $ por maleta
Limpiadora	10% del precio de la habitación
Taxista	10-15%

Seguridad personal

Nueva York es una gran ciudad cosmopolita. Los pequeños delitos están a la orden del día, así que hay que estar pendientes de lo que nos rodea y tener cuidado con los carteristas en el transporte público y las zonas muy concurridas.

Si se es víctima de un hurto, hay que denunciar-lo en la comisaría más cercana antes de 24 horas, presentando un documento de identidad. Conviene conservar una copia de la denuncia para presentarla a la compañía de seguros. Si el viajero pierde el pasaporte o es víctima de un delito o accidente grave, debe acudir a la embajada de su país.

Salud

Es posible consultar a un médico o dentista en Nueva York sin un registro previo, pero hay que pagar por adelantado. Deben conservarse todos los recibos para entregarlos al seguro contratado.

Hay muchos servicios de urgencias y clínicas médicas sin cita previa, así como farmacias abiertas 24 horas. **Mount Sinai** ofrece servicios con o sin cita previa para adultos y niños en varios sitios de la ciudad, desde la West Village hasta Midtown. Otra opción es la red **NYC Health + Hospitals.**

Los hospitales atienden las urgencias durante 24 horas. Si es posible, conviene llamar antes a la empresa con la que se ha contratado el seguro para saber con qué hospitales tiene convenio. Si la emergencia requiere tratamiento inmediato, hay que llamar a una ambulancia.

El pago al hospital y los demás gastos médicos son responsabilidad del paciente. Por lo tanto, es importante contratar una poliza lo más completa posible antes de viajar (p. 307).

Mount Sinai
🌐 mountsinai.org
NYC Health + Hospitals
🌐 nychealthandhospitals.org

Tabaco, alcohol y drogas

La edad mínima legal para beber alcohol en Estados Unidos es de 21 años, y se necesita un documento de identidad como prueba para adquirir bebidas alcohólicas o entrar en locales donde se

sirve alcohol. Es ilegal beber alcohol en los parques públicos o llevar en el coche un recipiente abierto con alcohol, y las penas por conducir bajo la influencia del alcohol son muy severas *(p. 311)*.

Está prohibido fumar en todos los edificios públicos, bares, restaurantes y comercios. Para adquirir cigarrillos es necesario haber cumplido 18 años y se exige demostrarlo documentalmente.

La posesión de narcóticos está prohibida y puede castigarse con prisión.

Carné de identidad

En Nueva York no es obligatorio llevar siempre el carné de identidad. Si la policía pide una identificación, basta una fotocopia de la página del pasaporte que lleva la foto (y del visado, si lo hay). Pero podría ser necesario presentar el documento original en las siguientes 12 o 24 horas.

Costumbres

Caminar por las calles abarrotadas de Nueva York requiere maña. Hay que ir siempre por la derecha de la acera o la escalera. Si se desea tomar una foto o consultar un plano, es importante no detenerse de golpe sin antes hacerse a un lado. Hay que evitar ir tres o cuatro personas juntas unas al lado de otras. Los neoyorquinos no tardarán en reprochar cualquier cosa que se haga mal.

Visita a iglesias y sinagogas

Hay que vestir con respeto, cubriendo el torso y la parte superior de los brazos. Los pantalones cortos y las faldas no deben mostrar las rodillas.

Teléfonos móviles y wifi

Hay muchos puntos de wifi gratuito por toda la ciudad, incluyendo algunas estaciones de Metro-Rail. Normalmente, las cafeterías y restaurantes dejan usar su wifi si se hace una consumición.

El servicio de telefonía móvil suele ser excelente en Nueva York. Si alguien que viene del extranjero quiere asegurarse de que su teléfono funcione, debe tener un móvil de cuatro bandas. Para usar el móvil en el extranjero puede ser necesario activar la opción de *roaming*, que suele ser muy cara. Si se va a usar solo con wifi, hay que comprobar que esté desactivado el *roaming* de datos. Otra opción es adquirir un teléfono o tarjeta SIM de prepago con un proveedor estadounidense.

Correos

Los sellos se compran en las oficinas de correos, farmacias y quioscos de prensa. Los buzones suelen ser azules o con los colores rojo, blanco y azul. Los domingos no hay recogida.

Las oficinas de correos suelen estar abiertas de 9.00 a 17-00 de lunes a viernes, hasta las 21.00 los sábados, y hasta las 19.00 los domingos.

Impuestos y propinas

Hay un impuesto sobre las ventas de alrededor del 9% que se añade al precio de la mayoría de las compras, incluidos los restaurantes. A los camareros se les suele dejar entre el 15% y el 20% de la cuenta, impuesto incluido. Una forma sencilla de calcular una propina es multiplicar por dos el impuesto, que da aproximadamente el 18%.

Tarjetas de descuento

En Nueva York hay muchos pases para visitantes y tarjetas de descuento para exposiciones, actos, entradas a museos e incluso transportes. Se pueden conseguir por Internet y en muchas oficinas de turismo. No son tarjetas gratuitas, así que, antes de adquirirlas, conviene calcular cuidadosamente cuántas ofertas se van a aprovechar.
City Pass
W citypass.com
New York Explorer Pass
W smartdestinations.com
The New York Pass
W newyorkpass.com

PÁGINAS WEB Y *APPS*

Citibike
   Esta *app* permite encontrar estaciones cercanas de bicicletas y recibir actualizaciones en tiempo real sobre la disponibilidad de bicis o plazas para dejarlas.
NYC & Co.
   Web de la oficina oficial de información turística de Nueva York: nycgo.com.
NYC Ferry
   Esta *app* proporciona planos de rutas, horarios y correspondencias de los servicios de ferri neoyorquinos. También permite adquirir billetes sin papel y presentar el teléfono como prueba de compra.

AGRADECIMIENTOS

DK Travel desea mostrar su agradecimiento a las siguientes personas, cuya colaboración ha permitido la realización de este libro

Información cartográfica ERA-Maptec Ltd (Dublín) adaptada con el permiso de la medición y cartografía originales Shobunsha (Japón)

CRÉDITOS FOTOGRÁFICOS

Los editores quieren dar las gracias a las siguientes personas por autorizar amablemente la reproducción de sus fotografías:

Leyenda: a, arriba; b, abajo/al pie; c, centro; f, extremo; l, izquierda; r, derecha; t, encima.

123RF.com: jovannig 19cb, 160-1.

4Corners: Arcangelo Piai 21t, 198-9; Maurizio Rellini 21bl, 214-5.

500px: Nina Sauer 22cb, 250-1; Tim Snell 144-5.

Alamy Stock Photo: Tomas Abad 204-5br; age fotostock / Jose Peral 210bl, / Paul Hakimata 297br; Arcaid Images / Exterior view of Whitney Museum of American Art; New York City by Renzo Piano Building Workshop architects 39cl; Batchelder 176cra; Susan Candelario 20cb, 184-5cl; Paul Chauncey 297cr; Robert K. Chin – Storefronts 43cl; Citizen of the Planet / Peter Bennett 40cra; Dinodia Photos 70bl; Randy Duchaine 28crb, 43br, 226tc, 226cl, 276br, 280tc, 302tl, / Cooper Hewitt Smithsonian Design Museum / Mathias Bengtsson Studio, *Slice Chair* (1999), 224bl, / Francisco Goya *The Black Duchess* 46cra; E.J.Westmacott 73bc; Entertainment Pictures 61bl; Everett Collection Inc / Schomburg Center for Research in Black Culture / Aaron Douglas © Heirs of Aaron Douglas / DACS, London / VAGA, NY 2018 *From Slavery Through Reconstruction* (1934) 256-7bl; Alexander Farmer 40b; Stephen Foster 42-3b; Chuck Franklin 276-7; Elly Godfroy 242bl; Tim Graham 73clb; Granger Historical Picture Archive 57bc, 57br, 69clb, 129bl, 273bc; Richard Green 222t, 283t; Jeff Greenberg 38tl; David Grossman 279brl; Hemis / Bertrand Rieger 8-9b, / Philippe Renault 242cb, / Whitney Museum of American Art / © Estate of Tom Wesselmann / DACS, London / VAGA, NY 2018 *Still Life Number 36* (1964) 129clb, / Sylvain Sonnet 177; Paul Hennessy 171bc; Ovidiu Hrubaru 294bl; John Kellerman 164-5t; Raimund Koch-View 118bl; Douglas Lander 262bc; Luis Leamus 262-3t; Robert Lehmann 264tl; Richard Levine 100br, 210tc, 300bl; Keith Levit 183bl; Felix Lipov 48-9b, 255bx, 290cl; Terese Loeb Kreuzer 230bl, 258tl; Look Die Bildagentur der Fotografen GmbH / Daniel Schoenen 278t; mauritius images GmbH 168tl; Patti McConville 77crb, 147br, 154crb, 193br, 246bl, 296-7b; Ellen McKnight 33cla, 243c; Moviestore collection Ltd 61crb; Alfonso Vicente /

MoMA, Museum of Modern Art, New York City / Pablo Picasso © Succession Picasso / DACS, London 2018 *Les Demoiselles d'Avignon, The Young Ladies of Avignon* (1907) 202crb; National Geographic Creative / Gerd Ludwig 69crb; NiKreative 232tr; NPS Photo 69bc; Mark O'Flaherty / © Maxfield Parrish Family, LLC / DACS, London / VAGA, NY 2018 / *The Old King Cole mural* 52-3t; Sean Pavone 53cla; The Photo Works 194–5tc; Stefano Politi Markovina 146-7t; Realy Easy Star / Giuseppe Masci 228-9; Sergi Reboredo 294clb; Frances M. Roberts 298bc; Ed Rooney 79t, 113cr, 176clb; RosalreneBetancourt 13 33br; RosalreneBetancourt 14 225tr; Francois Roux 42tl, 280-1b, 293br; Philip Scalia 143tc, 282br, 298tl; Science History Images 56br; Alex Segre 247bl; Lee Snider 254br; Tetra Images 74-5; P Tomlins 202-3t; travelstock44.de / Juergen Held 212b; Elizabeth Wake 31br; Anthony Wallbank 13br; WENN 54clb; Edd Westmacott / Guggenheim Museum / Frank Lloyd Wright © ARS, NY and DACS, London 2018 *The Spiral Rotunda* (1942) 218-9t; Colin D. Young 288cl.

AWL Images: Jordan Banks 17bl, 114-5; Alan Copson 6-7; Michele Falzone 22tl, 98-9, 234-5; Franck Guiziou 289tc.

Bridgeman Images: Museum of Modern Art, New York / Henri J.F. Rousseau, *The Dream* (1910) oil on canvas 205tc.

Bua Bar: Rich Wade 18bl, 138-9.

Death & Co.: Eric Medsker 53crb.

Dorling Kindersley: Edvard Huember 233bl; Michael Moran 88bl, 267crb.

Dreamstime.com: Adeliepenguin 134-5t; Agaliza 244-5t; Mira Agron 182bl; Aiisha / Per Krohg © DACS, London 2018 *United Nations Security Council hall mural* 191bl; Alexpro9500 12-3b; Allard1 275tl; Andersastphoto 75cra; Leonid Andronov 36tr; Paul Bielicky 164br; Bigapplestock 158bl, 182tr; Cpenler 87br; Demerzel21 78tc, 87tc, 101br, 130tl, 258cb, 259tc; Ganeshkumar Durai 54cl; Esusek 26cl; F11photo 255tr; Alexandre Fagundes De Fagundes 169crb; Frwooar 211t; Giovanni Gagliardi 36tl; Leo Bruce Hempell 284cl; Christian Horz 137b; Wangkun Jia 259cla; Kmiragaya 84-5t, 220-1t; Lavendertime 17t, 102-3; Leungphotography 44tr; Littleny 169tl, 294cr; Steve Lovegrove 192tr; Meinzahn 180-1t, 190tr; Palinchak / Fernand Leger © ADAGP, Paris and DACS, London 2018 *United Nations General Assembly Hall murals* 191t; Sean Pavone 57cla, 81br, 208-9tl, 239crb, 242-3t, 292tr; David Pereiras Villagrá 101t; Louise Rivard 45cl; Eq Roy 247t; Gergely Szucs 23bl, 286l; Simon Thomas 80tl; Tupungato 221bl; *Fearless Girl* by Kristen Visbal/ Statue Commissioned By SSGA / Michaelfitzsimmons 84bc; Gaspard Walter 46-7t; Jannis Werner 197cra; Witgorski 47crb; Yang Zhang 266bl; Zhukovsky 30tl.

Eataly: 155; Virginia Rollison 154clb; Evan Sung 154bl.

Getty Images: AFP / Kena Betancur 55cl, / Torsten Blackwood 24bl, / Timothy A Clary 40-1t, / Don Emmert 40tl, / Oliver Lang 219cla; Archive Photos 60t; Jon Arnold 34b, 221cb; Bettmann 254clb; Bruce Bi 188-9; Bloomberg 26cr, 31t, 54cra, 59bl; Andrew Burton 31cl; Buyenlarge 49cla; CBS Photo Archive 51br; Julie Dermansky 59tr; James Devaney 297tr; Dia Dipasupil 54crb; Keith Draycott 69cl; Krzysztof Dydynski 110tc; Elsa 44b; EyeEm / Ricardo Ramirez 89br; Fine Art 57tl; FPG 57tr; Victor Fraile Rodriguez 39t; Noam Galai 13t, 50-1t; Robert Giroux 58-9t; Steven Greaves 46bc; Heritage Images 49crb, / Brooklyn Museum 276bl; Gary Hershorn 55br; John Kobal Foundation 165tr; Stacy Kay 303br; Keystone-France 69tr; Library of Congress 95tr; Lonely Planet 47cl; Brad Mangin 299b; Maremagnum 34-5t, 212bl; Gonzalo Marroquin 51cla; MCNY / Gottscho-Schleisner 77cla; Mondadori Portfolio 204clb; John Moore 95ca; Hal Morey 188cl; Francis G. Mayer / Brooklyn Museum 276cl; National Archives 165crb; New York Daily News / James Keivom 59cra; New York Daily News Archive 58crb, 58bc, 167bl, 254cb, 255bc; The New York Historical Society 56tc, 167clb; Johnny Nunez 50b; Pacific Press 54cr; Andria Patino 241bl; Sean Pavone 46tl; Bob Peterson 58cr; Steve Kelley aka mudpig 273crb; Photolibrary / Toshi Sasaki 119t; Kyle Reid 23t, 268-9cl; Jason Carter Rinaldi 167br; Douglas Sacha 96cl; Mark Sagliocco 97; Steve Schapiro 60br; Merten Snijders 24clb; Sunset Boulevard 60crb, 60bl; Claire Takacs 26br; Mario Tama 43tr, 96cb; Tetra Images 68; Tony Shi Photography 156bl, 304-5b; Universal History Archive 70ca, 273clb; Jack Vartoogian 12t; Roger Viollet 254bl; Slaven Vlasic 54cla, 55tr; The Washington Post 13cr; Westend61 188cra; Barry Winiker 206cl.

Governors Island: Kreg Holt 77cra.

iStockphoto.com: 400tmax 73cra, 120tr; ablokhin 24tc; AlbertPego 289bl; AlexPro9500 218clb; Alija 166bl, 239cla; andykazie 55tl; andyparker72 221br; BirgerNiss 75tl; Boogich 26t, 166-7t, 239cra; Matt Burchell 10clb; c3nsored 28cr; chang 170cr; deberarr 132-3; dell640 238-9b; diegograndi 134cl; Eloi_Omella 192bl, 240tr; espiegle 11t; ferrantraite 38-9b, 41clb; Frogman1484 59br; GCShutter 10-1b; iShootPhotosLLC 48-9t; JayLazarin 157tl; jejim 206cr; johnandersonphoto 32-3t; Juntaski 37t; kasto80 274-5b; littleny 19tl, 150-1; lucagavagna 35cla, 202bl; Lya_Cattel 45br; MaximFesenko 8cla; mbbirdy 62-3b; MBPROJEKT_Maciej_Bledowski 288cb; Meinzahn 291; mizoula 131bl, 231tl, 265bl; naphtalina 28bl; NicolasMcComber 112cl, 122cl, 272-3t; nuiiko 244br; OlegAlbinsky 227bl; Andrei Orlov 28t; peeterv 4bc, 111b; pidjoe 24crb; PJPhoto69 35bl; robertcicchetti 178cb; RolfSt 285br; S. Greg Panosian 71tr; sangaku 76-7b; santypan 58-2b; SeanPavonePhoto 86t; SergeYatunin 255crb; Snowshill 12bl; tatarac 260-1; tomeng 176br; Torresigner 32-3b; visualspace 72-3t, 131t, 239bc; wdstock 18t, 94-5b, 123br, 124-5, 142bl, 148bl, 149tl, 170tc, 249tl; xavierarnau 20tl, 172-3.

La Bernardin: Daniel Krieger 30br.

The Metropolitan Museum of Art: Water Lilies by Claude Monet (French, Paris 1840-1926 Giverny), 1916-19, Gift of Louise Reinhardt Smith, 1983 39br; Marble statue of an old woman (A.D. 14–68), Early Imperial, Julio-Claudian, Rogers Fund, 1909 222br; The Last Communion of Saint Jerome (early 1490s) by Botticelli (Alessandro di Mariano Filipepi) (Italian, Florence 1444/45–1510 Florence). Bequest of Benjamin Altman, 1913 223tr; Washington Crossing the Delaware (1851) by Emanuel Leutze (American, Schwäbisch Gmünd 1816–1868 Washington, D.C.) Gift of John Stewart Kennedy, 1897 223bl.

Museum of Chinese in America: 108–9b, 109tl.

Museum at Eldridge Street: 96bl, 96br.

New Museum: Dean Kaufman 106-7; Benoit Pailley 106tc; Scott Rudd 106bl.

New York Botanical Garden: Robert Benson 295.

New York Public Library: 178-9b, 179cra.

Picfair.com: Dan Martland 196bl; Tetra Images 82-3.

The Public Theater / Tammy Shell: Photo of free Shakespeare in the Park 10ca.

Courtesy of Queens Museum: David Sundberg, Esto 301tl.

Rex by Shutterstock: Kobal / Warner Bros TV / Bright / Kauffman / Crane Pro / 61cb.

Robert Harding Picture Library: Wendy Connett 11cr; Richard Cummins 159cr, 206crb; Apocalypse of the Twin Towers by Joe Kincannon, St. John the Divine Cathedral, New York / Godong 254cl; KFS 16cb, 90-1; Tetra Images 16cl, 64-5.

Schomburg Center / NYPL: 257tr, 257cl, 257c.

SPiN: 44cla.

studio ai architects: Ed Caruso 135br.

SuperStock: 3LH 57cr; age fotostock / Jeff Greenberg 11br, / Spencer Grant 290bc, / Richard Levine 44-5t, 55clb, Riccardo Sala / MoMA, Museum of Modern Art, New York / Henri Matisse © Succession H. Matisse / DACS 2018 Dance I (1909) 202-3b; Album 58tl; Peter Barritt / Solomon R. Guggenheim Museum / Pablo Picasso © Succession Picasso / DACS, London 2018 Woman Ironing (1904) 218bc; Hemis / Patrice Hauser 41c; imageBROKER / Daniel Schoenen 8clb; Stock Connection 55cr, 242cl; Underwood Photo Archives 77tc; World History Archive 56bc.

Tenement Museum: 95tl, 95cla.

Whitney Museum of American Art: © Jasper Johns / DACS, London / VAGA, NY 2018, Three Flags, 1958. Encaustic on canvas, 30 5/8 × 45 1/2 × 4 5/8in. (77.8 × 115.6 × 11.7 cm). purchase, with

Workshop, architects. Opened May 1, 2015 128-9.

Solapa delantera: Alamy Stock Photo: Hemis cla; **AWL Images:** Jordan Banks cra; Michele Falzone t; **Getty Images:** Alexander Spatari br; **Robert Harding Picture Library:** Wendy Connett cb; **iStockphoto.com:** Matt Burchell bl..

Mapa de cubierta: iStockphoto.com: dell640.

Imágenes de cubierta:
Delantera y lomo: **iStockphoto.com:** dell640.
Trasera: **iStockphoto.com:** dell640; espiegle tr; GCShutter cl; MaximFesenko c.

Para más información, visitar: www.dkimages.com

Colaboraciones principales
Stephen Keeling, Eleanor Berman
Edición sénior Alison McGill
Diseño sénior Laura O'Brien
Edición de proyecto Lucy Richards
Diseño de proyecto Bess Daly, Tania Gomes, Ben Hinks, Stuti Tiwari Bhatia, Bharti Karakoti, Priyanka Thakur, Vinita Venugopal
Edición Danielle Watt, Penny Phenix
Documentación fotográfica sénior Ellen Root
Iconografía
Harriet Whitaker
Ilustración Richard Draper, Robbie Polley, Hamish Simpson
Edición de cartografía James Macdonald
Cartografía Ashutosh Ranjan Bharti, Uma Bhattacharya, Zafar ul Islam Khan, Chez Picthall, Kunal Singh
Diseño de cubierta
Maxine Pedliham, Bess Daly
Iconografía de cubierta Susie Peachey
Diseño DTP Jason Little
DTP George Nimmo
Producción sénior Stephanie McConnell
Edición sénior Rachel Fox
Dirección de arte Maxine Pedliham
Dirección editorial Georgina Dee

De la edición española
Coordinación editorial Elsa Vicente y Cristina Gómez de las Cortinas
Servicios editoriales Moonbook

MIX
Paper from
responsible sources
FSC
www.fsc.org
FSC™ C018179

Título original: Eyewitness Travel Guide, New York
Vigesimocuarta edición, 2019

Publicado originalmente en Gran Bretaña en 1993 por Dorling Kindersley Limited 80 Strand, London WC2R 0RL

Copyright 1993, 2019
© Dorling Kindersley Limited, London
Parte de Penguin Random House

ISBN 978-0-241-41947-2

Impreso y encuadernado en China